总主编 胡云腾
学术总顾问 高铭暄

北京师范大学刑事法律科学研究院
外国刑法典译丛

法国刑法典

LE CODE PÉNAL FRANÇAIS

孙　平◎译

法律出版社
LAW PRESS·CHINA
北京

图书在版编目(CIP)数据

法国刑法典 / 孙平译. -- 北京 : 法律出版社,
2023
(北京师范大学刑事法律科学研究院外国刑法典译丛)
ISBN 978 - 7 - 5197 - 8335 - 8

Ⅰ. ①法… Ⅱ. ①孙… Ⅲ. ①刑法 - 法典 - 法国
Ⅳ. ①D956.54

中国国家版本馆 CIP 数据核字(2023)第 180669 号

法国刑法典
FAGUO XINGFADIAN

孙 平 译

策划编辑 朱 峰
责任编辑 马秋婧 金 姗
装帧设计 臧晓飞

出版发行 法律出版社
编辑统筹 辞书·融出版编辑部
责任校对 张翼羽
责任印制 吕亚莉
经　　销 新华书店

开本 710 毫米×1000 毫米 1/16
印张 21.25 **字数** 313 千
版本 2023 年 12 月第 1 版
印次 2023 年 12 月第 1 次印刷
印刷 北京建宏印刷有限公司

地址:北京市丰台区莲花池西里 7 号(100073)
网址:www.lawpress.com.cn
投稿邮箱:info@lawpress.com.cn
举报盗版邮箱:jbwq@lawpress.com.cn

销售电话:010 - 83938349
客服电话:010 - 83938350
咨询电话:010 - 63939796

书号:ISBN 978 - 7 - 5197 - 8335 - 8
定价:85.00 元

凡购买本社图书,如有印装错误,我社负责退换。电话:010 - 83938349

总　序

刑法是惩罚犯罪与保障人权的重器，刑法典是法律体系中的大典。当今世界，各国无不重视制定和修订刑法，不仅实行成文法传统的大陆法系国家均制定了刑法典并不断加以修订，如德国、法国和日本等，而且实行案例法传统的英美法系国家也制定了单行的刑法或者统一的刑法典，前者如英国、美国，后者如印度、新加坡等。用刑法典或者成文刑法维护国家安全和根本利益，保障公民人身和财产权利，保护经济发展和社会稳定，已经成为各国通行的做法和全球化趋势。

新中国成立以来，党和国家高度重视刑事立法。新中国成立之初，中央人民政府就制定了《中华人民共和国惩治反革命条例》《妨害国家货币治罪暂行条例》《中华人民共和国惩治贪污条例》等单行法律，为惩治相关犯罪提供了明确依据。改革开放以后，全国人民代表大会在1979年颁布的7部重要法律中，就有《中华人民共和国刑法》，这是新中国制定的第一部具有刑法典性质的刑法。此后，为适应严厉打击刑事犯罪的需要，全国人大常委会相继制定了20多部单行刑法，并在一些行政和民商事法律中附带规定了刑法的内容。1997年，全国人民代表大会出于统一刑事立法的考虑，通过系统整合1979年刑法、单行刑法和附属刑法规范，全面修订了《中华人民共和国刑法》，这实际上是一部名称上没有加"典"字的刑法典，首次实现了刑法体系的科学化和系统化。

1997年刑法实施以后，刑法的修改一直采取修正案的形式，全国人大常委会现已出台了11个刑法修正案，在不打乱1997年刑法体系的基础上，增加、修改和完善了刑法的大量内容。与此同时，国家立法机关还制定了《中华人民共和国反有组织犯罪法》《中华人民共和国反电信网络诈骗法》等含有诉讼程序、工作机制和刑法规范的综合性刑事法律，开创了刑事立法的新模式。

需要指出的是，我国在制定和修改刑法的各个时期中，学术界和立法机关都注意研究、借鉴域外的刑事立法规范和经验。改革开放40多年来的立法实践证明，这种坚持"以我为主、为我所用"的做法是实现我国刑事立法不断与时俱进，促进刑法体系现代化的有益举措。进入新时代，为了贯彻习近平总书记2020年11月在中央全面依法治国工作会议上提出的"坚持统筹推进国内法治和涉外法治"的要求，贯彻落实党的二十大报告关于"统筹推进国内法治和涉外法治"和"以中国式现代化全面推进中华民族伟大复兴"的重大部署，我们更要注重研究借鉴域外法治经验。统筹推进国内法治和涉外法治，实现中国式现代化，其中重要的内容就是法治的现代化，而法治现代化建设需要国际视野，法治现代化的重要特征是法治国际化。故翻译其他国家刑法（典），博采众长为我所用、与我互动，是完善我国刑法、推进刑事法治现代化的必要条件，也是统筹推进国内法治和涉外法治的有力举措。正是出于贯彻落实党中央和习近平总书记统筹推进国内法治和涉外法治的要求，全面、系统地了解、研究、借鉴相关国家刑事立法的最新发展，北京师范大学刑事法律科学研究院与法律出版社密切合作，决定组织翻译、出版一批外国刑法（典）。

回顾历史，在中华法系从自成一体到开放兼收的转变历程中，翻译外国法律（典）的工程功不可没。经查询北京师范大学图书馆、首都图书馆及国家图书馆有关资料，我国翻译、出版代表性国家刑法（典）的活动肇始于清末修法运动，自1903年出版邱起霖笔述《印度刑律二卷》到2023年120年间，约有138部刑法（典）译作在国内出版。总体上讲，我国翻译和引介外国刑法（典）的历史大致划分为四个时期。

第一个时期是清末民初时期。清政府决定变法修律后，先于1904年设立了修订法律馆，后于1905年设立了考察政治馆。在考察西方国家主要是大陆法系国家法律的基础上，作出了变法要效法日本法律制度的抉择。之所以如此，正如时任清廷修律大臣沈家本所言：日本旧时制度，唐法为多。明治以后，采用欧法，不数十年，遂为强国，是岂徒慕欧法之形式而能若是哉？其君臣上下，同心同德，发愤为雄，不惜财力以编译西人之书，以研究西人之学，弃去糟粕而撷其英华，举全国之精神，胥贯注于法律之内，故国势日张，非偶然也。[①] 故在 1904 年与 1905 年出版的 10 部刑法(典)译作中，日本不同版本的刑法占了 7 部；至 1911 年辛亥革命前夕，以单行本、法规大全等形式出版的 37 部刑法(典)译作中，有关日本刑法的有 17 部。

第二个时期是辛亥革命胜利至新中国成立时期。辛亥革命虽然推翻了清王朝，但是清末修法的影响得以延续，尤其是在刑法方面，民国政府决定：晚清政府仿效大陆法系国家刑法制定并于 1911 年正式公布的"《大清新刑律》除与民国国体抵触各条应失效力外，余均暂行援用"，故而更名为《中华民国暂行新刑律》。之后，又聘请日本学者参与并参照欧陆日本刑事立法，尤其是德国、日本刑法，相继制定了 2 部《中华民国刑法》。与此同时，在革命根据地，苏联法律发挥了重要影响。[②] 这一时期翻译出版的 7 部刑法(典)译作中，2 部为德国刑法、3 部为苏联刑法。

第三个时期是新中国成立至改革开放时期。新中国成立之后，苏联立法成为新中国借鉴的立法样本，正如日本学者铃木贤所言："对于极其缺乏对西方法律研究积累的当时的中国而言，苏联法成为唯一的参考对象。"[③]因此，在 1949 年至 1979 年之间翻译出版的 9 部刑法(典)译作中，有 3 部是苏联刑法；其余除 1957 年法律出版社出版的《印度刑法典》外，都为前苏联国家的刑法。需要指出的是，受国内形势影响，在 1962 年至 1979 年之间，并无外国刑法(典)译作出版。

第四个时期是改革开放至新时代时期。这一时期又可分为两个阶段。第一个阶段是 20 世纪 80 年代到 90 年代。在这段时期，虽然更多国家的刑法(典)被翻译进来，而且出现了英美法系国家的刑法(典)译本，但主要还是以大

---

① 参见沈家本：《新译法规大全序》，载沈家本撰：《历代刑法考》(四)，邓经元、骈宇骞点校，中华书局 1985 年版，第 2242 页。

② 参见范忠信、叶峰：《中国法律近代化与大陆法系的影响》，载《河南省政法管理干部学院学报》2003 年第 1 期。

③ 王志华：《苏联法影响中国法的几点思考》，载《华东政法大学学报》2008 年第 1 期。

陆法系国家刑法的译本为主。据不完全统计,在 1980 年至 2000 年之间翻译出版的 14 部刑法(典)译作中,绝大多数为德国、日本、韩国等属于大陆法系国家或地区的刑法,英美法系国家的刑法仅有 1998 年四川大学出版社出版的《印度刑法典》与 1999 年中国政法大学出版社出版的《加拿大刑事法典》。第二阶段为 2000 年之后。在这一阶段,随着改革开放的深入与法治进程的推进,刑法(典)翻译真正实现了百花齐放。截至 2020 年出版的近 70 部刑法(典)译作中,几乎囊括了各大法系、各大陆主要国家的刑法。

近 10 余年来,许多国家因应新的社会治理要求,频繁修改刑事立法。例如,德国从 1998 年起对其刑法进行了 100 余次修订,仅在 2021 年就修订了 8 次,对有关互联网犯罪、强迫卖淫罪以及儿童性犯罪的条款进行了大幅修订。自 2011 年以来,日本也 10 余次修订刑法,增设了部分缓刑制度,大幅修订性犯罪立法,并对照民法等前置法的修订,调整了相关刑法条文。我国进入 21 世纪以来,为适应经济社会发展变化和预防惩治犯罪的新情况和新需要,不断修改完善刑事法律。尤其是 2013 年 9 月和 10 月,习近平总书记分别提出了建设"丝绸之路经济带"和"21 世纪海上丝绸之路"的合作倡议。截至 2023 年 1 月 6 日,中国已经与 151 个国家和 32 个国际组织,签署了 200 余份共建"一带一路"合作文件。[①] 中国企业"走出去"面临诸多法律风险,尤其是在企业刑事合规成为全球浪潮以来,如何应对有些国家借"长臂管辖"和企业刑事合规之名,对我国企业进行打压,规避可能发生的刑事法律风险,已经成为中国企业走出国门、保护自身合法权益必须重视的问题。

有鉴于此,北京师范大学刑事法律科学研究院充分发挥本院的专业化和国际化优势,法律出版社充分发挥多语种出版优势,共同设立"外国刑法典译丛"项目,全面系统翻译各主要国家的刑法(典)。首批遴选德国、日本、英国、美国等两大法系代表性国家,新加坡、哈萨克斯坦、俄罗斯等"一带一路"国家以及希腊、墨西哥、芬兰等经济合作与发展组织(OECD)国家的 40 余部最新刑法

---

① 参见中国一带一路网,https://www.yidaiyilu.gov.cn/xwzx/roll/77298.htm,2023 年 2 月 10 日访问。

(典),组织精通英语、法语、德语、日语、俄语等语种的专业人士分批翻译出版。本译丛编审委员会由国内著名刑法学专家组成,特邀请人民教育家、国际刑法学协会名誉副主席暨中国分会名誉主席、中国刑法学研究会名誉会长、中国人民大学荣誉一级教授高铭暄先生担任译丛学术总顾问,最高人民法院大法官、中国法学会案例法学研究会会长胡云腾教授担任总主编,北京师范大学刑事法律科学研究院副院长兼安徽师范大学法学院院长周振杰教授与法律出版社副总编辑张雪纯先生担任编辑委员会主任。希望“外国刑法典译丛”能成为广大读者学习、研究、借鉴域外刑事法律的重要帮手,进而成为推动中国涉外刑事法治建设的外法资源。当然,由于经验不足,水平有限,书中定有不足不妥之处,尚请各位同人批评指正。

编辑委员会

2023 年 3 月 2 日

目　　录

法律部分

条例部分

——最高行政法院提出资政意见后颁布之政令

法律部分*

* 《法国刑法典》是法国 1992 年 7 月 22 日颁布的取代了 1810 年《拿破仑刑法典》的第二部完整的刑法典。根据 1992 年 12 月 16 日颁布的《刑法实施法》的规定，这部刑法典应于 1993 年 9 月 1 日起生效，故而习惯上称其为“1993 年刑法”。但是，到了 1993 年 7 月，即新刑法即将生效的前夕，法国国民议会认为施行新刑法的条件尚未完全具备，因此又通过了一项法律，将这部法典推迟至 1994 年 3 月 1 日实施。所以，也有人将这部法国新刑法称为“1994 年刑法典”。《法国刑法典》分为法律部分和条例部分，法律部分主要包括重罪和轻罪（以及个别第五级违警罪），条例部分规定了违警罪。条例部分的整体结构与法律部分的整体结构相对应。没有相关条款内容的编、章、节以“（空缺）”标注。《法国刑法典》的法文版本，来自法国公布法律法规的官方公报网站（https://www.legifrance.gouv.fr），为 2023 年 7 月 29 日更新的版本。——译者注

第一卷 总 则

第一编 刑 法

第一章 一般原则

第111－1条*　刑事犯罪依照其严重程度，分为重罪、轻罪和违警罪。

第111－2条　法律规定重罪和轻罪，并确定其犯罪行为人适用的刑罚。

条例规定违警罪，并按照法律设立的范围与区分，确定违警罪行为人适用的刑罚。

第111－3条　任何人，不得受到构成要件未经法律规定之重罪或轻罪的处罚，或者，构成要件未经条例规定之违警罪的处罚。

如犯罪系重罪或轻罪，任何人不得受到法律未规定之刑的处罚；如犯罪系违警罪，任何人不得受到条例未规定之刑的处罚。

第111－4条　刑法当以严格解释。

第111－5条　如果受理的刑事诉讼案件的处理有赖于此种审查结果，那

---

* 《法国刑法典》中条款的排列编号是由“卷”“编”“章”序号的三个数字组成第一组数字，之后用“－”连接递增的排列序号，内容相近的条款可再用“－”连接下一级递增序号。例如，第111－1条表示第一卷第一编第一章第1条，第113－8－1条表示第一卷第一编第三章第8－1条。因此，条款编号的前3个数字表示该条款在法典中的位置。条例部分的条款编号前带有字母“R”，是条例“Règlement”的缩写，与法律部分的条款编号相区分。此外，《法国刑法典》的法条中，在通常情况下，一个段落为一“款”，译文中的第几款，相当于第几段；带括号的数字，表示“项”，如(2)，译为第2项；大写的罗马数字，如Ⅰ、Ⅱ等，表示“部分”，在译文中仍保留罗马数字形式。——译者注

么刑事法院有权解释抽象行政行为或具体行政行为,并判断其合法性。

第二章　刑法的时间效力

第112-1条　只有在实施之日构成犯罪的行为,方受惩处。

只有在犯罪当日法定适用的刑罚,方可被宣告。

但是,如果新规定轻于旧规定,新规定生效之前实施的且未受到产生既判力的判刑的犯罪,适用新规定。

第112-2条　下列法律,立即适用于惩处其生效前实行的犯罪:

(1)有关管辖和司法组织的法律,只要一审法院尚未作出实体判决;

(2)规定追诉方式和程序形式的法律;

(3)有关刑罚执行与适用制度的法律,但是,若此种法律将会加重有罪判决宣告的刑罚,则仅适用于其生效后实施的犯罪的判刑;

(4)时效未到期时,有关公诉时效和刑罚时效的法律。

第112-3条　有关上诉性质、启动上诉途径的情形、提起上诉的期限以及允许上诉的人员资格的法律,适用于其生效后对宣告判决提起的上诉。上诉应当遵循提起上诉之日有效的程序规定。

第112-4条　新法的立即适用,不影响按照旧法完成的行为的有效性。

但是,如果被判刑的行为根据审判之后的法律,已不再具有刑事犯罪性质,则刑罚停止执行。

第三章　刑法的空间效力

第113-1条　为适用本章之规定,共和国领域包括与其相连的领海和领空。

第一节　共和国领域内或视为共和国领域内的犯罪

第113-2条　在共和国领域内犯罪,适用法国刑法。

若犯罪构成事实之一发生在共和国领域内，则视为在共和国领域内犯罪。

第113－2－1条　任何通过电子通信网络实施的重罪或轻罪，当其试图或已经针对居住于共和国领域的自然人或总部位于共和国领域的法人实施，则视为在共和国领域内犯罪。

第113－3条　在悬挂法国国旗的船舶上犯罪，或者针对此种船舶或船上人员犯罪，无论船舶处于何地，适用法国刑法。在法国海军舰船上犯罪，或者针对此种舰船或船上人员犯罪，无论舰船处于何地，仅适用法国刑法。

第113－4条　在法国注册之航空器上犯罪，或者针对此种航空器或其人员犯罪，无论航空器处于何地，适用法国刑法。在法国军用航空器上犯罪，或者针对此种航空器或其上人员犯罪，无论航空器处于何地，仅适用法国刑法。

第113－5条　任何人，在共和国领域内作为国外实施的重罪或轻罪之共犯而犯罪，如果该重罪或轻罪同时受法国法律和外国法律惩处，并且已经被外国法院的最终判决认定，则适用法国刑法。

在共和国领域内实施第121－7条第2款规定的共犯行为并且涉及国外实施的第二卷规定的重罪，亦适用法国刑法。

第二节　共和国领域外的犯罪

第113－6条　法国人在共和国领域外犯任何重罪，适用法国刑法。

法国人在共和国领域外犯轻罪，若该行为也受其实施地国家法律的惩处，则适用法国刑法。

欧洲议会和欧盟理事会2006年3月15日第(CE)561/2006号《关于协调公路运输公司法某些条款的条例》规定的犯罪，在其他欧盟成员国实施且在法国被证实，适用法国刑法，但《刑事诉讼法典》第692条规定的情形及能够证明已执行行政处罚或不得再执行行政处罚的情形除外。

即使轻罪被告人在实施犯罪行为后取得法国国籍，亦适用本条规定。

第113-7条 法国人或外国人，在法国领域外犯任何重罪及任何当处*监禁刑之轻罪，若犯罪时被害人具有法国国籍，则适用法国刑法。

第113-8条 在第113-6条和第113-7条规定的情形下，只有应检察机关的申请，方可对轻罪提起追诉。追诉前，应事先由被害人或其权利继受人提出控告，或者由行为实施地的国家机关作出正式检举。

第113-8-1条 若依据《刑事诉讼法典》的规定，追诉在管辖权同时覆盖多个司法法院辖区或全国领域的特别刑事法院提起，则不需要第113-8条提到的控告或检举。

第113-8-2条 在不妨碍第113-6条和第113-8条适用的情况下，外国人在法国领域外所犯的任何重罪或任何当处至少5年监禁刑之轻罪，且法国官方拒绝了请求国对该外国人的引渡或移交请求，理由是引渡请求所指的行为可被判处有违法国公共秩序的刑罚或保安措施，或者是被请求引渡人在请求国将会受到不能提供基本程序保障及辩护权保障之法院的审判，或者是引渡请求所指的行为具有政治犯罪的性质，或者是鉴于被请求引渡人的年龄或身体状况，引渡或移交将会对其造成极严重的后果的，仍适用法国刑法。

第1款所指犯罪的追诉，只能应检察机关的申请提起。

第113-9条 在第113-6条和第113-7条规定的情形中，能够证明自己因相同事实已在国外受到最终审判并且在判刑的情况下已服完刑或刑罚时效已过期的人，不得再对其提起任何追诉。

第113-10条 在法国领域外实施的第四卷第一编惩处的危害国家基本利益之重罪和轻罪，第442-1条、第442-2条、第442-5条、第442-15条、第443-1条及第444-1条惩处的伪造与假冒国玺、货币、纸币或者国家发行的有价证券罪以及任何侵犯法国外交或领事人员或场所之重罪或轻罪，适用法国刑法。

---

* 1994年生效的《法国刑法典》中，一般只对犯罪规定了最高法定刑，并取消了法定的减轻情节，因此法官根据犯罪情节和犯罪人的人格，在法定刑幅度内酌定量刑。译文中“当处……”、“可处……”或“处……”的刑罚，是指依法当处、可处的刑罚，即法定刑，与法官宣判的宣告刑相对应。——译者注

第 113 - 11 条　有下列情形的，在法国未注册的航空器之内或者针对此种航空器或者航空器上人员实施的重罪和轻罪，适用法国刑法，但第 113 - 9 条的规定除外：

(1) 犯罪人或被害人为法国国籍；

(2) 重罪或轻罪发生后，航空器降落在法国；

(3) 航空器被以无乘务员的方式出租给在法国领域内设有经营总部，或者在无经营总部的情况下设有常驻地的人。

在第 1 项规定的情形中，犯罪人或被害人的国籍，依照第 113 - 6 条最后一款和第 113 - 7 条的规定判断。

第 113 - 12 条　国际条约和法律有规定时，在法国领海之外实施的犯罪，适用法国刑法。

第 113 - 13 条　法国人或惯常居住于法国领域内的人，在国外实施的第四卷第二编惩处的恐怖主义之重罪和轻罪，适用法国刑法。

第 113 - 14 条　作为第 113 - 6 条第 2 款的例外，法国人或者在法国境内惯常居住或从事全部或部分经济活动的人在国外实施的下列犯罪，若侵犯了欧盟之预算，欧盟机构、机关和组织之预算或其直接管理和管控之预算的收入、支出或财产，那么在任何情况下，适用法国刑法，但第 113 - 8 条第二句不适用：

(1) 第三卷第一编第三章第一节规定的诈骗轻罪；

(2) 第三卷第一编第四章第一节规定的滥用信任轻罪；

(3) 第 432 - 15 条和第 433 - 4 条规定的窃取、挪用或毁坏财产轻罪；

(4) 第 432 - 11 条和第 433 - 1 条以及第 435 - 1 条和第 435 - 3 条规定的腐败轻罪，且不影响第 435 - 11 - 2 条的适用；

(5)《海关法典》第 414 - 2 条规定的走私、虚假进出口轻罪；

(6) 第三卷第二编第四章第一节规定的对本条所指轻罪的洗钱轻罪。

在法国境内作为国外实施第 1 项至第 6 项规定的、侵犯本条第一款提及的欧盟经济利益的犯罪之共犯而犯有罪责的人，对其的追诉不适用第 113 - 5 条的规定。

第二编 刑事责任

第一章 一般规定

第 121 –1 条 任何人仅对本人的行为负刑事责任。

第 121 –2 条 除国家外，法人依照第 121 –4 条至第 121 –7 条的不同规定，对其机关或代表为法人之利益实施的犯罪负刑事责任。

但是，地方行政部门及其联合团体仅对从事可以订立公共事业委托协议的活动中实施的犯罪负刑事责任。

法人的刑事责任，不排除同一犯罪行为之自然人正犯或共犯的刑事责任，但第 121 –3 条第 4 款的规定除外。

第 121 –3 条 无实施重罪或轻罪之故意，则无重罪或轻罪。

但是，在法律有规定时，蓄意置他人人身于危险之情形，构成轻罪。

根据行为人承担的使命或职责的性质、享有的权限及掌握的权力与手段，若认定行为人没有尽到正常谨慎之责，在法律有规定时，具有轻率不慎、疏忽大意或者违反法律或条例规定的谨慎或安全义务之过错的情形，亦构成轻罪。

在前款所指情形下，自然人，虽未直接造成损害，但制造了或有助于制造致使损害得以实现的条件，或者没有采取能够避免损害发生的措施，如经认定其明显蓄意违反了法律或条例规定的谨慎或安全之特别义务，或者其犯有明显过错并使他人面临其不可能不知道之特别严重的风险，应负刑事责任。

在不可抗力的情形下，无违警罪。

第 121 –4 条 下列人为犯罪行为人：

(1)实施犯罪行为的人；

(2)意图实施重罪的人，或者在法律有规定的情况下，意图实施轻罪的人。

第 121 –5 条 已着手实施犯罪，仅仅由于犯罪行为人意志之外的情事而中断或者未能得逞，构成犯罪未遂。

第 121－6 条 第 121－7 条意义上的共犯，按照正犯予以处罚。

第 121－7 条 故意给予帮助或协助，为预备或完成重罪或轻罪提供方便的人，构成重罪或轻罪之共犯。

通过赠礼、许诺、威胁、命令、滥用权威或权力，教唆犯罪或指示实施犯罪的人，亦构成共犯。

第二章 不负或减轻刑事责任之原因

第 122－1 条 实施行为时，患精神紊乱或神经精神紊乱*，并因此消除其辨别力或行为控制力的人，不负刑事责任。

实施行为时，患精神紊乱或神经精神紊乱，并因此损害其辨别力或有碍其行为控制力的人，仍受惩处。但是，法院在量刑与确定刑罚制度时将考虑此情节。法定刑为剥夺自由刑时，刑罚缩减三分之一，或者在当处无期徒刑或终身刑事拘押重罪的情况下，剥夺自由刑降至 30 年。但是对于轻罪，法院可以通过专门说明理由的判决，决定不予缩减刑罚。法院在咨询医生意见后，如认为紊乱的性质显示出必要，应确保所宣告的刑罚能使被判刑人接受与其精神状态相适应的治疗。

第 122－1－1 条 若实施重罪或轻罪的人的辨别力和行为控制力的暂时消除，是由该人为了实施犯罪或相同性质的犯罪或为了便于实施犯罪而在非常临近行动之时故意服用精神活性物质引起，则不适用第 122－1 条。

第 122－1－2 条 若实施重罪或轻罪的人的辨别力和行为控制力受到的暂时损害，是由故意非法或明显过度服用精神活性物质所引起，则不适用第 122－1 条第 2 款规定的缩减刑罚。

第 122－2 条 在不可抗拒的力量或不可抗拒的强制下实施行为的人，不负刑事责任。

---

* 精神紊乱或神经精神紊乱（trouble psychique ou neuropsychique）是法国立法者借鉴现代精神病学所使用的医学术语，神经精神紊乱强调和“神经系统病变”有关的精神紊乱。这两个词语应包含所有先天和后天的精神病。——译者注

第 122 – 3 条 证明自己出于对法律无力避免的误解，本以为可以合法完成行为的人，不负刑事责任。

第 122 – 4 条 完成法律或条例规定或允许之行为的人，不负刑事责任。

第 122 – 4 – 1 条 （被废除）

完成合法机关指令之行为的人，不负刑事责任，除非该行为明显违法。

第 122 – 5 条 在本人或他人面临不法侵害的当时，实施了保护自身或他人之合法防卫的必要行为的人，不负刑事责任，除非所使用的防卫手段与侵害的严重程度之间不成比例。

为了制止侵害财产之重罪或轻罪行为，而实施了除故意杀人以外的防卫行为的人，若此行为对于追求的目的完全必要，且所使用的手段与犯罪的严重程度成比例，则不负刑事责任。

第 122 – 6 条 完成下列行为的人，推定其在正当防卫状态下实施行为：

(1)夜间击退以破门、暴力或诡计方式进入居住场所的行为；

(2)对以暴力手段实施盗窃或抢夺的行为人进行自我防卫的行为。

第 122 – 7 条 面对威胁到本人、他人或财产之现实或紧迫的危险，完成保护人身或财产的必要行动的人，不负刑事责任，除非所使用的手段与威胁的严重程度之间不成比例。

第 122 – 8 条 鉴于未成年人因年龄而享受减轻的责任，具有辨别力的未成年人，按照《未成年人刑事司法法典》确定的条件，对认定其犯有的重罪、轻罪或违警罪负刑事责任。

第 122 – 9 条 侵犯法律所保护的秘密的人，只要该揭露出于保护相关利益的需要且适度，并且按照法律规定的告发条件作出，而且符合 2016 年 12 月 9 日第 2016 – 1691 号《关于透明、反腐败斗争和经济生活现代化的法律》第 6 条规定的报警人的定义标准，则不负刑事责任。

报警人，窃取、挪用或隐匿含有其合法获悉信息的文件或其他载体，并且按照本条第 1 款规定的条件作出告发或揭露，亦不负刑事责任。

本条规定亦适用于此类犯罪的共犯。

第三编　刑　　罚

第 130 -1 条　为了保护社会、预防新的犯罪和恢复社会平衡,本着对被害人利益的尊重,刑罚具有下列功能:

(1)惩罚犯罪行为人;

(2)促进犯罪行为人改过自新、融入社会或回归社会。

第一章　刑罚的性质

第一节　自然人适用之刑罚

第一分节　重罪之刑罚

第 131 -1 条　自然人的法定重罪刑罚为:

(1)无期徒刑*或终身刑事拘押;

(2)最高 30 年徒刑或 30 年刑事拘押;

(3)最高 20 年徒刑或 20 年刑事拘押;

(4)最高 15 年徒刑或 15 年刑事拘押。

有期徒刑或有期刑事拘押的刑期至少为 10 年。

第 131 -2 条　徒刑或刑事拘押刑不排除罚金刑以及第 131 - 10 条规定的一项或多项附加刑的适用。

第二分节　轻罪之刑罚

第 131 -3 条　自然人的法定轻罪刑罚为:

---

* 《法国刑法典》中,一般重罪的剥夺自由刑,称为"徒刑"(réclusion criminelle);政治犯罪重罪(如危害国家基本利益罪)的剥夺自由刑,称为"刑事拘押"(détention criminelle),刑期最低为 10 年。轻罪的剥夺自由刑,统称为"监禁"(emprisonnement),刑期最高为 10 年。——译者注

(1)监禁,对监禁可以依照本编第二章的规定,配置缓刑、附考验期缓刑或调整措施;

(2)电子监督下的居家监禁;

(3)公益劳动;

(4)罚金;

(5)日罚金;

(6)实习刑;

(7)第131－6条规定的剥夺或限制权利刑;

(8)惩罚性赔偿。

这些刑罚,不排除第131－10条规定的附加刑的适用。

第131－4条 监禁刑的幅度如下:

(1)最高刑10年;

(2)最高刑7年;

(3)最高刑5年;

(4)最高刑3年;

(5)最高刑2年;

(6)最高刑1年;

(7)最高刑6个月;

(8)最高刑2个月。

第131－4－1条 对于当处监禁刑的轻罪,法院可以宣判15日至6个月的电子监督下的居家监禁刑,代替监禁,但不得超过法定监禁刑的刑期。

该刑罚要求被判刑人待在住所或者法院或刑罚执行法官指定的其他场所并携带可以核查被判刑人遵守此项首要义务的发射装置。

被判刑人只有在需要从事职业活动,继续进行学习、实习、培训或医疗,寻求就业,参与家庭生活或任何融入社会或回归社会的计划时,方可在法院或刑罚执行法官指定的期间内离开住所。

法院可以决定被判刑人享受以促进其回归社会为目的的帮助措施。

在被判刑人不遵守其义务的情况下,刑罚执行法官可以按照《刑事诉讼法典》规定的方法，对被判刑人离开住所的许可作出限制，或者命令执行监禁刑的剩余刑期。

法院还可以要求被判刑人遵守第132-44条和第132-45条规定的一项或多项义务或禁止性规定。

第131-5条　对于当处监禁刑的轻罪，法院可以宣判日罚金刑。日罚金刑是指被判刑人在一定天数内按日向国库缴纳一定数额罚金，罚金总额由法官确定。每个日罚金的数额依据轻罪被告人的收入与负担而定，但不得超过1000欧元。日罚金的天数依据犯罪情节而定，但不得超过360天。

第131-5-1条　对于当处监禁刑的轻罪，法院可以替代监禁或在宣判监禁的同时，要求被判刑人在不超过一个月的期限内完成某项实习，法院将依据轻罪的性质与犯罪情节确定实习的性质、方式和内容。

除非法院作出其他决定，实习费由被判刑人承担，且不得超过第三级违警罪罚金的数额。

实习在有罪判决生效之日起6个月内完成，除非被判刑人的行为或处境导致其无法完成。

法院可以宣判的实习包括：

(1)公民资格实习，涉及学习共和国价值观和公民义务；

(2)道路交通安全感化实习；

(3)毒品危害性感化实习；

(4)预防与反伴侣间暴力或性别歧视暴力之斗争的责任化实习；

(5)反购买性行为斗争的感化实习；

(6)家长责任实习；

(7)反性别歧视斗争与动员男女平等的实习；

(8)预防与反虐待动物斗争的感化实习。

第131-6条　对于当处监禁刑的轻罪，法院可以宣告下列一项或多项剥夺或限制权利的刑罚，以代替监禁刑：

(1)最长5年内暂扣驾驶执照，且该暂扣执照可以依照最高行政法院提出资政意见后颁布之政令规定的限制性条件，仅限于驾驶职业活动之外的车辆；

但是如果暂扣驾驶执照作为轻罪的法定附加刑无法仅限于驾驶职业活动之外的车辆,则不可作出上述限制。

(2)最长5年内禁止驾驶某些车辆。

(3)吊销驾驶执照,并且最长5年内禁止申请颁发新执照。

(4)没收属于被判刑人的一辆或多辆车辆。

(5)最长1年内,依照最高行政法院提出资政意见后颁布之政令规定的限制性条件,查封属于被判刑人的一辆或数辆车辆。

(5乙)最长5年内,禁止驾驶未配备由获得官方认可的专业人士安装或者车辆自带的合格的酒精电子检测锁车装置之车辆。当此项禁止与吊销或暂扣驾驶执照的刑罚同时宣告时,在该刑罚执行完毕后,此项禁止在法院规定的期限内执行。

(6)最长5年内,禁止持有或携带须经许可的武器。

(7)没收归被判刑人所有或自由处分的一件或数件武器。

(8)收回打猎执照,并且最长5年内禁止申请颁发新执照。

(9)最长5年内禁止签发支票和使用支付卡,但出票人向受票人提取资金的支票或保付支票除外。

(10)没收用于或准备用于实施犯罪之物或者犯罪所得之物。但涉及违反出版法之轻罪时,不得宣告此项没收刑。

(11)若从事的职业或社会活动提供的便利被故意用来准备或实施犯罪,则最长5年内禁止从事此类职业或社会活动。但对从事选举产生的任职或工会职责,不适用此项禁止。对违反出版法之轻罪,亦不适用此项禁止。

(12)最长3年内禁止出现在法院指定的、曾发生犯罪的某些场所或某类场所。

(13)最长3年内禁止与法院特别指定的某些被判刑人尤其是犯罪的正犯或共犯往来。

(14)最长3年内禁止与法院特别指定的某些人尤其是犯罪被害人联系。

(15)最长5年内禁止从事工商业职业,禁止以任何名义,为了本人或他人利益,直接或间接领导、管理、经营或监督某工商业企业或商业公司。

对于当处监禁刑的轻罪，法院可以宣判一项或多项第 6 项、第 7 项、第 10 项、第 12 项、第 13 项和第 14 项规定的剥夺或限制自由的刑罚，代替监禁刑或与之同时宣判。

第 131－7 条　对于仅处罚金刑的轻罪，也可宣判第 131－6 条列举的剥夺或限制权利的刑罚，代替罚金刑。

第 131－8 条　对于当处监禁刑的轻罪，法院可以指令被判刑人为公法法人、承担某项公共服务的私法法人或者有资质实施公益工程的协会，无偿完成 20 小时至 400 小时的公益劳动，代替监禁刑。

若被告人出庭且拒绝接受公益劳动，则不得宣判公益劳动刑。法院院长在宣告判决前，告知被告人有权拒绝履行公益劳动，并听取其答复。

若被告人未出庭但由其律师代表出庭，并且提供了被告人的书面同意，可以宣判该刑罚。

若被告人未出庭也未表示同意，只有在法院适用第 131－9 条第 2 款的规定时，方可宣判该刑罚。在此情况下，在实施公益劳动前，刑罚执行法官告知被判刑人有权拒绝履行公益劳动，并听取其答复。在拒绝的情况下，按照《刑事诉讼法典》第 712－6 条的规定，执行全部或部分法院确定的监禁刑或附加刑，但在必要时，可能作出刑罚调整或转换的情形除外。

第 131－8－1 条　对于当处监禁刑的轻罪，法院可以宣判惩罚性赔偿刑，代替监禁刑或者与之同时宣判。对于主刑仅当处罚金刑的轻罪，规定亦同。

惩罚性赔偿，是指被判刑人有义务按照法院规定的期限和方式，赔偿被害人的损失。

经被害人和被告人同意，赔偿可以通过实物作出。实物赔偿是指修复遭犯罪损害的财产。修复由被判刑人本人或其选择的且支付报酬的专业人士完成。

赔偿的执行，由共和国检察官或其代表予以证实。

在宣告惩罚性赔偿刑时，法院确定监禁刑的最长期限，该期限不得超过 6 个月，或者罚金刑的最高数额，该数额不得超过 15,000 欧元；如果被判刑人不遵守赔偿义务，刑罚执行法官可以按照《刑事诉讼法典》第 712－6 条的规定，命令全部或部分执行上述监禁刑或罚金刑。对于仅当处罚金刑的轻罪，法院只确定可予执行的罚金数额,该数额不得超过 15,000 欧元。法院院长在宣告判决后将上述内容告知被判刑人。

第 131 –9 条 监禁刑不得与第 131 –6 条第 1 项、第 2 项、第 3 项、第 4 项、第 5 项、第 5 乙项、第 8 项、第 9 项、第 11 项和第 15 项规定的剥夺或限制权利之刑罚并科宣告,亦不得与公益劳动刑并科宣告。

法院在宣告第 131 –5 –1 条、第 131 –6 条或者第 131 –8 条规定的一项或数项刑罚时,可以确定监禁刑的最长期限或者罚金刑的最高数额,如果被判刑人不遵守宣判的一项或数项刑罚所产生的义务或禁令,刑罚执行法官可以按照《刑事诉讼法典》第 712 –6 条的规定,命令全部或部分执行上述监禁刑或罚金刑。法院院长在宣告判决后将上述内容告知被判刑人。法院确定的监禁刑或罚金刑,不得超出被判刑之轻罪的法定刑,亦不得超出本法典第 434 –41 条规定的刑罚。如果适用本款规定,则不适用第 434 –41 条的规定。

日罚金刑不得与罚金刑并科宣判。

第三分节 某些重罪与轻罪之附加刑

第 131 –10 条 法律有规定时,对重罪或轻罪可以科处一种或几种附加刑,自然人被判处此种附加刑,意味着禁止、丧权或无资格、撤销权利、命令治疗、履行义务、封存或没收物品、没收动物、关闭机构、张贴宣告的判决或者通过报刊或任何电子大众传媒手段公布此判决。

第 131 –11 条 对于当处第 131 –10 条所列一种或几种附加刑的轻罪,法院可以仅宣告法定附加刑或者一种或几种法定附加刑,作为主刑。

若被判刑人违反了根据本条规定宣告的刑罚之义务或禁令,法院可以规定监禁刑的最长期限或罚金刑的最高数额,由刑罚执行法官根据《刑事诉讼法典》第 712 –6 条的规定,命令全部或部分执行此种监禁刑或罚金刑。法院院长在宣告判决后将上述内容告知被判刑人。法院确定的监禁刑或罚金刑,不得超出被判刑之轻罪的法定刑,亦不得超出本法典第 434 –41 条规定的刑罚。如果适用本款规定,则不适用第 434 –41 条的规定。

第四分节　违警罪之刑罚

第 131 – 12 条　自然人违警罪的法定刑罚为：

(1)罚金；

(2)第 131 – 14 条规定的剥夺或限制权利的刑罚；

(3)第 131 – 15 – 1 条规定的惩罚性赔偿刑。

上述刑罚不排除适用第 131 – 16 条和第 131 – 17 条规定的一项或几项附加刑。

第 131 – 13 条　法律规定处以不超过 3000 欧元之罚金的犯罪，构成违警罪。

罚金数额如下：

(1)第一级违警罪，最高罚金 38 欧元；

(2)第二级违警罪，最高罚金 150 欧元；

(3)第三级违警罪，最高罚金 450 欧元；

(4)第四级违警罪，最高罚金 750 欧元；

(5)第五级违警罪，最高罚金 1500 欧元；条例有规定时，累犯的罚金数额可增至 3000 欧元，但是法律规定违警罪累犯构成轻罪的情形除外。

第 131 – 14 条　对于所有第五级违警罪，可以宣告下列一种或几种剥夺或限制权利之刑罚：

(1)最长 1 年内暂扣驾驶执照，且该暂扣执照可以仅限于驾驶职业活动之外的车辆，但是如果暂扣驾驶执照作为违警罪的法定附加刑无法仅限于驾驶职业活动之外的车辆，则不可作出上述限制；

(2)最长 6 个月内，查封属于被判刑人的一辆或多辆车辆；

(3)没收归被判刑人所有或自由处分的一件或数件武器；

(4)收回打猎执照，并且最长 1 年内禁止申请颁发新执照；

(5)最长 1 年内禁止签发支票和使用付款卡，但出票人向受票人提取资金的支票或保付支票除外；

(6)没收用于或准备用于实施犯罪之物或者犯罪所得之物。但涉及违反出版法之轻罪时,不得宣告此项没收刑。

第131-15条 罚金刑不得与第131-14条所列的剥夺或限制权利的刑罚并科宣告。

该条所列的剥夺或限制权利的刑罚,可以并科宣告。

第131-15-1条 对于所有第五级违警罪,法院可以按照第131-8-1条的规定,宣告惩罚性赔偿刑,代替罚金刑或者与之同时宣告。

在此种情况下,法院规定罚金刑的最高数额,该数额不得超过1500欧元;如果被判刑人不遵守赔偿义务,刑罚执行法官可以按照《刑事诉讼法典》第712-6条的规定,命令全部或部分执行此罚金刑。

第131-16条 惩治违警罪之条例可以对自然人犯罪人规定下列一种或几种附加刑:

(1)最长3年内暂扣驾驶执照,且该暂扣执照可仅限于驾驶职业活动之外的车辆,除非条例明确排除这一限制;

(2)最长3年内禁止持有或携带须经许可的武器;

(3)没收归被判刑人所有或自由处分的一件或数件武器;

(4)收回打猎执照,并且最长3年内禁止申请颁发新执照;

(5)没收用于或旨在用于实施犯罪之物或者犯罪所得之物;

(6)最长3年内禁止驾驶某些陆用机动车辆,包括驾驶不需要驾驶执照的车辆;

(7)第131-5-1条规定的实习刑;

(8)没收用于实施犯罪或者作为犯罪对象的动物;

(9)最长3年内禁止饲养动物;

(10)最长1年内收回机动游艇的海上驾驶执照,并且针对外国船舶上的任何人,最长1年内禁止在法国领海或内海航行。

第131-17条 惩治第五级违警罪之条例,可以另外规定最长3年内禁止签发支票的附加刑,但出票人向受票人提取资金的支票或保付支票除外。

惩治第五级违警罪之条例,还可以将从事20小时至120小时公益劳动的刑罚,规定为附加刑。

第131－18条　对于当处第131－16条和第131－17条所列一种或几种附加刑的违警罪,法院可以仅宣告附加刑,或者宣告一种或几种法定附加刑。

第五分节　某些刑罚的内容与适用方式

第131－19条　禁止签发支票,即责令被判刑人向颁发支票样票的银行交还由其本人及其代理人持有的样票。

此项禁止作为重罪或轻罪的法定附加刑时,期限不得超过5年。

第131－20条　禁止使用支付卡,即责令被判刑人向发卡银行交还由其本人及其代理人持有的支付卡。

此项禁止作为重罪或轻罪的法定附加刑时,期限不得超过5年。

第131－21条　没收之附加刑,在法律和条例有规定的情况下科处。没收也理所当然地成为重罪和当处1年以上监禁刑的轻罪的法定附加刑,但违反出版法之轻罪的除外。

除最后一款规定外,没收涉及归被判刑人所有或者除善意所有人权利外归被判刑人自由处分的、用于实施或准备用于实施犯罪的所有动产或不动产财产,无论其性质如何,已分割还是未分割。

除最后一款规定外,没收还涉及所有作为犯罪直接或间接对象或犯罪所得的财产,但可返还被害人的财产除外。如果犯罪所得与合法资金被混合用于取得一项或数项财产,则没收仅涉及以犯罪所得的估值为限的财产。

除最后一款规定外,没收还可以涉及惩治犯罪之法律或条例明确规定的任何动产或不动产。

除最后一款规定外,对于直接或间接获利的重罪或当处至少5年监禁刑之轻罪,如果被判刑人和财产所有人能够对将被没收的财产作出解释却未能证实其来源,则没收还涉及归被判刑人所有或者除善意所有人权利外归被判刑人自由处分的、用于实施或准备用于实施犯罪的所有动产或不动产,无论其性质如何,已分割还是未分割。

除最后一款规定外,惩治重罪或轻罪的法律有规定时,没收还涉及归被判刑人所有或者除善意所有人权利外归被判刑人自由处分的全部或部分财产,无论其性质如何,动产还是不动产,已分割还是未分割。

对于法律或条例界定为危险或有害的物品或者是非法持有的物品,无论是否为被判刑人的财产,均予以强制没收。

除最后一款规定外,没收之附加刑按照相同的条件,适用于所有无形权利,无论其性质如何,已分割还是未分割。

除最后一款规定外,可以命令价值没收。归被判刑人所有或者除善意所有人权利外归被判刑人自由处分的所有财产,无论其性质如何,都可以执行价值没收。征收相当于没收之物价值的数额时,适用有关司法强制的规定。

被没收之物归国家所有,特别条款规定应予销毁或分配的除外;但为第三人利益合法设立的物权对该物品仍有效,且以物品的价值为限。

如果被没收之物是程序当中未被扣押或未被置于存放场的车辆,被判刑人应当在公诉机关的命令下,将该车辆交给负责车辆销毁或转让的部门或机构。

除第 7 款提及的情形外,当没收刑涉及被判刑人以外任何其他所有权人的财产时,若在程序中已知具有该身份或者主张该身份的人,未能对审判法院作出的没收措施提出意见尤其是主张其权利及善意,则不得宣告没收刑。

第 131 –21 –1 条 没收动物或某类动物作为法定附加刑时,涉及用于或企图用于实施犯罪或者作为犯罪对象的动物。

没收刑也涉及归被判刑人所有或者自由处分的动物,只要这些动物曾可能用于实施犯罪或者可能成为犯罪对象。

宣告没收动物的法院,规定将动物交给经认定或申报具有公益性质的动物保护基金会或协会,由其自由处置该动物。

如果在程序中动物未得以安置,被判刑人应该在公诉机关的命令下,将其交给前款所指的机构。第 131 –21 条第 4 款的规定也予以适用。

如果在程序中动物得以安置,命令没收的法院可以让被判刑人承担安置费用。

如果涉及危险动物,法院可以命令对动物实施安乐死,必要时,由被判刑人承担费用。

第 131 –21 –2 条 以禁止饲养动物作为法定附加刑时,可以仅限于某些动物或某些类动物。

禁止饲养动物刑科处于重罪或轻罪时，可以是永久性禁止或临时性禁止；如果是临时性禁止，期限不得超过5年。

第131－22条　宣告公益劳动刑罚的法院确定完成公益劳动的期限，最长为18个月。该期限自全部完成公益劳动时结束；出于重大的医疗、家庭、职业或社会原因，该期限可以暂时中止。在被判刑人被电子监督收容、被临时羁押、执行剥夺自由刑或履行兵役义务期间，该期限中止。但是，公益劳动可以与电子监督收容、监外收容、半释放或电子监督收容同时执行。

第1款规定的期限中止，由刑罚执行法官根据完成公益劳动义务的限制性条件作出决定，该刑罚执行法官为被判刑人经常居所所在辖区的刑罚执行法官，或者如果被判刑人在法国无经常居所，则为一审法院的刑罚执行法官。

监狱安置与考验事务部主任或其代表有权决定完成公益劳动义务的实施方式，除非刑罚执行法官决定行使此项权限。劳动岗位由监狱安置与考验事务部主任、其代表或刑罚执行法官选定，并应与被判刑人的状况相适应并且能够促进其社会和职业的重新安置。

若被判刑人因犯有《道路交通法典》规定的轻罪或依据第221－6－1条、第222－19－1条、第222－20－1条和第434－10条的规定被判刑，则优先在专门接待道路交通事故伤员的机构中完成公益劳动刑罚。

在本条规定的期限内，被判刑人应服从第132－44条规定的监督措施。

第131－23条　公益劳动，应遵守有关夜班、卫生、安全及妇女和青年劳动者工作的法律和条例的规定。公益劳动可以与职业活动并行开展。

第131－24条　国家对被判刑人因执行包含公益劳动义务的判决而给他人直接造成的全部损害或部分损害承担责任。

国家理所当然地代位取得被害人的权利。

责任之诉和上诉向司法法院提出。

第131－25条　在判处日罚金刑的情况下，宣告的日罚金天数对应的期限届满时，可追缴罚金总额。

除《刑事诉讼法典》第747－1－1条的规定外，全部或部分未支付罚金总额将引起对被判刑人的收监，收监期限等于未支付日罚金的天数。其实施方式与司法强制相同。实施的羁押应遵守监禁刑的制度。

第131－26条 禁止公民权、民事权和家庭权涉及以下权利：

(1)投票选举权；

(2)被选举资格；

(3)履行司法职务或者担任法院专家的权利，出庭代理或协助当事人的权利；

(4)出庭作证的权利，但出庭仅作简短声明的除外；

(5)作为监护人或财产管理人的权利；此项禁止不排除充当自己子女的监护人或财产管理人的权利，但事先应取得监护法官的同意并听取亲属会议的意见。

禁止公民权、民事权和家庭权的期限，对因重罪判刑，不得超过10年，对因轻罪判刑，不得超过5年。

法庭可宣告禁止上述全部或部分权利。

根据本条规定宣告的禁止投票选举权或无被选举资格，导致禁止或无资格履行公职。

第131－26－1条 在法律有规定的情况下，作为第131－26条第7段*规定之例外，可以对犯罪时行使政府成员职责或公选委任职务的人，宣告第131－26条第2项规定的无被选举资格刑，最长期限为10年。

第131－26－2条

Ⅰ.第131－26条第2项和第131－26－1条所指的无被选举资格附加刑，必须对犯有本条之Ⅱ提及的轻罪或重罪的任何犯罪人宣告。

此项判决将在整个无被选举资格期间记录在《刑事诉讼法典》第775条规定的犯罪记录的第二号记录单上。

Ⅱ.必须宣告无被选举资格的轻罪如下：

(1)本法典第222－9条、第222－11条、第222－12条、第222－14条、第222－14－1条、第222－14－4条、第222－14－5条、第222－15条、第222－15－1条和第222－27条至第222－33－2－2条规定的轻罪；

(2)第225－1条至第225－2条规定的轻罪；

---

* 此处的段是指另起一行的句子或短句。——译者注

(3)第313－1条、第313－2条和第314－1条至第314－3条规定的轻罪及其窝赃罪或洗钱罪；

(4)第四卷第二编第一章规定的轻罪；

(5)第432－10条至第432－15条、第433－1条和第433－2条、第434－9条、第434－9－1条、第434－43－1条、第435－1条至第435－10条和第445－1条至第445－2－1条规定的轻罪及其窝赃罪或洗钱罪；

(6)第441－2条至第441－6条规定的轻罪及其窝赃罪或洗钱罪；

(7)《选举法典》第L86条*至第L88－1条、第L91条至第L104条、第L106条至第L109条、第L111条、第L113条和第L116条规定的轻罪；

(8)若犯罪以有组织团伙形式实施或由税务程序卷第L228条之Ⅱ第1项至第5项所指的任一行为引起，则《税务总法典》第1741条和第1743条规定的轻罪及其窝赃罪或洗钱罪；

(9)《货币与金融法典》第L465－1条至第L465－3－3条规定的轻罪及其窝赃罪或洗钱罪；

(10)《商务法典》第L241－3条和第L242－6条规定的轻罪及其窝赃罪或洗钱罪；

(11)《选举法典》第L113－1条和1988年3月11日第88－227号《政治生活财务透明法》第11－5条规定的轻罪；

(12)《选举法典》第LO135－1条之I和2013年10月11日第2013－907号《公共生活透明法》第26条规定的轻罪；

[宪法委员会通过2017年9月8日第2017－752号决定宣布相关规定违宪。]

(14)**本法典第450－1条规定的参加犯罪团伙之轻罪，若犯罪目的是实施本条之Ⅱ第1项至第13项提及的重罪或轻罪。

---

* 有些法国法典中，法律部分的条款编号前加“L”，意为法律(loi)的缩写；加“LO”，意为组织法(loi organique)第一个字母组成的缩写，表示该条款由组织法设立或修改；条例部分的条款编号前加“R”，意为条例(Règlement)的缩写。——译者注

** 原文无第13项。——译者注

Ⅲ.但是,鉴于犯罪情节与犯罪行为人的人格,法院可以通过专门说明理由的判决,决定不宣告本条规定的刑罚。

第131-27条 作为重罪或轻罪之附加刑科处时,禁止履行公职或从事职业或社会活动的刑罚,可以是永久性禁止,也可以是暂时性禁止;在后一种情形下,禁止期间不得超过5年。

禁止从事工商职业,禁止以任何名义,为了本人或他人利益,直接或间接领导、管理、经营或监督工商企业或商业公司的刑罚,可以是永久性禁止,也可以是暂时性禁止;在后一种情形下,禁止期间不得超过15年。

该项禁止不适用于选举委任职务或工会职责。它亦不适用于违反出版法之轻罪。

第131-28条 禁止从事职业或社会活动,可以涉及从事实施犯罪时所从事的或借机实施了犯罪的那种职业或社会活动,也可以涉及惩治犯罪之法律规定的任何其他职业或社会活动。

第131-29条 若禁止行使第131-26条列举之全部或部分权利刑、禁止履行公职或从事职业社会活动刑与无缓期之剥夺自由刑并科,则禁止刑从剥夺自由刑开始即予执行,并从剥夺自由刑终止之日起,禁止刑在判决确定的期限内继续执行。

第131-30条* 法律有规定时,对犯重罪或轻罪的任何外国人可宣判永

---

* 第131-30条被2019年3月23日第2019-222号法律第74条修改,并于2020年3月24日生效。修改之前的旧规定如下:"**第131-30条** 法律有规定时,对犯重罪或轻罪的任何外国人可宣判永久性或最长10年内禁止进入法国。禁止进入法国,理所当然地引起将被判刑人遣送出境,必要时,在监禁刑或徒刑期满后遣送出境。当禁止进入法国刑与无缓期剥夺自由刑并处时,其在剥夺自由刑执行期间暂停执行。自剥夺自由刑终止之日起,按有罪判决确定的期限,恢复执行禁止进入法国刑。在下列情况下,鉴于犯罪的严重性和外国被判刑人的个人和家庭状况,法院只能以专门说明理由的判决宣告禁止进入法国:(1)外国被判刑人是居住在法国的法籍儿童的父亲或母亲,并且对该名儿童至少行使部分亲权或者提供其实际需要的供给;(2)外国被判刑人已与法籍配偶在实施被判刑的犯罪行为之前结婚且婚姻持续至少1年,并且夫妻共同生活未曾停止且配偶保留法国国籍;(3)外国被判刑人能够证明自其年满10岁以前就习惯性地居住在法国;(4)外国被判刑人能够证明已习惯性地在法国居住超过15年;(5)外国被判刑人是法国机构提供的劳动事故或职业疾病年金的领受人,且永久丧失劳动能力的比率大于或等于20%;(6)外国被判刑人习惯性地居住在法国,且身体状况需要医疗治疗,否则将对其造成非常严重的后果,但如果在其本国能得到适当治疗的情形除外。"——译者注

久性或最长10年内禁止进入法国*。

禁止进入法国，理所当然地引起将被判刑人遣送出境，必要时，在监禁刑或徒刑期满后遣送出境。

当禁止进入法国刑与无缓期剥夺自由刑并处时，其在剥夺自由刑执行期间暂停执行。自剥夺自由刑终止之日起，按有罪判决确定的期限，恢复执行禁止进入法国刑。

禁止进入法国刑与监禁刑并处时，并不妨碍以申请解除禁止为目的，对监禁刑作出适用半释放、监外执行、电子监督下的居家监禁或准许出监的措施。

第131－30－1条　对于轻罪，法庭只能根据犯罪严重程度及受审的外国人的个人与家庭状况，在满足以下条件时，以专门说明理由之判决宣告禁止进入法国：

(1)该外国人遵守一夫一妻制，是居住在法国的法国未成年人的父亲或母亲，但条件是该外国人须证实自己自子女出生或至少1年以来，按照《民法典》第371－2条的规定确实为抚养与教育子女尽责；

(2)该外国人与法国籍配偶结婚至少3年，但条件是其结婚先于被判刑的犯罪，而且其夫妻共同生活自婚后从未中断，其配偶仍保留法国国籍；

(3)该外国人竭尽证明其惯常居住在法国超过15年，除非他在整个居住期间一直持有带"学生"备注的长期暂住证；

(4)该外国人在法国合法居住超过10年，除非该人在整个居住期间一直持有带"学生"备注的长期暂住证；

(5)该外国人享有由某一法国组织发放的劳动事故年金或职业病年金，且其身体永久丧失劳动能力的比率大于或等于20%。

第131－30－2条　对以下外国人，不得宣告禁止进入法国：

(1)通过各种方式，证明自己最迟自满13岁以来经常居住在法国的外

---

* 禁止进入法国(Interdiction du territoire français)，是指禁止外国人在法国领土上居住或逗留，是重罪或轻罪的附加刑，由刑事法官宣告。在剥夺自由刑执行期间暂停执行，剥夺自由刑期满后理所当然地启动遣送出境。——译者注

国人；

(2)经常居住在法国超过20年的外国人；

(3)经常居住在法国超过10年的外国人，遵循一夫一妻制，并同保留法国国籍的侨民结婚至少已达4年，但条件是其结婚先于被判刑的犯罪，而且其夫妻共同生活自婚后从未中断；或在同样条件下，与满足第1项规定的外国侨民结婚；

(4)经常居住在法国超过10年的外国人，遵循一夫一妻制，是居住在法国的法国未成年人的父亲或母亲，但条件是该外国人须证实自己自子女出生或至少1年以来，按照《民法典》第371－2条的规定确实为抚养与教育子女尽责；

(5)根据《外国人入境居留与庇护权法典》第L425－9条规定的居留身份合法居留在法国的外国人。

若外国人被判刑的犯罪是针对其配偶或子女或针对任何由其行使亲权的儿童实施，则不适用第3项和第4项的规定。

第四卷第一编第一章、第二章、第四章与第413－1条至第413－4条、第413－10条和第413－11条规定的危害国家基本利益罪，第四卷第二编规定的恐怖主义罪，第431－14条至第431－17条规定的武装集团和已解散运动罪，第442－1条至第442－4条规定的伪造货币罪，均不适用本条规定。

第131－31条 禁止居留之刑罚，导致禁止出现在法院指定的特定场所。该刑罚还包括监督和救助措施。禁止到访场所的名单以及监督与救助措施，可以由刑罚执行法官依照《刑事诉讼法典》规定的条件予以变更。

禁止居留的期限，对于重罪判刑，不得超过10年，对于轻罪判刑，不得超过5年。

第131－32条 若禁止居留与无缓期的剥夺自由刑并科，则从剥夺自由刑罚开始即予适用，并从自由刑终止之日起，在判决确定的期限内继续执行。

禁止居留期间发生的任何拘禁都将折抵禁止居留的期限。

除非适用《刑事诉讼法典》第763条的规定，被判刑人年龄达到65岁时，禁止居留自然停止。

第131－32－1条 禁止参加公共道路示威游行的刑罚，不得超过3年，并导致禁止参加法院指定的特定场所的公共道路示威游行。

若禁止参加公共道路示威游行之刑罚与无缓刑的剥夺自由刑并科，则自剥夺自由刑终止之日起适用。

第 131－33 条　关闭机构之刑罚，导致禁止在该机构内从事实施犯罪时所从事的活动。

第 131－34 条　排除参与公共合同*之刑罚，导致禁止直接或间接参加由国家及其公立公益机构、地方行政区域及其联合团体和公立公益机构所订立的以及由国家或地方行政区域或其联合团体出让或控制的企业所订立的任何交易合同。

第 131－35 条　张贴或发布法院判决的刑罚，由被判刑人承担费用。但是，向被判刑人收取的张贴或发布费用不得超过法定罚金的最高数额。

法院可命令张贴或发布判决的全部或部分内容，或者张贴或发布一份告知公众判决理由与主文的公告。必要时，法院确定应予张贴或发布的判决节录和公告的措辞。

只有经被害人或其法定代表人或权利继受人的同意，张贴或发布的判决或公报才能包含被害人身份的内容。

张贴刑按照法院指定的场所和期限执行；除非惩治犯罪之法律另有规定，张贴期限不得超过 2 个月。若张贴告示被揭去、遮盖或者撕毁，应重新张贴，费用由被认定犯有此罪行的人承担。

判决的发布，由“法兰西共和国官方公报”、一家或数家其他新闻出版社或者一家或数家电子大众传媒机构作出。负责发布的新闻出版社或电子大众传媒机构由法院指定。这些出版社或机构不得拒绝发布。法院可以命令并科张贴和发布判决。

第 131－36 条　由最高行政法院提出资政意见后颁布之政令，确定本分节各条款的实施方式。

---

* 公共合同（marché public），也可直译为公共市场，即公共团体或公共机构按照一般和特殊的管理规定为实施工程、各类用品生产或劳务服务订立的行政合同。——译者注

该政令还确定被判刑人从事公益劳动的劳动条件以及拟定劳动的性质，以及根据被判刑人的状况或拟定劳动的性质确定必须体检的情形。

此外，该政令还确定在何种条件下：

（1）监狱安置与考验事务部主任，在听取公诉机关和接待机关所在辖区的刑罚执行法官的意见并征询各预防犯罪的主管公共机构的意见后，制定在本省可供实施的公益劳动的清单；

（2）领取薪金的被判刑人的公益劳动，可以与法定工作时间累加；

（3）授予承担公共服务事务的私法法人和第 131 – 8 条第 1 款所指之协会资质；

（4）指定参与落实第 131 – 35 – 1 条提及的实习的自然人和法人。

第六分节　社会司法跟踪

第 131 – 36 – 1 条　在法律规定的情况下，审判法院可以命令实施社会司法跟踪。

社会司法跟踪是指强制被判刑人在刑罚执行法官的监督下，在审判法院确定的期限内，接受预防累犯的监督与救助措施。社会司法跟踪的期限，对于轻罪判刑，不得超过 10 年，对于重罪判刑，不得超过 20 年。但是，对于轻罪，审判法院可以通过专门说明理由的判决将这一期限提高至 20 年；若涉及当处 30 年徒刑的重罪，该期限可提高至 30 年；若涉及当处无期徒刑的重罪，重罪法院可以作出无限期适用社会司法跟踪的决定，但是刑罚执行法庭可以在 30 年期限过后根据《刑事诉讼法典》第 712 – 7 条规定的方式终止此项措施。

刑事判决还确定被判刑人不遵守要求履行的义务时将招致监禁的最长期限。该监禁对于轻罪判刑，不得超过 3 年，对于重罪判刑，不得超过 7 年。刑罚执行法官命令全部或部分执行监禁的条件，由《刑事诉讼法典》规定。

法院院长在宣告判决后，提醒被判刑人判决附随的义务以及违反这些义务将招致的后果。

第 131 – 36 – 2 条　被判处社会司法跟踪的人适用的监督措施由第 132 – 44 条规定。

刑事判决或者刑罚执行法官还可以要求被判刑人服从第132－45条规定的义务。

第131－36－3条　被判处社会司法跟踪的人应当接受救助措施的目的是促进其复归社会。

第131－36－4条　除非法院作出相反决定，在按照《刑事诉讼法典》的规定被命令医疗鉴定后，若证明被判刑人可以接受治疗，则被判处社会司法跟踪的人应当按照《公共卫生法典》第L3711－1条及其后文的规定遵守治疗命令。法院院长告知被判刑人未经后者同意，将不会对其采取任何治疗，但是，若被判刑人拒绝所建议的治疗，将被执行依据第131－36－1条第3款宣告的监禁刑。

若审判法院宣告治疗命令并且当事人还被判处了无缓刑之剥夺自由刑，法院院长通知被判刑人可以在其服刑期间开始治疗。

第131－36－5条　当社会司法跟踪与无缓刑之剥夺自由刑并科时，社会司法跟踪按有罪判决规定的期限，自剥夺自由刑结束之日起执行。

执行期间实行的任何拘禁，均导致社会司法跟踪的中止执行。

因不履行社会司法跟踪义务而被判处的监禁与在执行该措施期间因犯罪被判处的剥夺自由刑累加并科执行，不得发生混同。

第131－36－6条　执行社会司法跟踪的命令，只能与全部或部分附考验期之缓刑的监禁刑同时作出。

第131－36－7条　对于轻罪，社会司法跟踪可以作为主刑宣告。

第131－36－8条　社会司法跟踪措施的执行方式，由《刑事诉讼法典》第五卷第七编(乙)予以规定。

第七分节　作为保安措施的移动电子监督收容

第131－36－9条　按照本分节的规定，社会司法跟踪还可以包括移动电子监督收容，作为保安措施。

第131－36－10条　自剥夺自由刑终止之日起，为预防累犯必须采取移动电子监督收容时，仅可以对被判处不低于7年剥夺自由刑的成年被判刑人，或者又犯重罪或轻罪构成法定累犯被判处不低于5年剥夺自由刑且医学鉴定证明其具有人身危险性的被判刑人,命令实施移动电子监督收容措施。

第131-36-11条 法院只有在核实措施技术的可行性和技术设备的可用性后,才可命令采取移动电子监督收容。

第131-36-12条 移动电子监督收容,是指被判刑人有义务在2年内携带一支可在本国领域内随时对其远程定位的发射器,上述期限对于轻罪可以延期一次,对于重罪可以延期两次。

法院院长告知被判刑人未经后者同意,将不会执行移动电子监督收容,但是如果被判刑人不同意或者未履行义务,则将执行依据第131-36-1条第3款宣告的监禁刑。

第131-36-12-1条 作为第131-36-10条的例外,移动电子监督收容可以适用于已被司法鉴定证明具有危险性,并针对下列人员实施当处至少5年监禁的暴力或威胁行为而被判处不低于2年剥夺自由刑的成年被判刑人:

(1)针对其配偶、同居者或与其签署紧密关系民事契约的伴侣;

(2)针对其子女或者其配偶、同居者或伴侣的子女。

若暴力行为由被害人的前任配偶、同居者或者曾与被害人签署紧密关系民事契约的伴侣,在被害人的住所实施,也适用本条规定。

第131-36-13条 移动电子监督收容的执行条件,由《刑事诉讼法典》第五卷第七编(丙)规定。

第二节 法人适用之刑罚

第一分节 重罪及轻罪之刑罚

第131-37条 法人之重罪或轻罪的法定刑罚为:

(1)罚金;

(2)在法律规定的情况下,第131-39条所列的刑罚及第131-39-2条规定的刑罚。

对于轻罪,法人还可处第131-39-1条规定的惩罚性赔偿刑。

第131-38条 法人适用罚金的最高比率为惩治犯罪的法律对自然人规

定的罚金最高比率的5倍。

若对重罪未规定任何处罚自然人的罚金刑，法人可处的罚金为1,000,000欧元。

第131－39条　法律有规定时，对法人之重罪或轻罪可处下列一种或几种刑罚：

(1)解散，若法人成立即是为了实施犯罪，或者法人被转移经营目标即为实施对自然人而言当处3年或以上监禁刑的重罪或轻罪；

(2)永久性或最长5年内，禁止直接或间接从事一种或几种职业或社会活动；

(3)最长5年内，置于司法监督之下；

(4)永久性或最长5年内，关闭企业机构或者其中曾用于实施犯罪行为的一个或数个机构；

(5)永久性或最长5年内，排除参与公共合同；

(6)永久性或最长5年内，禁止公开募集金融证券或者在被管制的市场交易中发放自己的金融证券；

(7)最长5年内，禁止签发支票或使用支付卡，但出票人向受票人处提取资金的支票或保付支票除外；

(8)按照第131－21条规定之条件和方式，予以没收的刑罚；

(9)张贴宣告的判决或者通过报刊或任何电子大众传媒手段发布该判决；

(10)没收用于实施犯罪的动物或者作为犯罪对象的动物；

(11)永久性或最长5年内，禁止饲养动物；

(12)最长5年内，禁止获得国家、地方行政区域及其机构和团体发放的任何公共援助以及承担公共服务项目的私人发放的任何经济援助。

对于重罪或者当处至少1年监禁刑之轻罪，也理所当然地科处没收之附加刑，但违反出版法之轻罪除外。

上述第1项和第3项所指刑罚，不适用于可能负刑事责任的公法法人。这些刑罚亦不适用于政党、政治团体或行业工会。第1项规定的刑罚不适用于员工的代表机构。

第 131 - 39 - 1 条 对于轻罪,法院可以根据第 131 - 8 - 1 条规定的方式宣告惩罚性赔偿刑,代替法人法定的罚金刑或与之同时宣告。

在此情况下,法院确定罚金的最高数额,该数额不得超过 75,000 欧元,也不得超过法人犯相关轻罪法定罚金的数额,且若被判刑人不遵守赔偿义务,刑罚执行法官可以按照《刑事诉讼法典》第 712 - 6 条规定的条件,命令全部或部分执行该罚金。

第 131 - 39 - 2 条

Ⅰ. 若法律对此作出规定,法人所犯轻罪可被判处在法国反腐败局的监督下,最长 5 年内遵守合规计划,以确保在法人中存在和落实Ⅱ规定的措施和程序。

Ⅱ. Ⅰ规定的刑罚,包括实施下列措施和程序:

(1)确定和描述应予禁止的可能具有腐败或影响力交易特征的各类行为的行为守则;

(2)接收雇员告发存在违反法人行为守则的行为和情况的内部预警设置;

(3)采取定期更新文档形式制作的用于识别、分析和分级处理法人面对外部腐败需求的风险绘制图,尤其根据法人经营活动的业务部门和地理区域制成;

(4)根据风险绘制图,评估首等客户、供应商及中间商的状况的程序;

(5)内部或外部的财务监督程序,以确保账册、账簿或账目不得用于掩饰腐败或影响力交易行为,这些监督可以由法人自己的会计财务监督部门实现,也可以在完成《商务法典》第 L823 - 9 条规定的财务书面审计之际由外部审计机关实现;

(6)最易暴露于腐败和影响力交易风险中的干部和员工的培训机制;

(7)处罚违反法人行为守则的法人雇员的纪律制度。

Ⅲ. 若法院宣告本条Ⅰ规定的刑罚,法国反腐败局聘用专家或有资质的人员或机构协助其进行法律、金融、税务和财务分析所产生的费用,由被判刑的法人承担,但费用总额不得超过被判刑之轻罪的法定罚金刑的总额。

最高行政法院提出咨政意见后颁布的政令,规定此类专家和有资质的人员或机构适用的职业道德准则。

第二分节　违警罪之刑罚

第 131 -40 条　法人可招致的违警罪刑罚为：

(1)罚金；

(2)第 131 -42 条规定的剥夺或限制权利之刑罚；

(3)第 131 -44 -1 条规定的惩罚性赔偿刑。

上述刑罚，不排除适用第 131 -43 条规定的一项或几项附加刑。

第 131 -41 条　法人适用之罚金的最高比率为惩治犯罪之法律对自然人规定的罚金最高比率的 5 倍。

第 131 -42 条　对于所有第五级违警罪，罚金刑可以由下列一种或几种剥夺或限制权利的刑罚代替：

(1)最长 1 年内，禁止签发支票或使用支付卡，但出票人向受票人提取资金的支票或保付支票除外；

(2)没收用于或准备用于实施犯罪之物或犯罪所得之物。

第 131 -43 条　惩处违警罪之条例可以规定对法人犯罪人科处第 131 -16 条第 5 项、第 8 项和第 9 项所指附加刑。对于第五级违警罪，条例还可以规定第 131 -17 条第 1 款所指附加刑。

第 131 -44 条　若违警罪当处第 131 -43 条规定的一种或几种附加刑，法院可以仅宣告附加刑或者一种或几种法定的附加刑。

第 131 -44 -1 条　对于第五级违警罪，法院可以按照第 131 -8 -1 条规定的方式仅科处惩罚性赔偿刑，代替法人法定的罚金刑或与之同时宣告。

在此情况下，法院确定罚金的最高数额，该数额不得超过 7500 欧元，若被判刑人不遵守赔偿义务，刑罚执行法官可以按照《刑事诉讼法典》第 712 -6 条规定的条件，命令全部或部分执行该罚金。

第三分节　某些刑罚内容及执行方式

第 131 -45 条　宣告法人解散的判决，包含将法人向有管辖权的法院作出进行清算的移送。

第131－46条 置法人于司法监督的判决，包含对司法代理人的指派，司法代理人的任务由法院规定。该任务只涉及实施犯罪时所从事的或借机实施了犯罪的那种活动。司法代理人至少每6个月向刑罚执行法官汇报一次任务的完成情况。

依据该汇报，刑罚执行法官可以向判处司法监督的法院提出请求。法院可以宣告新的刑罚或者撤销对法人的监督措施。

第131－47条 禁止公开募集金融证券或者在被管制的市场交易中发放自己的金融证券，导致禁止借助信贷机构、金融机构、证券交易公司以及任何广告手段来推销任何证券。

第131－48条 禁止从事一种或多种职业或社会活动之刑罚，产生第131－28条规定的后果。

关闭一个或数个机构之刑罚，产生第131－33条规定的后果。

排除参与公共合同之刑罚，产生第131－34条规定的后果。

禁止签发支票之刑罚，产生第131－19条第1款规定的后果。

没收物品之刑罚，依照第131－21条的规定予以宣告。

张贴或发布判决之刑罚，依照第131－35条的规定予以宣告。

第131－49条 最高行政法院提出资政意见后颁布的政令，确定第131－45条至第131－47条诸条款的实施方式，并作出有关通知员工代表开庭日期的规定。

第二章 刑罚制度

第132－1条 依据法律或条例惩治犯罪时，除非法律另有规定，宣告刑罚的制度遵循本章规定。

法院宣告的任何刑罚都应予以个别化。

在法律规定的限度内，法院依据犯罪情节、犯罪人人格及其物质条件、家庭状况和社会环境，并按照第130－1条宣告的刑罚目的与功能，确定宣告刑的性质、数量和刑罚制度。

第一节　一般规定

第一分节　数罪适用之刑罚

第132-2条　一人在犯罪后最终判决之前又犯他罪,则为数罪。

第132-3条　在同一诉讼中,若认定被追诉人犯有数罪,每个法定刑罚都可予以宣告。但是,如果数个法定刑罚为同一性质,只能在最高的法定刑的最高限度内宣告一个此种性质的刑罚。

每个宣告的刑罚,在对每个犯罪都适用的法定最高限度内,视为对数罪的共同刑罚。

第132-4条　在分开进行的诉讼中,若被追诉人经认定犯有数罪,所宣告的刑罚在最高的法定刑的最高限度内并科执行。但是,可以由最后作出判决的法院或者依照《刑事诉讼法典》的规定,命令相同性质的刑罚全部或部分进行混同。

第132-5条　为了适用第132-3条和第132-4条,剥夺自由刑均具有相同性质,且任何剥夺自由刑均与无期徒刑相混同。

必要时,应当考虑累犯之情形。

若数罪中当处无期徒刑的一个或数个犯罪未被宣告无期徒刑,则法定最高限度为30年徒刑。

日罚金刑的数额与刑期的法定最高限度、公益劳动刑的法定最高限度,分别由第131-5条及第131-8条规定。

数罪的宣告刑中对一项刑罚全部或部分配置的缓刑,并不妨碍无缓刑的同性质刑罚的执行。

第132-6条　若刑罚受到特赦或解除,在适用刑罚的混同时,则以适用此种措施或决定后形成的刑罚为准。

刑罚混同后作出的刑罚解除,适用于刑罚混同所产生的刑罚。

减刑的刑期应当从待服刑期中扣减,必要时,从刑罚混同后的待服刑期中扣减。

第132－7条 作为上述规定之例外，违警罪的罚金刑之间并科执行，并且与构成数罪的重罪或轻罪法定的或宣告的罚金刑并科执行。

第二分节 累犯适用之刑罚

第一小节 自 然 人

第132－8条 自然人已因重罪或当处10年监禁之轻罪被最终判刑后又犯重罪，若法律对新犯重罪规定的最高刑为20年或30年，则最高重罪刑为无期徒刑或终身刑事拘押。若新犯重罪的法定最高刑为15年，则最高刑加重至30年徒刑或30年刑事拘押。

第132－9条 自然人已因重罪或当处10年监禁之轻罪被最终判刑，又自前刑期满或时效到期起10年内，犯当处相同刑罚之轻罪，则可处的最高监禁刑及罚金刑加倍。

自然人已因重罪或当处10年监禁之轻罪被最终判刑，又自前刑期满或时效到期起5年内，犯当处1年以上、10年以下监禁刑之轻罪，则可处的最高监禁刑及罚金刑加倍。

第132－10条 自然人已因轻罪被最终判刑，又自前刑期满或时效到期起5年内，犯相同轻罪或按累犯规则视为类似轻罪，则可处的最高监禁刑及罚金刑加倍。

第132－11条 在条例有规定的情况下，自然人已因第五级违警罪被最终判刑，又自前刑期满或时效到期起1年内，犯相同的违警罪，则可处的最高罚金刑增至3000欧元。

法律规定第五级违警罪累犯构成轻罪时，若自前刑期满或时效到期起的3年内，又实施犯罪行为，则构成该累犯。

第二小节 法 人

第132－12条 法人已因重罪或当处自然人100,000欧元罚金之轻罪被最终判刑，又犯重罪而承担刑事责任，则法人适用的罚金最高比率加倍。在此情形下，法人还可处第131－39条所指刑罚，但该条最后一款的规定除外。

第132－13条　法人已因重罪或当处自然人100,000欧元罚金之轻罪被最终判刑，又自前刑期满或时效到期起10年内，犯当处相同刑罚之轻罪而承担刑事责任，则法人适用之罚金的最高比率加倍。

法人已因重罪或当处自然人100,000欧元罚金之轻罪被最终判刑，又自前刑期满或时效到期起5年内，犯当处自然人至少15,000欧元罚金之轻罪而承担刑事责任，则法人适用之罚金的最高比率加倍。

在前两款所指情形下，法人还可处第131－39条所指刑罚，但该条最后一款的规定除外。

第132－14条　法人已因轻罪被最终判刑，又自前刑期满或时效到期起5年内，犯相同轻罪或按累犯规则视为类似轻罪而承担刑事责任，则法人适用之罚金的最高比率加倍。

第132－15条　在条例有规定的情况下，法人已因第五级违警罪被最终判刑，又自前刑期满或时效到期起1年内，犯相同违警罪而承担刑事责任，则适用之罚金最高比率为惩治该违警罪之条例规定的自然人所处之罚金最高比率的10倍。

第三小节　一般规定

第132－16条　盗窃、勒索、敲诈、诈骗以及滥用他人信任，从累犯的角度，视为相同的犯罪。

第132－16－1条　性侵犯与性侵害之轻罪，从累犯的角度，视为相同的犯罪。

第132－16－2条　第221－6－1条、第222－19－1条和第222－20－1条规定的驾驶陆地机动车辆之际实施的非故意杀人轻罪或非故意伤害人之身体轻罪，从累犯的角度，视为相同的犯罪。

《道路交通法典》第L221－2条、第L233－1条、第L233－1－1条、第L234－1条、第L235－1条及第L413－1条规定的轻罪，从累犯的角度看，视为相同的犯罪。这些轻罪在构成累犯的新罪时，也视为前款所指轻罪的类似犯罪。

第132-16-3条　第225-4-1条、第225-4-2条、第225-4-8条、第225-5条至第225-7条和第225-10条规定的拐卖人口轻罪和淫媒牟利轻罪，从累犯的角度，视为相同的犯罪。

第132-16-4条　故意对人施暴的轻罪以及任何伴有暴力加重情节的轻罪，从累犯的角度，均视为相同的犯罪。

第132-16-4-1条　第222-52条至第222-67条规定的有关贩卖武器之轻罪，从累犯的角度，视为相同的犯罪。

第132-16-5条　即使在起诉书中未提及符合法定累犯状态，审判法院也可以依职权指出，只要在庭审过程中，被追诉人已被告知其符合法定累犯状态并且能够获得律师协助和提出意见。

第132-16-6条　（被废除）

第三分节　再犯适用之刑罚

第132-16-7条　已因重罪或轻罪被最终判刑的人，又犯不符合法定累犯条件的新罪，则构成刑事再犯。

对再犯之罪宣告的刑罚与前判宣告的最终刑罚无数量限制地并科执行，且不得发生混同。

第四分节　刑罚之宣告

第132-17条　任何刑罚未经法院明文宣告，不得适用。

法院对受理的犯罪案件，可以仅宣告法定刑中的一种刑罚。

第132-18条　犯罪当处无期徒刑或终身刑事拘押时，法院可以宣告有期徒刑或有期刑事拘押，或者不得低于2年之监禁刑。

犯罪当处有期徒刑或有期刑事拘押时，法院可以宣告低于法定刑期的徒刑或刑事拘押刑，或者不得低于1年之监禁刑。

第132-19条　犯罪当处监禁刑时，法院可以宣告固定监禁刑*或者全部

---

* 固定监禁刑，即无缓刑的监禁刑。——译者注

或部分配置低于法定刑期之缓刑的监禁刑。但是,法院不得宣告刑期低于或等于1个月的固定监禁刑。

无缓刑的监禁刑,只有当犯罪的严重性和犯罪人人格使之成为必要并且其他任何刑罚都明显不合适时,才能由终审法院宣告。

在此情况下,若刑罚等于或低于6个月,则应当采取第132－25条规定的调整措施,除非被判刑人的人格或状况使之无法实施。在第132－25条规定的其他情况下,若被判刑人的人格或状况具备条件,除非客观上无法实施,刑罚也应当受到调整。

法院应当依据《刑事诉讼法典》第464－2条的规定,并根据犯罪事实、犯罪人人格及其物质条件、家庭情况和社会环境,专门说明判决的理由。

第132－20条　犯罪当处罚金刑时,法院可以宣告低于法定刑数额的罚金。

罚金数额,依据犯罪人的收入和负担确定。

对违警罪、轻罪和重罪宣告的罚金,除一次性罚金外,可以在征收时提取总额10%以内的增额。该增额,依据《刑事诉讼法典》第707－6条的规定予以宣告,并用于资助被害人。

第132－20－1条　当犯罪情节和犯罪人人格显示必要时,法院院长在宣告刑罚时,告知被判刑人若再犯新罪被判刑所导致的后果。

第132－21条　无论存在何种相反规定,刑事判决不得当然引起第131－26条所指的公民权、民事权和家庭权的全部或部分禁止。

任何人,在适用特别条款时,受到刑事判决当然引起的各种禁止权利、丧失权利或无资格的处罚,可以按照《刑事诉讼法典》的规定,通过判刑判决或者日后判决,被全部或部分撤销该禁止权利、丧失权利或无资格的处罚,包括处罚的期限。

第132－22条　共和国检察官、预审法官或者受理案件的法院,可以向当事各方、任何行政部门、任何金融机构或者任何轻罪被告人的资金持有人,获取财政或税务方面的有用信息,且不受保密义务的对抗。

第五分节 囚 禁 期

第 132 –23 条 因犯法律专门规定的犯罪被判处 10 年或以上的无缓刑的剥夺自由刑的被判刑人，在囚禁期内不得适用有关刑罚中止、刑罚分期执行、监外执行、允许外出、半释放和假释的规定。

囚禁期的期限为刑期的二分之一，或者若涉及判处无期徒刑，囚禁期为 18 年。但是重罪法院或轻罪法院可以通过专门说明理由的判决，将囚禁期提高至刑期的三分之二，或者若涉及判处无期徒刑，将囚禁期提高至 22 年，或者决定减少上述囚禁期的期限。

在其他情况下，法院宣判 5 年以上无缓刑的剥夺自由刑时，可以确定囚禁期，在囚禁期内，被判刑人不得适用第 1 款所指的任何一种刑罚执行方式。囚禁期的期限不得超过宣告刑刑期的三分之二，或者在判处无期徒刑的情况下，不得超过 22 年。

囚禁期内给予的减刑，只能从超过囚禁期的刑期部分中扣减。

第六分节 欧盟成员国刑事法院宣告判决的效果

第 132 –23 –1 条 为了适用本法典及《刑事诉讼法典》，欧盟成员国刑事法院宣告的判决，将与法国刑事法院判决在同样的条件下予以考虑，并与法国刑事法院判决产生相同的法律效果。

第 132 –23 –2 条 为了重视欧盟成员国刑事法院宣告判决的法律效果，犯罪认定参照法国法律规定的罪名予以确定，并考虑等同于法国法律规定的刑罚。

第二节 刑罚个人化方式

第 132 –24 条 依据本节规定之方式，刑罚可以个人化。

第一分节 电子监督下的居家监禁、半释放和监外执行

第 132 –25 条 若审判法院宣告低于或等于 6 个月的监禁刑或配置部分

缓刑或部分附考验期缓刑的监禁刑并且无缓刑的部分低于或等于6个月，或者若法院宣告的刑罚的待服刑期在暂时羁押后低于或等于6个月，则应当命令刑罚将全部采用电子监督下的居家监禁、半释放或监外执行的制度执行，除非被判刑人的人格或状况使之无法执行。

若宣告刑或宣告刑的无缓刑部分为高于6个月、低于或等于1年的监禁刑，且被判刑人的人格或状况具备条件，法院应当决定刑罚将全部或部分采用电子监督下的居家监禁、半释放或监外执行的制度执行。

第132-26条　置于电子监督下的居家监禁的被判刑人，应当遵守第131-4-1条第2款和第3款规定的义务。

获准适用半释放的被判刑人，在刑罚执行法官确定的期间内必须回到监狱机构。

上述期间，主要依据被判刑人能够从事职业活动，参与学习、实习、培训或治疗，求职或参与家庭生活、任何融入或复归计划所需的时间来确定。

获准适用监外执行的被判刑人必须在行政机关的监督下，在监狱机构外从事活动或接受卫生护理。

电子监督下的居家监禁、半释放和监外执行的制度，还导致被判刑人履行回复刑罚执行法官指定的任何公权机关传唤的义务。

审判法院还可以要求被判刑人遵守第132-43条至第132-46条规定的措施。

第二分节　刑罚的分割执行

第132-27条　对于轻罪，法院可以基于医疗、家庭、职业或社会原因，决定所宣告的2年监禁刑，或者对法定累犯宣告的等于或低于1年的监禁刑，在不超过4年的期间内分割执行，且每个分割执行的时间不得少于2日。

第132-28条　对于轻罪或违警罪，法院可以基于医疗、家庭、职业或社会的重大原因，决定罚金刑在不超过3年的期间内分割执行。对于判处日罚金刑或暂扣驾驶执照之自然人，亦同；但是若法律或条例对轻罪或违警罪规定的暂扣驾驶执照刑无法仅限于驾驶职业活动之外的车辆，则该刑罚不能分割执行。

第三分节 普通缓刑

第132－29条 宣告刑罚的法院,可以在下列情形下并依据下列条件,命令刑罚缓期执行。

法院院长在宣告附普通缓刑的刑罚后,在被判刑人到场时,告知被判刑人若在第132－35条至第132－37条规定的期限内又犯新罪被判刑,法院将撤销缓刑。

第一小节 给予普通缓刑的条件

第132－30条 对于重罪或轻罪,自然人被告人只有在实施犯罪前5年内未因普通重罪或轻罪受到徒刑或监禁刑的判刑,才能被给予普通缓刑。

法人被告人,只有在相同期限内,未因普通重罪或轻罪受到数额超过60,000欧元罚金的判刑,才能被给予普通缓刑。

第132－31条 对于自然人,普通缓刑适用于判处5年以下的监禁刑、罚金刑或日罚金刑、除没收刑外的第131－6条所指的限制或剥夺权利刑和除没收刑、关闭机构及张贴判决外的第131－10条所指的附加刑。

若轻罪被告人在第132－30条规定的期限内被判处徒刑或监禁刑以外的刑罚,则只能对监禁刑作出普通缓刑。

法院可以决定缓刑仅适用于部分监禁刑的执行,并以5年为限确定该部分刑期。

第132－32条 对于法人,普通缓刑适用于判处的罚金刑及第131－39条第2项、第5项、第6项和第7项所指的刑罚。

第132－33条 对于违警罪,自然人被告人,只有在实施犯罪行为前5年内未因普通重罪或轻罪受到徒刑或监禁刑的判刑,才能被给予普通缓刑。

法人被告人,只有在相同期限内未因普通重罪或轻罪受到数额超过15,000欧元罚金的判刑,才能被给予普通缓刑。

第132－34条 对于自然人,普通缓刑适用于判处的除没收刑外的第131－14条所指之剥夺或限制权利刑,第131－16条第1项、第2项和第4项所指的附加刑，以及第131－17条第1款规定的附加刑。普通缓刑还适用于对第五级违警罪宣告的罚金刑。

对于法人，普通缓刑适用于第131－42条和第131－43条规定的禁止签发支票或使用支付卡付款刑。普通缓刑还适用于对第五级违警罪宣告的罚金刑。

第二小节　普通缓刑的后果

第132－35条　因重罪或轻罪被判附带普通缓刑刑罚的被判刑人，自判刑起5年内，未因实施普通重罪或轻罪而受到依照第132－36条的规定全部撤销原缓刑的新判刑，则原判视为不曾发生；原判视为不曾发生，并不妨碍在5年内因又犯新罪而全部或部分撤销缓刑。

第132－36条　无论原缓刑配置于何种刑罚，当宣告新的徒刑或无缓刑的监禁刑时，法院可以通过专门说明理由的判决，全部或部分撤销原给予的缓刑，撤销缓刑所涉的期限或数额由其而定。

当法院对自然人或法人宣告徒刑或无缓刑的监禁刑以外的其他新的判刑时，法院可以通过专门说明理由的判决，全部或部分撤销原配置于除徒刑或监禁刑之外的其他任何刑罚的缓刑，撤销缓刑所涉的期限或数额由其而定。

当法院命令全部或部分撤销缓刑时，法院可以通过专门说明理由的临时执行*之判决，对被判刑人予以收监。

第132－37条　因违警罪被判附带普通缓刑刑罚的被判刑人，自判刑起2年内，未因实施普通重罪、轻罪或第五级违警罪而受到依照第132－36条的规定撤销原缓刑的新判刑，则原判视为不曾发生。

第132－38条　普通缓刑被法院撤销的情况下执行前刑，且不得与后刑发生混同。

第132－39条　当仅对部分刑罚给予普通缓刑时，若依据第132－36条的规定该缓刑未被全部撤销，则判刑的所有内容视为不曾发生，但未给予缓刑的

---

* 临时执行（exécution provisoire）或称预先执行，指法律或法官赋予胜诉方自收到判决后可以要求执行判决，不论上诉期限和行使上诉权所产生的中断判决执行的效果。——译者注

日罚金刑、罚金刑或部分罚金刑仍然应当予以支付。

第四分节　附考验期缓刑

第一小节　给予附考验期缓刑的条件

第132－40条　宣告监禁刑的法院,可以依据下列条件,命令监禁刑缓期执行,并对被判刑的自然人实行考验制度。

法院院长宣告附考验期缓刑的监禁刑后,若被判刑人在场,则告知其缓刑考验期内应遵守的义务,并警告其在考验期内犯新罪被判刑或不遵守监督措施或者不履行要求履行的特别义务将引起的后果。法院院长还告知被判刑人,如其行为令人满意,法院可宣告其判刑不曾发生。

法院以附加刑名义宣告不超过10年的禁止进入法国刑时,该禁止刑在第一款规定的考验期内缓期执行。

第132－41条　附考验期缓刑,适用于对普通重罪或轻罪宣告的5年以下监禁刑。对于法定累犯,附考验期缓刑适用于宣告的10年以下监禁刑。

每当法院未宣告临时执行时,仅自《刑事诉讼法典》第708条第2款规定的判决得以执行之日起,才开始实施考验。

对于因实施第132－16条至第132－16－4条规定的相同或类似犯罪且构成法定累犯,并已经受到两次附考验期缓刑判刑的被判刑人,刑事法院不得宣告附考验期缓刑。如果所犯之罪为重罪、故意暴力轻罪、性侵犯和性侵害轻罪或者加重情节的暴力轻罪,对于因实施同样或类似犯罪且构成法定累犯并已经受到一次附考验期缓刑判刑的被判刑人,刑事法院不得宣告附考验期缓刑。但是,如果附考验期缓刑仅涉及根据第132－42条最后一款规定宣告的一部分监禁刑,则不适用上述规定。

第132－41－1条　若重罪或当处监禁刑之轻罪的犯罪人的人格及其物质条件、家庭状况和社会环境以及案件事实证明需要对其实施个人化的、持久的社会教育陪护,为了促进当事人融入或复归社会,预防累犯,法院可以决定附考验期缓刑由强化的、多学科的动态跟踪措施组成,由监狱安置与考验事务部门定期予以评估。

在此情况下,不适用第132－41条最后一款。

若法院掌握充分的有关被判刑人人格及其物质条件、家庭状况和社会环境的信息内容,法院可以确定被判刑人必须遵守的特别义务和禁止事项。

在其他情况下,经监狱安置与考验事务部门对被判刑人的人格及其物质条件、家庭状况和社会环境作出评估后,上述特别义务和禁止事项,由刑罚执行法官按照《刑事诉讼法典》规定的条件和方式确定。

第132－42条　刑事法院确定考验期限,该期限不得少于12个月,也不得超过3年。对处于法定累犯状态的人,该期限可增至5年。对再次处于法定累犯状态的人,考验期限可以增至7年。

刑事法院可以决定,仅对其确定期限的一部分监禁刑适用附考验期缓刑。该部分监禁刑的期限,不得超过5年。

第二小节　考验制度

第132－43条　在考验期内,被判刑人应服从第132－44条规定的监督措施,并履行第132－45条专门要求的特别义务。此外,被判刑人还可以适用旨在促进其复归社会的救助措施。

在被判刑人被关押期间,除第132－45条规定的禁止接触或禁止到访外,上述措施及特别义务停止执行,考验期中止。在被判刑人履行国民兵役义务期间,考验期亦中止。

第132－44条　被判刑人应当服从如下监督措施:

(1)回应刑罚执行法官或者被指定的监狱安置与考验事务部门的传唤;

(2)接受监狱安置与考验事务部门的来访,并向其报送可用于监督其生活来源及义务履行情况的信息或材料;

(3)通知监狱安置与考验事务部门其工作变动情况;

(4)通知监狱安置与考验事务部门其住所变更情况,或者超过15日的外出并汇报返程情况;

(5)若被判刑人变更工作或住所有碍于其履行义务,应事先得到刑罚执行法官的批准；

(6)事先告知刑罚执行法官任何出国行动。

第132-45条 刑事审判法院或刑罚执行法官可以专门要求被判刑人遵守下列一项或几项义务：

(1)从事一项职业活动，或者参加职业教育或培训。

(2)在指定地点安置住所。

(3)服从医疗、治疗或护理措施，甚至接受住院治疗。若显示被判刑人服用毒品或者经常过量服用含酒精饮料，上述措施可以是《公共卫生法典》第L3413-1条至第L3413-4条规定的治疗命令。判处这些措施的判决副本由刑罚执行法官交给负责治疗被判刑人的医生或心理医生。应医生、心理医生的请求或者由刑罚执行法官主动作出，程序中产生的鉴定报告将交予医生或心理医生。刑罚执行法官还可以将案卷中任何有用的其他材料交给医生或者心理医生。

(4)证明其负担家庭开支，或按期支付应承担的抚养费。

(5)即便无民事诉讼判决，根据自身负担能力，全部或部分赔偿因犯罪造成的损害。

(6)证明其根据自身负担能力，向国库支付了因判刑而应当支付的款项。

(7)不驾驶《道路交通法典》规定之驾驶执照类型指定的车辆，或未配备由获得官方认可的专业人士安装的或者车辆自带的合格的酒精电子检测锁车装置的车辆。

(7乙)在其同意的前提下，必要时，在学完驾驶课程之后，注册和参加驾驶执照考试。

(8)不从事其在实施犯罪时所从事的或借机实施了犯罪的那种活动，或者不从事经常接触未成年人的活动。

(9)不到访专门指定的任何地点、任何类型的地点或者任何区域。

(10)不参与赌博，尤其是赛马赌博，不参与赌钱以及碰运气的赌博。

(11)不出入零售酒馆。

(12)不与某些被判刑人来往，尤其指犯罪的正犯或共犯。

(13)不与特定人员联系，包括犯罪被害人、某些特定类型的人员尤其是未成年人,但必要时,法院指定的未成年人除外。

(14)不持有或携带武器。

(15)自费完成本法典第131－5－1条规定的实习。

(16)不传播全部或部分涉及已实施的犯罪的、本人为作者或合著作者的任何视听著作或作品,不参与涉及该犯罪的任何公共讲话;本款规定仅适用于重罪、故意侵害生命轻罪、性侵犯或性侵害轻罪的判决。

(17)将子女交予法院判决委托监护的人。

(18)当犯罪针对其配偶、同居者或与其签署紧密关系民事契约的伴侣或者是其子女或者其配偶、同居者或伴侣的子女实施时,则应当在夫妻住所或居所以外的地方居住,必要时,不得到访该住所、居所或其周边地带,以及在必要时,接受卫生、社会、心理护理;当犯罪由被害人的前配偶、前同居者或曾与其签署紧密关系民事契约的伴侣实施时,同样适用本第19项的规定,相关的住所则指被害人的住所。为了实施本条第19项的规定,应在最快的期限内,通过各种方式,征求被害人对于强制被判刑人在夫妻住所外居住之适当性的意见。当涉案的暴力行为可能再次发生并且被害人提出要求时,除非有特殊情况,应采取该措施。法院可以决定此项居住费用的承担方式。

(18乙)遵守本法典第132－45－1条规定的禁止靠近夫妇间暴力行为的被害人,该项禁止受到电子移动防靠近装置的监督。

(19)事先取得刑罚执行法官对任何出国行动的批准。

(20)遵守为促进其复归社会和领会公民资格标准而进行卫生、社会、教育或心理护理的规定;必要时,该护理可以在要求被判刑人居住的、适合的接待机构中进行。

(21)按照第131－8条规定的方式,完成公益劳动的义务。

(22)若被判刑人因可处社会司法跟踪的轻罪而被判刑,且医疗鉴定作出该人需要接受治疗的结论,则应按照《公共卫生法典》第L3711条至第L3711－5条的规定,服从治疗命令。

(23)证明交付被命令没收的物品的义务。

(24)证明依法缴税的义务。

(25)证明具有审计员保证的、合法的账务管理的义务。

第132-45-1条 若针对其配偶、同居者或与其签署紧密关系民事契约的伴侣实施,其中包括未共同居住的情形,或者由被害人的前配偶、前同居者或曾与其签署紧密关系民事契约的伴侣实施,当处至少3年监禁的犯罪,经被害人申请或者以任何方式作出明确同意后,法院可以:

(1)禁止被判刑人在判决确定的距离内接近被害人;

(2)并且,为了确保遵守此项禁止,强制被判刑人在采取整个措施期间,携带一支可在本国领域内随时对其远程定位的发射器嵌入手环,且该手环可以确定其是否接近也具有电子定位装置的被害人。

被判刑人将被告知只有经其同意才可以安装手环,但是拒绝携带手环构成违反要求履行的义务并引起撤销相关措施。该装置由司法部部长予以认可。其安装应当确保尊重人之尊严、完整性和私生活,且不得妨碍其融入社会。

最高行政法院出具资政意见后颁布的政令,具体规定本条的实施方式。该最高行政法院出具资政意见后颁布的政令,在征询国家信息技术与自由委员会的意见后作出,并允许对确保远程定位监督被判刑人和被害人的个人数据进行自动化处理;该政令可以扩大《刑事诉讼法典》第763-13条规定的处理目的。协助远程监督的人员,不得要求被判刑人出现在某些场所,他们可以是按照该政令规定的条件被授权的私人。

第132-46条 救助措施的目的在于协助被判刑人作出复归社会的努力。

此种措施采取社会救助的形式,必要时采取物质帮助的形式,由监狱安置与考验事务部门实施,必要时,各公立或私立组织也参与实施。

第三小节 犯新罪时撤销附考验期缓刑

第132-47条 附考验期缓刑,可以由审判法院按照第132-48条的规定撤销。

被判刑人不遵守监督措施及所要求的特别义务时,附考验期缓刑可以由刑罚执行法官根据《刑事诉讼法典》规定的方式予以撤销。考验期开始执行后,任何不遵守上述措施及义务的行为均可以构成撤销缓刑的理由。如果在判刑未成为最终判决之前即命令撤销缓刑,若该判刑日后被废除或撤销,则撤销缓刑的命令无效。

第132-48条 如果被判刑人在考验期内又因犯普通重罪或轻罪被判处无缓刑之剥夺自由刑,审判法院在听取刑罚执行法官的意见后,可以命令全部或部分撤销先前给予的一项或多项缓刑。对于附缓刑的判决未成为最终判决之前实施的犯罪,不得命令撤销缓刑。

依照本条的规定全部撤销附考验期缓刑时,应当然执行禁止进入法国的措施。

第132-49条 命令部分撤销缓刑的决定不终止考验制度,并且不使判刑具有无缓刑判刑的后果。

第132-50条 如果法院命令执行全部监禁刑,并且附考验期缓刑是在第一次判刑已给予同样缓刑之后给予,则法院可以通过特别决定命令同时执行原判刑罚。

第132-51条 法院在命令全部或部分撤销缓刑时,可以通过专门说明理由的临时执行之决定,命令对被判刑人收监。

第四小节 附考验期缓刑的后果

第132-52条 如果未对被判刑人作出命令执行全部监禁刑的决定,附考验期缓刑的判刑视为不曾发生。

仅对部分监禁刑给予附考验期缓刑时,如果缓刑未按前款的规定被宣告撤销,则判刑的所有内容视为不曾发生。

判刑视为不曾发生,并不妨碍在考验期结束前因不遵守义务或又犯新罪而延长或全部或部分撤销附考验期缓刑。

第132-53条 当附考验期缓刑是在第一次判刑已给予同样缓刑之后给予时,如果按照前述第132-52条第1款或者《刑事诉讼法典》第744条规定的条件及期限,第二次判刑本身被宣告为不曾发生或视为不曾发生,则第一次判刑视为不曾发生。

第五分节 附完成公益劳动的缓刑(被废除)

第 132 – 54 条至第 132 – 57 条 (被废除)

第六分节 刑罚的宽免与延期宣告

第 132 – 58 条 对于轻罪或者除第 132 – 63 条至第 132 – 65 条规定之外的违警罪,法院可以在宣告被告人有罪并在必要时裁定没收危险或有害物品后,宽免被告人其他任何刑罚,或者在下列条款规定的情形及条件下,推迟宣告其他刑罚。

法院在宣判被告人有罪的同时,如有必要,对民事诉讼作出裁决。

第一小节 刑罚的宽免

第 132 – 59 条 如显示犯罪人已复归社会,造成的损失已予赔偿,犯罪造成的危害已经停止,则可予以宽免刑罚。

宣告宽免刑罚的法院可以决定不在犯罪记录上记载其判决。

宽免刑罚不扩展至诉讼费用的支付。

第二小节 普通的延期宣告

第 132 – 60 条 若显示犯罪人正在复归社会过程中,造成的损失正在赔偿中,犯罪造成的危害即将停止,则法院可以延期宣告刑罚。

在此情况下,法院在判决中明确对刑罚作出裁定的日期。

仅在自然人被告人或者法人被告人代表出庭的情况下,才可命令延期宣告刑罚。

第 132 – 61 条 在庭审移送的延期宣告案件时,法院可以宽免被告人的刑罚,或者宣告法律规定的刑罚,或者依照第 132 – 60 条规定的条件与方式再次延期宣告刑罚。

第 132 – 62 条 刑罚的判决,最迟于首个延期宣告刑罚的决定后 1 年内作出。

第三小节 附考验期的延期宣告

第132－63条 在自然人被告人出庭的情况下,法院可以根据第132－60条规定之条件和方式延期宣告刑罚,并在不超过1年的期限内置当事人于考验制度之下。法院的决定是临时执行的决定。

第132－64条 第132－43条至第132－46条规定的考验制度,适用于附考验期的延期刑罚宣告。

第132－65条 在庭审移送的延期宣告案件时,法院可以根据犯罪人在考验期间的表现,宽免其刑罚,或者宣告法律规定的刑罚,或者依照第132－63条规定的条件与方式再次延期宣告刑罚。经共和国检察官同意,刑罚适用法官可以在移送庭审的30日以前,依据《刑事诉讼法典》第712－6条的规定组织对席辩论后,自行宣布宽免刑罚。

刑罚的判决,最迟于首个延期宣告刑罚的决定后1年内作出。

第四小节 附命令的延期宣告

第132－66条 在惩治违反特定义务的法律或条例有规定的情况下,延期宣告刑罚的法院可以命令被判有罪的自然人或法人遵守这些法律或条例的一项或多项规定。

法院确定执行上述规定的期限。

第132－67条 当法律和条例有规定时,法院可以对命令附加逾期罚款;在此情况下,法院在法律或条例规定的限度内,确定逾期罚款的数额及其最长的适用期限。

自命令所列规定均得以执行之日,逾期罚款停止执行。

第132－68条 附命令的延期宣告刑罚仅能命令一次;即使自然人被告人或者法人被告人代表未到庭,亦可以命令该措施。

无论上述何种情况,法院的决定可以具有临时执行力。

第132－69条 在庭审移送的延期宣告案件时,如果命令所列规定在指定期限内均得以执行,法院可以宽免犯罪人的刑罚,或者宣告法律或条例规定的刑罚。

如果命令所列规定的执行发生延误,法院在必要时结清逾期罚款,并宣告法律或条例规定的刑罚。

如果命令所列规定未予执行,法院在必要时结清逾期罚款并宣告刑罚,法院还可以在法律或条例规定的情形和条件下,命令继续强制执行上述规定并由被判刑人负担费用。

除另有规定外,刑罚的判决最迟于决定延期宣告刑罚后1年内作出。

第132-70条 延期宣告刑罚的决定所确定的逾期罚款数额,不得变更。

为了结清逾期罚款,法院要对犯罪人未执行或延迟执行规定的情况作出评判,并在必要时考虑不能归咎于犯罪人的事件。

逾期罚款不引起司法强制。

第五小节 以调查人格或物质、家庭和社会状况为目的的延期宣告

第132-70-1条 若法院认为为了宣告适当的刑罚,有必要对自然人犯罪人的人格或其物质条件、家庭状况和社会环境进行调查或补充调查,法院可以对其延期宣告刑罚。上述调查可以委托给监狱安置与考验事务部门或者经授权的法人办理。

在此情况下,法院在判决中明确对刑罚作出裁定的日期,并在必要时,命令在该日期前对犯罪人适用司法监督收容或附带电子监督的软禁,或者若犯罪人到案时处于羁押状态或依据紧急到庭程序,命令对犯罪人采取暂时羁押。

刑罚的判决,最迟于首个延期宣告刑罚的决定后4个月内作出,但是《刑事诉讼法典》第397-3条第3款对被暂时羁押之人规定更短的期限除外。上述期限最多可以再延长4个月。

第132-70-2条 法院在延期宣告刑罚时,可以立即给予被害人临时的或最终的损害赔偿。

第六小节 以寄存钱款为目的的延期宣告

第132-70-3条 法院可以对某人延期宣告刑罚,并要求其履行寄存一

笔钱款的义务,以保证支付可能判处的罚金刑。法院确定这笔须寄存钱款的数额以及钱款寄存于书记处的期限,该期限不得超过1年。法院可以规定按照其确定的期限表分期寄存钱款。

在此情况下,法院在判决中明确对刑罚作出裁定的日期。

刑罚的判决,最迟于决定延期宣告刑罚后1年内作出。

第三节　加重、减轻或免除刑罚之若干情节的定义

第132－71条　通过一项或多项实际行动显示预备实施一项或多项犯罪,为此而组成的任何集团或达成的任何串通,均构成法律意义上的"有组织团伙"。

第132－71－1条　"埋伏"是指在某个特定地点等待一人或几人一段时间,以针对其实施一项或多项犯罪的行为。

第132－72条　"预谋"是指在实施特定重罪或轻罪行为之前已经形成的意图。

第132－73条　"破门而入"是指使用强力撬开、破坏或摧毁任何关闭装置或者任何种类的围栏。使用假钥匙、非法获得的钥匙或者任何可被非法使用的工具,以非强行亦无破坏的方式打开关闭装置,视为"破门而入"。

第132－74条　"翻墙越栏"是指通过翻越围栏设施,或者通过任何非出入口进入任何场所的行为。

第132－75条　为杀、伤设计的任何物件均为武器。

对人可能具有危险的任何其他物件,只要被用于杀、伤或威胁,或者由其携带者准备用于杀、伤或威胁,均视为武器。

与第1款所定义的武器具有相似性、能够造成混淆的任何物件,被用于威胁进行杀、伤的,或者由其携带者准备用于威胁进行杀、伤的,均视为武器。

利用动物进行杀、伤或威胁,视为使用武器。在动物所有人被判刑或者动物所有人不明的情况下,法院可以决定将动物交给经认定具有公益性质的或经申报的动物保护机构,由其对动物自由处置。

第132－76条　因被害人确实或被推定属于或不属于某个特定人种、种族、民族或宗教,而在犯重罪或轻罪之前、之中或之后做出有损被害人或被害人

所属的人群的荣誉或尊重的言语、文字、图像、物件或行为，或者证实对被害人实施的犯罪出于上述原因之一，则法定剥夺自由刑的最高限度增加如下：

(1)犯罪当处30年徒刑时，增至无期徒刑；

(2)犯罪当处20年徒刑时，增至30年徒刑；

(3)犯罪当处15年徒刑时，增至20年徒刑；

(4)犯罪当处10年监禁时，增至15年徒刑；

(5)犯罪当处7年监禁时，增至10年监禁；

(6)犯罪当处5年监禁时，增至7年监禁；

(7)犯罪当处3年以下监禁时，增至双倍。

本法典第222－13条、第225－1条及第432－7条或者1881年7月29日的《新闻自由法》第24条第7款、第32条第2款及第33条第3款规定的犯罪，不适用本条规定。

第132－77条 因被害人性别、真实或被推定的性取向或性别认同，而在犯重罪或轻罪之前、之中或之后做出有损被害人或被害人所属的人群的荣誉或尊重的言语、文字、图像、物件或行为，或者证实对被害人实施的犯罪出于上述原因之一，则法定剥夺自由刑的最高限度增加如下：

(1)犯罪当处30年徒刑时，增至无期徒刑；

(2)犯罪当处20年徒刑时，增至30年徒刑；

(3)犯罪当处15年徒刑时，增至20年徒刑；

(4)犯罪当处10年监禁时，增至15年徒刑；

(5)犯罪当处7年监禁时，增至10年监禁；

(6)犯罪当处5年监禁时，增至7年监禁；

(7)犯罪当处3年以下监禁时，增至双倍。

本法典第222－13条、第222－33条、第225－1条、第225－4－13条及第432－7条或者1881年7月29日的《新闻自由法》第24条第8款、第32条第3款及第33条第4款规定的犯罪，不适用本条规定；或者当犯罪情节已经加重，原因是犯罪由被害人的配偶、同居者或与其签署紧密关系民事契约的伴侣实施，或者为了强制与某人订婚、确立同居关系或因拒绝订婚或确立同居关系而对其实施,亦不适用本条规定。

第 132 -78 条 在法律有规定的情况下,意图实施重罪或轻罪之人,若已经通知行政或司法机关,从而避免犯罪发生,且必要时能够识别其他正犯或共犯,则免除刑罚。

在法律有规定的情况下,实施了重罪或轻罪之人,若已经通知行政或司法机关,从而使犯罪停止、避免犯罪造成损害或者能够识别其他正犯或共犯,则犯罪人的法定剥夺自由刑的刑期将缩减。

当重罪或轻罪的被追诉人避免了与其所犯之罪性质相同的关联犯罪的发生,或者使该关联犯罪停止,避免了犯罪造成损害或者能够识别其他正犯或共犯,前款规定同样适用。

不得仅以本条规定针对之人的声明为依据,宣告任何判刑。

第 132 -79 条 如果 2004 年 6 月 21 日第 2004 -575 号《数字经济信任法》第 29 条规定的密码手段被用于预备或实施重罪或轻罪,或者为了便于预备或实施重罪或轻罪,则法定剥夺自由刑的最高限度增加如下:

(1)犯罪当处 30 年徒刑时,增至无期徒刑;

(2)犯罪当处 20 年徒刑时,增至 30 年徒刑;

(3)犯罪当处 15 年徒刑时,增至 20 年徒刑;

(4)犯罪当处 10 年监禁时,增至 15 年徒刑;

(5)犯罪当处 7 年监禁时,增至 10 年监禁;

(6)犯罪当处 5 年监禁时,增至 7 年监禁;

(7)犯罪当处 3 年以下监禁时,增至双倍。

但是,犯罪之正犯或共犯,应司法或行政机关的要求,已向其交出密码信件的明码版本以及破译密码所需的秘密约定的,不适用本条规定。

第 132 -80 条 在法律或条例分别有规定的情况下,当犯罪由被害人的配偶、同居者或与其签署紧密关系民事契约的伴侣实施时,重罪、轻罪、违警罪的法定刑加重。

当犯罪行为由被害人的前任配偶、前同居者或者曾与被害人签署紧密关系民事契约的伴侣实施时,第 1 款规定的加重情节同样成立。犯罪的实施源于犯罪行为人与被害人之间曾经存在的关系时，亦适用本款规定。

第三章 刑罚之消灭与判刑之消除

第133－1条 被判刑人死亡或者除刑事法院宣告解散外的法人解散、特赦和大赦，均阻止或终止刑罚执行。然而，在被判刑人死亡或法人解散之后直至清算活动终结前，仍可以征收罚金和诉讼费用以及执行没收刑。

刑罚时效阻止刑罚执行。

恢复权利消除判刑。

第一节 刑罚时效

第133－2条 对重罪宣告的刑罚，自判决最终确定之日起，时效为20年整。

作为第1款的例外，对本法典第214－1条至第214－4条、第221－12条和第四副卷所指重罪以及《刑事诉讼法典》第706－16条、第706－26条和第706－167条所指重罪宣告的刑罚，自判决最终确定之日起，时效为30年整。

作为第1款的例外，对本法典第211－1条至第212－3条所指重罪宣告的刑罚，不受时效约束。

第133－3条 对轻罪宣告的刑罚，自判决最终确定之日起，时效为6年整。

对本法典第四副卷、《刑事诉讼法典》第706－16条和第706－26条所指的轻罪以及对同一法典第706－167条所指的当处10年监禁的轻罪宣告的刑罚，自判决最终确定之日起，时效为20年整。

第133－4条 对违警罪宣告的刑罚，自判决最终确定之日起，时效为3年整。

第133－4－1条 刑罚时效的期间，按照《刑事诉讼法典》第707－1条倒数第二款规定的条件，予以中断。

第133－5条 刑罚时效到期的缺席审判的被判刑人，在缺席判决后自行投案的,将不予受理。

第133－6条 最终确定的刑事判决产生的民事性质义务的时效,遵循《民法典》之规则。

第二节 特 赦

第133－7条 特赦仅免予执行刑罚。

第133－8条 特赦不妨碍被害人行使获得犯罪损害赔偿的权利。

第三节 大 赦

第133－9条 大赦消除已宣告的判刑。大赦免除全部刑罚,但不得引起恢复原状。在原判中获得缓刑的正犯或共犯,大赦恢复其权利。

第133－10条 大赦不损害第三人。

第133－11条 禁止任何人将其履行职责过程中知悉的经大赦消除的刑事判刑、纪律或职业处罚或禁止权利、丧权权利或无资格的情况,以任何形式予以回顾或者在任何文件中保留记载。但是,判决、裁决和裁定之原本不受此限制。此外,大赦不妨碍以赔偿的名义命令执行公告。

第四节 复 权

第133－12条 受重罪、轻罪或违警罪刑罚处罚的任何人,可以依据本节规定的条件理所当然地获得复权,或者按照《刑事诉讼法典》规定的条件获得司法复权。

第133－13条 被判刑的自然人,在下述期限内,若未受到任何新的重罪或轻罪判刑,则理所当然地获得复权:

(1)对于罚金、日罚金的判刑,自支付罚金或日罚金总额、司法强制期满、第131－25条规定的收监期满或时效到期之日起,3年后;

(2)对于不超过1年监禁或除徒刑、刑事拘押、监禁、罚金或日罚金外的其他刑罚的单一判刑,自刑罚执行或时效到期起,5年后;

(3)对于不超过10年监禁的单一判刑或总刑期不超过5年监禁的多个判

刑,自服刑期满或时效到期起,10 年后。

对于实施犯罪构成法定累犯的被判刑人,本条规定的期限予以加倍。

如果判刑全部或部分被配置缓刑、附考验期缓刑或者附公益劳动义务的缓刑,对于每个判刑,且包括在多个判刑的情况下,复权期限自判决失效之日起计算。

第 133-14 条 被判刑之法人,在下述期限内,若未受到任何新的重罪或轻罪判刑,则理所当然地获得复权:

(1)对于罚金的判刑,自支付罚金或时效到期之日起,5 年后;

(2)对除处罚金或解散外其他刑罚的判刑,自刑罚执行或时效到期起,5 年后。

对于实施犯罪构成法定累犯的被判刑人,本条规定的期限予以加倍。

如果判刑附带缓刑,复权期限自判决失效之日起计算。

第 133-15 条 为了适用第 133-13 条及第 133-14 条的规定,已被混同的刑罚,视为构成单一刑罚。

第 133-16 条 复权产生与第 133-10 条及第 133-11 条之规定相同的效力。复权消除因判刑导致的所有无资格或丧失权利。

但是,对于被判处第 131-16-1 条规定的“社会司法跟踪监督”或者禁止从事与未成年人有经常接触的职业或义务活动的人,只有在相关措施结束后,复权才产生效果。另外,当最终宣告禁止权利、无资格或丧失权利作为附加刑时,复权仅在 40 年后才产生效果。

复权并不禁止司法机关且仅为司法机关,在新的追诉中,为了适用法定累犯规则,对判刑予以考虑。

第 133-16-1 条 对于被欧盟成员国的刑事法院判处如下刑罚的人,复权仅在以下确定的期限后,才能对先前法国的判刑产生效果:

(1)宣告刑为罚金处罚时,自该判刑消除或自该判刑宣告之日起 3 年后;

(2)宣告刑为 1 年以上监禁,自该判刑消除或自该判刑宣告之日起 10 年后;

(3)宣告刑为 10 年以上监禁,自判刑消除或自该判刑宣告之日起 40 年后;

(4)对于被判处第1项至第3项之外其他刑罚的人,自该判刑消除或自该判刑宣告之日起5年后。

第133-17条　为了适用复权的规则,刑罚之赦免相当于刑罚之执行。

第二卷　侵犯人身之重罪与轻罪

第一编　反人类及人种之重罪

第一副编　反人类之重罪

第一章　种族灭绝罪

第 211－1 条　执行议定的计划，旨在全部或部分摧毁一民族、人种、种族或宗教的群体或按照其他任意标准划分的群体，对该群体成员实施或指使他人实施下列任一行为的，构成种族灭绝罪：

(1)故意侵害人之生命；

(2)严重侵害人之身体或精神；

(3)置人于足以导致群体全部或部分毁灭的生存条件下；

(4)实施旨在阻碍繁衍生息之措施；

(5)强制迁移儿童。

种族灭绝罪处无期徒刑。

第 132－23 条前两款有关囚禁期的规定，适用于本条规定的重罪。

第 211－2 条　通过各种方式公开或直接教唆实施种族灭绝罪的，如果该教唆产生效果，处无期徒刑。

如果该教唆没有产生效果，则相关行为处 7 年监禁并科 100,000 欧元罚金。

第二章 其他反人类之重罪

第212-1条 在一场广泛或系统的袭击中,针对平民群体执行议定的计划,实施下列任一行为的,亦构成反人类重罪并处无期徒刑:

(1)故意侵害人之生命;

(2)灭绝;

(3)降服为奴隶;

(4)放逐或强制迁移人口;

(5)监禁或者其他任何形式违反国际法基本规定的严重剥夺人身自由;

(6)酷刑;

(7)强奸、强制卖淫、强制怀孕、强制绝育或者其他任何形式的严重程度类似的性暴力;

(8)出于政治、种族、民族、人种、文化、宗教或性别歧视的原因,或者基于其他举世公认违反国际法的标准,对任何群体或任何可识别的集体进行迫害;

(9)强制失踪;

(10)在由一个种族群体对任何另一个种族群体或其他所有种族群体实施系统性压迫和统治的固化社会制度内实施的,旨在维护该社会制度的隔离行为;

(11)其他类似性质的、故意造成人身或精神巨大痛苦或者严重侵害的非人道行为。

第132-23条前两款有关囚禁期的规定,适用于本条规定的重罪。

第212-2条 在战时执行议定的计划,对抵抗实施反人类重罪的意识形态体系的反抗者实施第212-1条所指的各种行为的,处无期徒刑。

第132-23条前两款有关囚禁期的规定,适用于本条规定的重罪。

第212-3条 参与某组建的集团或达成的串通,以一项或多项实际行动表明准备实施第211-1条、第212-1条和第212-2条规定的任一重罪的,处无期徒刑。

第132－23条前两款有关囚禁期的规定，适用于本条规定的重罪。

第三章 共同规定

第213－1条 自然人犯本副编规定之罪，还可处下列刑罚：

(1)依照第131－26条之限制规定，禁止公民权、民事权和家庭权。但是，禁止的最长期限升至15年；

(2)依照第131－27条之限制规定，禁止担任公职或从事实施犯罪时所从事的或借机实施了犯罪的那种职业或社会活动。但是，临时禁止的最长期限升至10年；

(3)依照第131－31条之限制规定，禁止居留。但是，禁止的最长期限升至15年；

(4)没收归其所有的全部或部分财产，或者在保留善意所有人权利的情况下，没收其自由处分的全部或部分财产；

(5)依据第131－27条之限制规定，或者禁止担任公职或从事实施犯罪时所从事的或借机实施了犯罪的那种职业或社会活动；或者禁止从事工商业职业或以任何名义，为了本人或他人利益，直接或间接领导、管理、经营或监督某工商业企业或商业公司。这些从业禁止可以同时宣告。

第213－2条 对于犯本编所指任一罪名的任何外国人，可以依照第131－30条规定之条件，宣告永久或最长10年期间禁止进入法国。

第213－3条 依据第121－2条的规定被宣告对反人类之重罪承担刑事责任的法人，除按照第131－38条之限制性规定当处罚金外，还可处：

(1)第131－39条所指刑罚；

(2)没收归其所有的全部或部分财产，或者在保留善意所有人权利的情况下，没收其自由处分的全部或部分财产。

第213－4条 本副编所指重罪的正犯或共犯，不得仅仅因为其完成了法律或条例规定或允许之行为或者是合法当局命令之行为就免除责任。但是，法院在确定刑罚和罚金数额时须考虑此种情形。

第213-4-1条　在不妨碍适用第121-7条规定的情况下，军事首领或代理其职务者，知道或者从情节判断本应知道其领导或实际控制的下属实施或将要实施本副编所指重罪，却没有采取其能力所及的必要合理措施予以阻止、惩处该实施行为或者声请有管辖权的机关予以侦查和起诉的，视为其下属所犯本副编所指重罪的共犯。

在不妨碍适用第121-7条规定的情况下，不担任军事首领职务的上级领导，知道其领导或实际控制的下属实施、将要实施本副编所指重罪或者蓄意忽视能清晰显示该犯罪的信息，没有采取其能力所及的必要合理措施予以阻止、惩处该实施行为或者声请有管辖权的机关予以侦查和起诉的，且此重罪与其责任范围和实际控制的活动相关，同样视为其下属所犯本副编所指重罪的共犯。

第二副编　反人种之重罪

第一章　优生及克隆繁殖之重罪

第214-1条　从事旨在安排人类选择的优生实践的行为，处30年徒刑并科7,500,000欧元罚金。

第214-2条　为了降生与某一活人或死人相同基因的儿童而实施手术行为的，处30年徒刑并科7,500,000欧元罚金。

第214-3条　第214-1条和第214-2条规定的犯罪，当以有组织团伙的形式实施时，处无期徒刑并科7,500,000欧元罚金。

第132-23条前两款有关囚禁期的规定，适用于本条规定的犯罪。

第214-4条　参与某组建的集团或达成的串通，以一项或多项实际行动表明准备实施第214-1条和第214-2条规定的任一重罪的，处无期徒刑并科7,500,000欧元罚金。

第132-23条前两款有关囚禁期的规定，适用于本条规定的犯罪。

第二章 共同规定

第 215 -1 条 自然人犯本副编规定之罪，还可处下列刑罚：

(1)依照第 131 -26 条之限制规定，禁止公民权、民事权和家庭权；

(2)依照第 131 -27 条之限制规定，禁止担任公职；

(3)依照第 131 -31 条之限制规定，禁止居留；

(4)没收归其所有的全部或部分财产，或者在保留善意所有人权利的情况下，没收其自由处分的全部或部分财产，无论财产为动产或不动产、分割还是未分割；

(5)没收用于实施犯罪的物品；

(6)依据第 131 -27 条之限制规定，或者禁止担任公职以及 5 年内从事《劳动法典》第 L6313 -1 条规定的提供职业继续培训活动，或从事实施犯罪时所从事的或借机实施了犯罪的那种职业或社会活动；或者禁止从事工商业职业或以任何名义，为了本人或他人利益，直接或间接领导、管理、经营或监督某工商业企业或商业公司。这些从业禁止可以同时宣告。

第 215 -2 条 对于犯本副编所指任一项罪名的任何外国人，可以依照第 131 -30 条规定之条件，宣告永久或最长 10 年期间禁止进入法国。

但是，第 131 -30 条后 7 款*的规定不适用。

第 215 -3 条 依据第 121 -2 条的规定被宣告对本副编所指之罪承担刑事责任的法人，除按照第 131 -38 条之限制性规定当处罚金外，还可处：

(1)(被废除)；

(2)第 131 -39 条所指刑罚；

(3)没收归其所有的全部或部分财产，或者在保留善意所有人权利的情况

---

* 参见第 131 -30 条注解中的旧规定。法国刑事立法中经常使用“转引”技术，其缺点在于被转引的法条发生修改时，转引的法条也应作出相应的修改，否则将引起法条之间的衔接问题。第 215 -2 条由 2004 年 8 月 6 日第 2004 -800 号法律第 28 条设立，当前版本尚未显示出相应的修订，因此存在法条之间衔接问题。——译者注

下，没收其自由处分的全部或部分财产，无论财产为动产或不动产、分割还是未分割；

(4)禁止5年内从事《劳动法典》第L6313－1条规定的职业继续培训服务活动。

第二编　侵犯人身罪

第一章　侵害人之生命罪

第一节　故意侵害生命罪

第221－1条　故意致他人死亡之行为成立故意杀人罪。故意杀人罪处30年徒刑。

第221－2条　故意杀人之前、同时或之后犯有其他重罪的，处无期徒刑。

为准备或方便实施轻罪，或者为帮助轻罪之正犯或共犯逃逸或免受制裁而故意杀人的，处无期徒刑。

第132－23条前两款有关囚禁期的规定，适用于本条规定的犯罪。

第221－3条　有预谋或者设埋伏故意杀人的，成立谋杀罪。谋杀罪处无期徒刑。

第132－23条前两款有关囚禁期的规定，适用于本条规定的犯罪。但是，如果被害人系未满15岁之未成年人且在谋杀之前或同时遭受强奸、酷刑或野蛮行为，或者谋杀对象是司法官、国家警察机关公务人员、宪兵军职人员、监狱管理部门工作人员或者任何其他行使公安司法权力者，且谋杀实施于上述人员履行职务之际或者基于其职务的原因，重罪法院可以通过特别决定，将囚禁期升至30年，或者在宣告无期徒刑时决定不得对被判刑人给予第132－23条规定之任何措施；在减刑时，除特赦令另有规定外，囚禁期等于特赦后所剩刑期。

第221－4条　犯故意杀人罪，有下列情形的，处无期徒刑：

(1)故意杀害15岁以下的未成年人；

(2)故意杀害合法直系尊亲或非婚尊亲,或者故意杀害养父或养母;

(3)故意杀害因年龄、疾病、残疾、身体或精神虚弱、怀孕原因明显显示或由犯罪人明知为极易受伤害之人;

(4)故意杀害司法官,陪审员,律师,公务助理人员或司法助理人员,宪兵军职人员,国家警察机关、海关、监狱管理部门的公务人员或者其他任何行使公安司法权力者,消防队员或抢险队员,已宣誓的建筑或建筑群看管人员,或者《国内安全法典》第 L271－1 条规定的为出租人利益看管或监视用于居住的建筑的人员,且故意杀害行为实施于上述人员履行职务之际或者基于其职务的原因,且被害人身份明显或者犯罪人明知被害人的身份;

(4 乙)故意杀害教师或学校教育机构的任何工作人员、客运公共交通网经营单位的工作人员、任何执行公用事业职能的人员以及卫生职业人员,且故意杀害行为实施于上述人员履行职务之际或者基于其职务的原因,且被害人身份明显或者犯罪人明知被害人身份;

(4 丙)故意杀害配偶、直系尊亲属或卑亲属,或者其他任何惯常居住于第 4 项和第 4 乙项所指人员住所的人,且故意杀害之原因系这两项所指人员之职务;

(5)故意杀害证人、被害人或一方民事当事人,旨在阻止其告发事实,控告或者出庭作证,或者出于其告发、控告或出庭作证的原因;

(6)和(7)(被废除);

(8)由有组织团伙之数人实施的故意杀害;

(9)由被害人的配偶、同居者或与其签署紧密关系民事契约的伴侣实施的故意杀害;

(10)故意杀害拒绝结婚或结合之对象;

(11)由明显处于醉酒状态或明显受毒品控制的人实施的故意杀害。

第 132－23 条前两款有关囚禁期的规定,适用于本条规定的犯罪。但是,如果被害人系未满 15 岁之未成年人且在被故意杀害之前或同时遭受强奸、酷刑或野蛮行为,或者在司法官、国家警察机关公务人员、宪兵军职人员、监狱管理部门工作人员或者任何其他行使公安司法权力者履行职务之际或者基于其职务的原因而将其故意杀害，重罪法院可以通过特别决定，将囚禁期升至30年，或者在宣告无期徒刑时决定不得对被判刑人给予第132－23条规定之任何措施；在减刑时，除特赦令另有规定外，囚禁期等于特赦后所剩刑期。

第221－5条 通过使用或提供服用足以导致死亡之物质而谋害他人生命的行为的，成立毒杀罪。

毒杀罪处30年徒刑。

犯毒杀罪，并有第221－2条、第221－3条和第221－4条规定的任一情节的，处无期徒刑。

第132－23条前两款有关囚禁期的规定，适用于本条所规定的犯罪。

第221－5－1条 向某人作出提供、许诺或建议给予赠送、礼品或任何好处以使其实施谋杀或毒杀的行为，其中包括在本国域外实施，如果该重罪既未实施也未试图实施，则处10年监禁并科150,000欧元罚金。

第221－5－2条 依照第121－2条的规定被宣告对本节规定之罪承担刑事责任的法人，除按照第131－38条之限制性规定当处罚金外，还可处第131－39条规定之刑罚。

第131－39条第2项规定之禁止，涉及实施犯罪时所从事的或借机实施了犯罪的那种活动。

第221－5－3条 任何试图实施谋杀或毒杀重罪的人，如果通知了行政或司法机关从而避免了被害人死亡并且在必要时能够识别其他正犯或共犯，则免除刑罚。

如果毒杀罪之正犯或共犯通知了行政或司法机关从而避免了被害人死亡并且在必要时能够识别其他正犯或共犯，其可处的剥夺自由刑降至20年徒刑。

第221－5－4条 如果在国外针对经常居住于法国的人实施第221－4条第10项规定之重罪，尽管有第113－7条之规定，仍适用法国刑法。

第221－5－5条 在犯本节规定之重罪或轻罪被判刑的情况下，如果犯罪行为由父亲或母亲针对其子女或者另一方配偶实施，审判法院可以依据《民法典》第378条、第379条和第379－1条的规定决定撤销全部或部分亲权或撤销行使亲权*。如果在重罪法院起诉,则重罪法院在无陪审员的参与下,就此亲权问题作出裁决。

第一节(乙) 故意中毒导致侵害生命罪

第 221-5-6 条 某人故意以非法或明显过度的方式服用精神活性物质且明知该服用能够致其蓄意置他人于险境,如果该服用引起临时性精神紊乱或神经精神紊乱并使其在该状态影响下实施了依据第 122-1 条第 1 款其被宣告不负刑事责任的故意杀人行为,则处 10 年监禁并科 150,000 欧元罚金。

如果先前依据第 122-1 条第 1 款被宣告对故意杀人不负刑事责任的人,由于故意服用精神活性物质引起精神紊乱或神经精神紊乱从而消除其识别或控制自己行为的能力,实施了本条第 1 款规定的犯罪,则刑罚升至 15 年徒刑。在本款规定的情况下,第 132-8 条和第 132-9 条的规定不适用。

第二节 非故意侵害生命罪

第 221-6 条 按照第 121-3 条规定之条件与区分,因笨拙失误、轻率不慎、缺乏注意、怠慢疏忽,或因未履行法律或条例要求的谨慎或安全义务,而造成他人死亡的行为,构成非故意杀人罪,处 3 年监禁并科 45,000 欧元罚金。

明显蓄意违反法律或条例要求的谨慎或安全义务的,可处刑罚加重至 5 年监禁并科 75,000 欧元罚金。

第 221-6-1 条 如第 221-6 条规定之笨拙失误、轻率不慎、缺乏注意、怠慢疏忽,或未履行法律或条例要求的谨慎或安全义务系陆地机动车辆驾驶员所为,非故意杀人罪处 5 年监禁并科 75,000 欧元罚金。

若有下列情节,刑罚加重至 7 年监禁并科 100,000 欧元罚金:

(1)陆地机动车辆驾驶员明显蓄意违反除下述义务外其他法律或条例规定的谨慎或安全之特别义务;

---

* 根据《法国民法典》的相关规定,未成年人的父母对未成年人享有亲权并共同行使亲权;以其他合法形式获得亲子关系的人,也有权行使亲权。——译者注

(2)驾驶员呈明显醉酒状态,或者被酒精所控制,表现为血液或呼出气体中的酒精含量等于或高于《道路交通法典》法律或条例规定的含量,或者拒绝接受该法典规定的旨在确认是否处于醉酒状态的检测;

(3)血液或唾液分析表明驾驶员曾服用被列为毒品的物质或植物,或者拒绝接受《道路交通法典》规定的旨在确认是否在服用毒品状态下驾驶的检测;

(4)驾驶员并不持有法律或条例规定的驾驶执照,或者其驾驶执照已被吊销、作废、暂扣或扣留;

(5)驾驶员驾驶时超出规定的最高时速 50 千米或以上;

(6)驾驶员明知自己刚造成或引起事故却不停车,并试图逃避自己应当承担的民事或刑事责任。

若实施非故意杀人时具有本条第 1 项及其后各项规定的两个或以上情节,刑罚升至 10 年监禁并科 150,000 欧元罚金。

第 221 -6 -2 条　如果第 221 -6 条规定的非故意致人死亡,由狗的侵犯所导致,则对狗的所有人或案发之际狗的掌管人处 5 年监禁并科 75,000 欧元罚金。

若有下列情节,刑罚加重至 7 年监禁并科 100,000 欧元罚金:

(1)根据法律或条例的规定,或者依据某司法或行政判决,对狗的所有或掌管不合法;

(2)狗的所有人或掌管人呈明显醉酒状态,或者明显被毒品所控制;

(3)狗的所有人或掌管人没有执行市长依据《农村和海洋渔业法典》第 L211 -11 条制定的预防动物造成危险的措施;

(4)狗的所有人或掌管人并不持有《农村和海洋渔业法典》第 L211 -14 条规定的掌管许可证;

(5)当必须进行狂犬病预防接种时,狗的所有人或掌管人不能提供尚在有效期内的狂犬病预防接种证明;

(6)涉事狗为《农村和海洋渔业法典》第 L211 -12 条规定的第一类或第二类狗,且未按照该法典第 L211 -16 条第Ⅱ项的规定佩戴嘴套或者由成年人系绳牵引;

(7)涉事狗受到其所有人或掌管人的虐待。

若实施非故意杀人时具有本条第1项及其后各项规定的两个或以上情节,刑罚升至10年监禁并科150,000欧元罚金。

第221-7条 依照第121-2条的规定被宣布对于第221-6条规定之罪承担刑事责任的法人,除按照第131-38条之限制性规定当处罚金外,还可处第131-39条第2项、第3项、第8项和第9项规定之刑罚。

第131-39条第2项规定之禁止,涉及实施犯罪时所从事的或借机实施了犯罪的那种活动。

在第221-6条第2款规定的情形下,还可处第131-39条第4项提及的刑罚。

第三节 自然人适用的附加刑

第221-8条

Ⅰ.自然人犯本章规定之罪,还可处下列附加刑:

(1)依据第131-27条之限制规定,禁止担任公职或从事实施犯罪时所从事的或借机实施犯罪的那种职业或社会活动,或者对于第221-1条、第221-2条、第221-3条、第221-4条和第221-5条规定之重罪,禁止从事工商业职业或以任何名义,为了本人或他人利益,直接或间接领导、管理、经营或监督某工商业企业或商业公司。上述从业禁止可以同时宣告。

(2)最长5年内禁止持有或携带须经许可的武器。

(3)最长5年内暂扣驾驶执照,该暂扣执照可仅限于驾驶职业活动之外的车辆;在第221-6-1条规定的情况下,暂扣执照不得附加缓刑,即便是部分缓刑,也不得局限于驾驶职业活动之外的车辆;在第221-6-1条第1项至第6项*及最后一款规定的情况下,暂扣执照最长的期限为10年。

(4)吊销驾驶执照,并在最长5年内禁止申请颁发新的驾驶执照。

(4乙)(被废除)。

---

* 每个法条中的完整段落为一款。第221-6-1条第1项至第6项,系第2款的内容。——译者注

(5)没收归被判刑人所有或自由处分的一件或数件武器。

(6)收回打猎执照,并在最长5年内禁止申请颁发新执照。

(7)在第221-6-1条规定之情形下,最长5年内禁止驾驶某些陆地机动车辆,包括驾驶不需要驾驶执照的车辆。

(8)(被废除)。

(9)在第221-6-1条规定之情形下,若被判刑人是所有人,最长1年内查封其用于犯罪的车辆。

(10)在第221-6-1条规定之情形下,若被判刑人是所有人,没收其用于犯罪的车辆。

在第221-6-1条第4项及最后一款规定之情形下以及在该条第2项、第3项和第5项规定之情形下,若构成累犯或者当事人因《道路交通安全法典》第L221-2条、第L224-16条、第L234-1条、第L234-8条、第L235-1条、第L235-3条或第L413-1条规定之轻罪或者前述第L413-1条规定的违警罪已受到最终判刑,则必须没收车辆。但是,法院可以通过专门说明理由的判决,不宣告此项刑罚。

(11)在第221-6-1条第2项及最后一款规定之情形下,最长5年内禁止驾驶未配备由获得官方认可的专业人士安装或者车辆自带的符合《道路交通法典》第L234-17条规定的酒精电子检测锁车装置之车辆。当此项禁止与吊销或暂扣驾驶执照的刑罚同时宣告时,在该刑罚执行完毕后,此项禁止在法院规定的期限内执行。

任何因第221-6-1条第1项至第6项及最后一款规定之轻罪导致的判刑,都理所当然地引起吊销驾驶执照,并在最长10年内禁止申请新的驾驶执照。在累犯情形下,禁止期限理所当然地增至10年,且法院可以通过专门说明理由的判决,宣布该项禁止为最终决定。

Ⅱ.在因本章第一节规定之罪被判刑的情况下,必须宣告上述Ⅰ之第2项、第5项和第6项规定的附加刑。Ⅰ之第2项和第6项规定的刑罚期限最高增至15年。

但是,当由轻罪法院作出判刑时,鉴于犯罪情节和犯罪人人格,法院可以通过专门说明理由的判决，决定不宣布上述刑罚。

第221-9条 自然人犯本章第一节和第一节（乙）规定之罪，还可处下列附加刑：

（1）依据第131-26条之限制规定，禁止公民权、民事权和家庭权；

（2）依据第131-27条之限制规定，禁止担任公职；

（3）第131-21条规定的没收刑；

（4）依据第131-31条之限制规定，禁止居留。

第221-9-1条 自然人犯本章第一节和第一节（乙）规定之重罪，根据第131-36-1条至第131-36-13条之限制规定，还可处社会司法跟踪监督。

第221-9-2条 自然人犯本章第一节规定之重罪，若该重罪针对已投保的配偶实施，还可处禁止领取《社会保障法典》或《农村和海洋渔业法典》规定的丧偶或离婚人员抚恤金的附加刑。

此刑罚必须予以宣告。但是，鉴于犯罪情节和犯罪人人格，法院可以通过专门说明理由的判决，决定不宣布此刑罚。

第221-10条 自然人犯本章第二节规定之罪，还可处第131-35条规定的张贴或发布法院判决的附加刑。

第221-11条 对于犯本章第一节和第一节（乙）规定之罪的任何外国人，可以依据第131-30条规定的条件，宣告永久性或最长10年内禁止进入法国。

第221-11-1条 在第221-4条第10项规定之情形下，还可以宣告最长10年内禁止离开共和国领域。

第一副章　强制失踪造成的侵害人身罪

第221-12条 由一名或数名国家工作人员或者在国家权力机关批准、支持或同意下的一人或一组人所为，在令人脱离法律保护的条件下，对某人施以逮捕、拘押、绑架或其他任何形式的剥夺自由，当由此导致此人失踪，并且行为人否认剥夺此人的自由或者隐瞒此人的命运或所在处所的，构成强制失踪罪。

强制失踪罪处无期徒刑。

第 132－23 条前两款有关囚禁期的规定,适用于本条规定的重罪。

第 221－13 条　在不妨碍第 121－7 条适用的情况下,上级领导知道其领导或实际控制的下属实施或将要实施强制失踪重罪或者蓄意忽视能清晰显示其下属实施或将要实施该犯罪的信息,没有采取其能力所及的必要合理措施予以阻止、惩处该实施行为或者声请有管辖权的机关予以侦查和起诉,且此强制失踪重罪与其责任范围内和实际控制的活动相关,则视为其下属所犯之第 221－12 条强制失踪重罪之共犯。

第 221－14 条

Ⅰ. 自然人犯第 221－12 条规定之重罪,还可处下列附加刑:

(1)依据第 131－26 条之限制规定,禁止公民权、民事权和家庭权。

(2)依据第 131－27 条之限制规定,禁止担任公职或者从事实施犯罪时所从事的或借机实施了犯罪的那种职业或社会活动,或者禁止从事工商业职业或以任何名义,为了本人或他人利益,直接或间接领导、管理、经营或监督某工商业企业或商业公司。上述从业禁止可以同时宣告。

(3)依据第 131－26 条之限制规定,禁止居留。

(4)第 131－21 条规定的没收刑。

Ⅱ. 在因犯第 221－12 条规定之重罪被判刑的情况下,必须宣告下列附加刑:

(1)最长 15 年内禁止持有或携带须经许可的武器。

(2)没收归被判刑人所有或自由处分的一件或数件武器。

但是,鉴于犯罪情节和犯罪人人格,重罪法院可以不宣告上述刑罚。

第 221－15 条　自然人犯第 221－12 条规定之重罪,根据第 131－36－1 条至第 131－36－13 条之限制规定,还可处社会司法跟踪监督。

第 221－16 条　对于犯第 221－12 条规定之重罪的任何外国人,可以依照第 131－30 条规定之条件,宣告永久性或最长 10 年内禁止进入法国。

第 221－17 条　依据第 121－2 条之规定被宣布对于第 221－12 条规定之重罪承担刑事责任的法人,除按照第 131－38 条之限制性规定当处罚金外,还可处第131－39条规定之刑罚。

第二章 侵害人之身体或精神罪

第一节 故意侵害人之身体罪

第一小节 酷刑及野蛮行径罪

第222－1条 对他人施以酷刑或野蛮行径的行为的，处15年徒刑。

第132－23条前两款有关囚禁期的规定，适用于本条规定之重罪。

第222－2条 犯第222－1条所指犯罪之前、同时或之后另犯除故意杀人罪或强奸罪外的其他重罪的，处无期徒刑。

第132－23条前两款有关囚禁期的规定，适用于本条规定的重罪。

第222－3条 犯第222－1条所指之罪，有下列情形的，处20年徒刑：

(1)针对15岁以下的未成年人。

(2)针对因年龄、疾病、残疾、身体或精神虚弱、怀孕原因明显显示或犯罪人明知为极易受伤害之人。

(3)针对合法直系尊亲或非婚尊亲，或者针对养父或养母。

(4)针对司法官，陪审员，律师，公务助理人员或司法助理人员，国际刑事法院的成员或工作人员，宪兵军职人员，国家警察机关、海关、监狱管理部门的公务人员或者其他任何行使公安司法权力者，消防队员或抢险队员，已宣誓的建筑或建筑群看管人员，或者《国内安全法典》第L127－1条规定的为出租人利益看管或监视用于居住的建筑的人员，在其履行职务之际或者基于其职务的原因实施，且被害人身份明显或者犯罪人明知被害人身份。

(4乙)针对教师或者学校教育机构的任何工作人员、客运公共交通网经营单位的工作人员、任何执行公用事业职能的人员以及卫生职业人员，在其履行职务之际或者基于其职务的原因实施，且被害人身份明显或者犯罪人明知被害人身份。

(4丙)针对配偶、直系尊亲属或卑亲属，或者其他任何惯常居住于第4项和第4乙项所指人员住所的人,且犯罪原因系这两项所指人员之职务。

(5)针对证人、被害人或一方民事当事人实施,旨在阻止其告发事实、控告或者出庭作证,或者出于其告发、控告或在国内法院或国际刑事法院出庭作证的原因。

(5乙)和(5丙)(被废除)。

(5丁)针对从事卖淫活动之中的卖淫人员实施,包括偶然卖淫的人员。

(6)由被害人的配偶、同居者或与其签署紧密关系民事契约的伴侣实施。

(6乙)针对某人以迫使其结婚或结合,或者因其拒绝结婚或结合而实施。

(7)由行使公安司法权力或承担公用事业任务的人在履行职责或任务之中或借履行之机实施。

(8)由数人以正犯或共犯形式实施。

(9)有预谋或有埋伏。

(10)使用武器或用武器相威胁。

(11)由明显处于醉酒状态或明显受毒品控制的人实施。

犯第222-1条所指之罪时伴有强奸以外的性侵犯行为的,亦处20年徒刑。

当合法直系尊亲或非婚尊亲、养父母或其他任何对未成年人有管理权的人对15岁以下未成年人实施第222-1条所指之罪时,法定刑升至30年徒刑。

第132-23条前两款有关囚禁期的规定,适用于本条规定的犯罪。

第222-4条　以有组织团伙的形式实施,或者针对15岁以下未成年人或因年龄、疾病、残疾、身体或精神虚弱、怀孕原因明显显示或犯罪人明知为极易受伤害之人经常实施第222-1条所指之罪的,处30年徒刑。

第132-23条前两款有关囚禁期的规定,适用于本条规定的犯罪。

第222-5条　犯第222-1条所指之罪致人肢体残缺或永久残疾的,处30年徒刑。

第132-23条前两款有关囚禁期的规定,适用于本条规定的犯罪。

第222-6条　犯第222-1条所指之罪非故意致被害人死亡的,处无期徒刑。

第 132 – 23 条前两款有关囚禁期的规定，适用于本条规定的犯罪。

第 222 – 6 – 1 条 依据第 121 – 2 条的规定被宣布对于本小节规定之罪承担刑事责任的法人，除按照第 131 – 38 条之限制性规定当处罚金外，还可处第 131 – 39 条规定之刑罚。

第 131 – 39 条第 2 项规定之禁止，涉及实施犯罪时所从事的或借机实施了犯罪的那种活动。

第 222 – 6 – 2 条 试图实施本小节规定之重罪的任何人，如果已通知行政或司法机关，从而避免犯罪发生，并且在必要时能够识别其他正犯或共犯，则免除刑罚。

犯本小节规定之重罪的正犯或共犯，如果已通知行政或司法机关，从而使犯罪中止或避免犯罪导致他人死亡或永久残疾，并且在必要时能够识别其他正犯或共犯，则可处的剥夺自由刑减半。法定刑为无期徒刑时，减为 20 年徒刑。

第 222 – 6 – 3 条 在国外针对经常居住在法国领域的人实施第 222 – 3 条第 6 乙项规定之重罪，尽管有第 113 – 7 条之规定，仍适用法国刑法。

第 222 – 6 – 4 条 向某人作出提供、许诺或建议给予赠送、礼品或任何好处以使其实施本小节规定之重罪的行为，其中包括在本国域外实施，如果该重罪既未实施也未试图实施，则处 10 年监禁并科 150,000 欧元罚金。

第二小节　暴　力　罪

第 222 – 7 条 暴力致人死亡但无致人死亡之故意的，处 15 年徒刑。

第 222 – 8 条 犯第 222 – 7 条所指之罪，有下列情形的，处 20 年徒刑：

(1)针对 15 岁以下的未成年人；

(2)针对因年龄、疾病、残疾、身体或精神虚弱、怀孕原因明显显示或犯罪人明知为极易受伤害之人；

(3)针对合法直系尊亲或非婚尊亲，或者针对养父或养母；

(4)针对司法官，陪审员，律师，公务助理人员或司法助理人员，国际刑事法院的成员或工作人员，宪兵军职人员，国家警察机关、海关、监狱管理部门的公务人员或者其他任何行使公安司法权力者，消防队员或抢险队员，已宣誓的建筑或建筑群看管人员,或者《国内安全法典》第 L127 - 1 条规定的为出租人利益看管或监视用于居住的建筑的人员,在其履行职务之际或者基于其职务的原因实施,且被害人身份明显或者犯罪人明知被害人身份;

(4 乙 A)针对《国内安全法典》第 L611 - 1 条或第 L621 - 1 条提及的进行私人安保活动的人员,在其履行职务之际或者基于其职务的原因实施,且被害人身份明显或者犯罪人明知被害人身份;

(4 乙)针对教师或者学校教育机构的任何工作人员、客运公共交通网经营单位的工作人员、任何执行公用事业职能的人员以及卫生职业人员,在其履行职务之际或者基于其职务的原因实施,且被害人身份明显或者犯罪人明知被害人身份;

(4 丙)针对配偶、直系尊亲属或卑亲属,或者其他任何惯常居住于第 4 项、第 4 乙 A 项和第 4 乙项所指人员住所的人,基于这三项所指人员之职务的原因实施;

(5)针对证人、被害人或一方民事当事人实施,旨在阻止其告发事实,控告或者出庭作证,或者出于其告发、控告或在国内法院或国际刑事法院出庭作证的原因;

(5 乙)和(5 丙)(被废除);

(5 丁)针对从事卖淫活动之中的卖淫人员实施,包括偶然卖淫的人员;

(6)由被害人的配偶、同居者或与其签署紧密关系民事契约的伴侣实施;

(6 乙)针对某人以迫使其结婚或结合,或者因其拒绝结婚或结合而实施;

(7)由行使公安司法权力或承担公用事业任务的人在履行职责或任务之中或借履行之机实施;

(7 乙)由《国内安全法典》第 L611 - 1 条或第 L621 - 1 条提及的行使私人安保活动的人员,在其履行职责或任务之中或者借履行之机实施;

(8)由数人以正犯或共犯形式实施;

(9)有预谋或有埋伏;

(10)使用武器或用武器相威胁;

(11)由明显处于醉酒状态或明显受毒品控制的人实施。

实施第222－7条所指之罪，在下列情况下，法定刑升至30年徒刑：

(a)由合法直系尊亲或非婚尊亲、养父或养母或其他任何对未成年人有管理权的人，对15岁以下的未成年人实施；

(b)未成年人参与犯罪行为并且犯罪行为由被害人的配偶、同居者或与其签署紧密关系民事契约的伴侣实施，或者当被害人为未成年人时，犯罪行为由其合法直系尊亲或非婚尊亲、养父或养母或其他任何对未成年人有管理权的人实施。

第132－23条前两款有关囚禁期的规定，适用于本条规定之犯罪。

第222－9条 暴力致人肢体残缺或永久残疾的，处10年监禁并科150,000欧元罚金。

第222－10条 犯第222－9条所指之罪，有下列情形的，处15年徒刑：

(1)针对15岁以下的未成年人；

(2)针对因年龄、疾病、残疾、身体或精神虚弱、怀孕原因明显显示或犯罪人明知为极易受伤害之人；

(3)针对合法直系尊亲或非婚尊亲，或者针对养父或养母；

(4)针对司法官，陪审员，律师，公务助理人员或司法助理人员，国际刑事法院的成员或工作人员，宪兵军职人员，国家警察机关、海关、监狱管理部门的公务人员或者其他任何行使公安司法权力者，消防队员或抢险队员，已宣誓的建筑或建筑群看管人员，或者《国内安全法典》第L127－1条规定的为出租人利益看管或监视用于居住的建筑的人员，在其履行职务之际或者基于其职务的原因实施，且被害人身份明显或者犯罪人明知被害人身份；

(4乙A)针对《国内安全法典》第L611－1条或第L621－1条提及的进行私人安保活动的人员，在其履行职务之际或者基于其职务的原因实施，且被害人身份明显或者犯罪人明知被害人身份；

(4乙)针对教师或者学校教育机构的任何工作人员、客运公共交通运输网经营单位的工作人员、任何执行公用事业职能的人员以及卫生职业人员，在其履行职务之际或者基于其职务的原因实施，且被害人身份明显或者犯罪人明知被害人身份；

(4 丙)针对配偶、直系尊亲属或卑亲属,或者其他任何惯常居住于第 4 项、第 4 乙 A 项和第 4 乙项所指人员住所的人,基于这三项所指人员之职务的原因实施;

(5)针对证人、被害人或一方民事当事人实施,旨在阻止其告发事实、控告或者出庭作证,或者出于其告发、控告或在国内法院或国际刑事法院出庭作证的原因;

(5 乙)和(5 丙)(被废除);

(5 丁)针对从事卖淫活动之中的卖淫人员实施,包括偶然卖淫的人员;

(6)由被害人的配偶、同居者或与其签署紧密关系民事契约的伴侣实施;

(6 乙)针对某人以迫使其结婚或结合,或者因其拒绝结婚或结合而实施;

(7)由行使公安司法权力或承担公用事业任务的人,在履行职责或任务之中或借履行之机实施;

(7 乙)由《国内安全法典》第 L611 - 1 条或第 L621 - 1 条提及的行使私人安保活动的人员,在其履行职责或任务中或者借履行之机实施;

(8)由数人以正犯或共犯形式实施本罪;

(9)有预谋或有埋伏;

(10)使用武器或用武器相威胁;

(11)由明显处于醉酒状态或明显受毒品控制的人实施。

实施第 222 - 9 条所指之罪,在下列情况下,法定刑升至 20 年徒刑:

(a)由合法直系尊亲或非婚尊亲、养父或养母或其他任何对未成年人有管理权的人,对 15 岁以下的未成年人实施;

(b)未成年人参与犯罪行为并且犯罪行为由被害人的配偶、同居者或与其签署紧密关系民事契约的伴侣实施,或者当被害人为未成年人时,犯罪行为由其合法直系尊亲或非婚尊亲、养父或养母或其他任何对未成年人有管理权的人实施。

第 132 - 23 条前两款有关囚禁期的规定,适用于本条规定之犯罪。

第 222 - 11 条　暴力致人完全丧失劳动能力超过 8 日的,处 3 年监禁并科 45,000 欧元罚金。

第 222－12 条　犯第 222－11 条所指之罪，有下列情形的，处 5 年监禁并科 75，000 欧元罚金：

（1）针对 15 岁以下的未成年人；

（2）针对因年龄、疾病、残疾、身体或精神虚弱、怀孕原因明显显示或犯罪人明知为极易受伤害之人；

（3）针对合法直系尊亲或非婚尊亲，或者针对养父或养母；

（4）针对司法官，陪审员，律师，公务助理人员或司法助理人员，国际刑事法院的成员或工作人员，第 222－14－5 条提及的行使公安司法权力者之外的其他行使公安司法权力者，已宣誓的建筑或建筑群看管人员，或者《国内安全法典》第 L127－1 条规定的为出租人利益看管或监视用于居住的建筑的人员，在其履行职务之际或者基于其职务的原因实施，且被害人身份明显或者犯罪人明知被害人身份；

（4 乙 A）针对《国内安全法典》第 L611－1 条或第 L621－1 条提及的进行私人安保活动的人员，在其履行职务之际或者基于其职务的原因实施，且被害人身份明显或者犯罪人明知被害人身份；

（4 乙）针对教师或者学校教育机构的任何工作人员、客运公共交通网经营单位的工作人员、任何执行公用事业职能的人员以及卫生职业人员，在其履行职务之际或者基于其职务的原因实施，且被害人身份明显或者犯罪人明知被害人身份；

（4 丙）针对配偶、直系尊亲属或卑亲属，或者其他任何惯常居住于第 4 项、第 4 乙 A 项和第 4 乙项所指人员住所的人，基于这三项所指人员之职务的原因实施；

（5）针对证人、被害人或一方民事当事人实施，旨在阻止其告发事实、控告或者出庭作证，或者出于其告发、控告或在国内法院或国际刑事法院出庭作证的原因；

（5 乙）和（5 丙）（被废除）；

（5 丁）针对从事卖淫活动之中的卖淫人员实施，包括偶然卖淫的人员；

（6）由被害人的配偶、同居者或与其签署紧密关系民事契约的伴侣实施；

(6 乙)针对某人以迫使其结婚或结合,或者因其拒绝结婚或结合而实施;

(7)由行使公安司法权力或承担公用事业任务的人在履行职责或任务之中或借履行之机实施;

(7 乙)由《国内安全法典》第 L611－1 条或第 L621－1 条提及的进行私人安保活动的人员,在其履行职责或任务之中或者借履行之机实施;

(8)由数人以正犯或共犯形式实施本罪;

(9)有预谋或有埋伏;

(10)使用武器或用武器相威胁;

(11)在教学或教育机构内或在政府部门驻地实施,或者在学生上下学、公众进出时或者在类似时间,在上述机构或地点的周边实施;

(12)由成年人在未成年人的帮助或协助下实施;

(13)在公共客运交通工具上或者在搭乘公共客运交通工具的地点实施;

(14)由明显处于醉酒状态或明显受毒品控制的人实施;

(15)由为了不被人识别而故意全部或部分蒙面的人实施。

实施第 222－11 条所指之罪,在下列情况下,法定刑升至 10 年监禁并科 150,000 欧元罚金:

(a)由合法直系尊亲或非婚尊亲、养父或养母或其他任何对未成年人有管理权的人,对 15 岁以下的未成年人实施;

(b)未成年人参与犯罪行为并且犯罪行为由被害人的配偶、同居者或与其签署紧密关系民事契约的伴侣实施,或者当被害人为未成年人时,犯罪行为由其合法直系尊亲或非婚尊亲、养父或养母或其他任何对未成年人有管理权的人实施。

犯本条之罪时具有本条第 1 项及其后各项规定中两项情节的,法定刑升至 7 年监禁并科 100,000 欧元罚金。犯本条之罪具有上述三项情节的,法定刑升至 10 年监禁并科 150,000 欧元罚金。

若本条规定之罪当处 10 年监禁,适用第 132－23 条前两款有关囚禁期的规定。

第 222－13 条　暴力致人丧失劳动能力低于或等于 8 日或者未使人丧失

任何劳动能力，并具有下列情形的，处3年监禁并科45,000欧元罚金：

(1)针对15岁以下的未成年人；

(2)针对因年龄、疾病、残疾、身体或精神虚弱、怀孕原因明显显示或犯罪人明知为极易受伤害之人；

(3)针对合法直系尊亲或非婚尊亲，或者针对养父或养母；

(4)针对司法官，陪审员，律师，公务助理人员或司法助理人员，国际刑事法院的成员或工作人员，第222－14－5条提及的行使公安司法权力者之外的其他行使公安司法权力者，已宣誓的建筑或建筑群看管人员，或者《国内安全法典》第L127－1条规定的为出租人利益看管或监视用于居住的建筑的人员，在其履行职务之际或者基于其职务的原因实施，且被害人身份明显或者犯罪人明知被害人身份；

(4乙A)针对《国内安全法典》第L611－1条或第L621－1条提及的进行私人安保活动的人员，在其履行职务之际或者基于其职务的原因实施，且被害人身份明显或者犯罪人明知被害人身份；

(4乙)针对教师或者学校教育机构的任何工作人员、客运公共交通网经营单位的工作人员、任何执行公用事业职能的人员以及卫生职业人员，在其履行职务之际或者基于其职务的原因实施，且被害人身份明显或者犯罪人明知被害人身份；

(4丙)针对配偶、直系尊亲属或卑亲属，或者其他任何惯常居住于第4项、第4乙A项和第4乙项所指人员住所的人，基于这三项所指人员之职务的原因实施；

(5)针对证人、被害人或一方民事当事人实施，旨在阻止其告发事实、控告或者出庭作证，或者出于其告发、控告或在国内法院或国际刑事法院出庭作证的原因；

(5乙A)实施本罪的原因在于被害人确实或被推定属于或不属于某个特定人种、民族、种族或宗教；

(5丙A)实施本罪的原因在于被害人的性别、真实或被推定的性取向或性别认同；

(5 丁)针对从事卖淫活动之中的卖淫人员实施,包括偶然卖淫的人员;

(6)由被害人的配偶、同居者或与其签署紧密关系民事契约的伴侣实施;

(6 乙)针对某人以迫使其结婚或结合,或者因其拒绝结婚或结合而实施;

(7)由行使公安司法权力或承担公用事业任务的人在履行职责或任务之中或借履行之机实施;

(7 乙)由《国内安全法典》第 L611－1 条或第 L621－1 条提及的进行私人安保活动的人员,在其履行职责或任务中或者借履行之机实施;

(8)由数人以正犯或共犯形式实施;

(9)有预谋或有埋伏;

(10)使用武器或用武器相威胁;

(11)在教学或教育机构内或在政府部门驻地实施,或者在学生上下学、公众进出时或者在类似时间,在上述机构或地点的周边实施;

(12)由成年人在未成年人的帮助或协助下实施;

(13)在公共客运交通工具上或者在通往公共客运交通工具的地点*实施;

(14)由明显处于醉酒状态或明显受毒品控制的人实施;

(15)由为了不被人识别而故意全部或部分蒙面的人实施。

犯本条第 1 款所指之罪,在下列情况下,法定刑升至 5 年监禁并科 75,000 欧元罚金:

(a)由合法直系尊亲或非婚尊亲、养父或养母或其他任何对未成年人有管理权的人,对 15 岁以下的未成年人实施;

(b)未成年人参与犯罪行为并且犯罪行为由被害人的配偶、同居者或与其签署紧密关系民事契约的伴侣实施,或者当被害人为未成年人时,犯罪行为由其合法直系尊亲或非婚尊亲、养父或养母或其他任何对未成年人有管理权的人实施。

犯本条之罪致人丧失劳动能力低于或等于 8 日并具有本条第 1 项及其后各项规定中两项情节的,法定刑亦升至 5 年监禁并科 75,000 欧元罚金。犯本

* 指车站、站台、码头、候车室等。——译者注

条之罪具有上述三项情节的,法定刑升至7年监禁并科100,000欧元罚金。

第222－14条　对15岁以下的未成年人或者针对因年龄、疾病、残疾、身体或精神虚弱、怀孕原因明显显示或犯罪人明知为极易受伤害之人,施以经常性暴力行为的,处以下刑罚:

(1)若导致被害人死亡,处30年徒刑;

(2)若致人肢体残缺或永久残疾,处20年徒刑;

(3)若致人完全丧失劳动能力超过8日,处10年监禁并科150,000欧元罚金;

(4)若致人完全丧失劳动能力未超过8日,处5年监禁并科75,000欧元罚金。

被害人的配偶、同居者或与其签署紧密关系民事契约的伴侣对其施以经常性暴力行为的,亦适用本条规定之刑罚。第132－80条第2款的规定适用于本款。

第132－23条前两款有关囚禁期的规定,适用于本条第1项和第2项规定的情形。

第222－14－1条　针对国家警察机关的公务人员、宪兵军职人员、监狱管理部门的工作人员、其他任何行使公安司法权力者、民事或军事消防队员或者客运公共交通网经营单位的工作人员,在其履行职务之际或者基于其职务的原因,使用武器或以武器相威胁实施暴力行为,若以有组织团伙形式或者设有埋伏实施上述暴力行为,处下列刑罚:

(1)若导致被害人死亡,处30年徒刑;

(2)若致人肢体残缺或永久残疾,处20年徒刑;

(3)若致人完全丧失劳动能力超过8日,处15年徒刑;

(4)若致人完全丧失劳动能力未超过8日,处10年监禁并科150,000欧元罚金。

以相同条件针对配偶、直系尊亲属或卑亲属或者其他任何惯常居住于第1款所指人员住所的人,基于该所指人员之职务的原因实施的暴力行为,适用相同的刑罚。

第132－23条前两款有关囚禁期的规定，适用于本条规定之犯罪。

应被害人或被追诉人的请求，完全丧失劳动能力的证明由鉴定医生按照《刑事诉讼法典》第157条及其后文规定的方式出具。

第222－14－2条　故意参与某集团即便是临时组建的集团，以一项或多项实际行动表明准备针对他人实施故意暴力行为或破坏、损毁财物的行为的，处1年监禁并科15,000欧元罚金。

第222－14－3条　本节规定之暴力行为，无论其性质，其中包括精神暴力，均受惩处。

第222－14－4条　为迫使某人在国外与自己结婚或结合，对该人使用诈骗手段以使其决定离开共和国领域的行为，处3年监禁并科45,000欧元罚金。

第222－14－5条

Ⅰ.针对宪兵军职人员，《国防法典》第L1321－1条规定的本国领域内的征用军人，国家警察机关的公务人员，市警察局警察，乡村警察，海关公务人员，专业消防员或志愿者消防员或监狱管理部门的公务人员，在其履行职务之际或者基于其职务的原因实施本节规定的暴力行为，且被害人身份明显或者犯罪人明知被害人身份的，处下列刑罚：

(1)若致人完全丧失劳动能力超过8日，处7年监禁并科100,000欧元罚金；

(2)若致人完全丧失劳动能力少于或等于8日，或者未使人丧失劳动能力，处5年监禁并科75,000欧元罚金。

若犯罪行为伴随第222－12条第8项至第15项规定的任一加重情节，本条Ⅰ之第1项规定的刑罚升至10年监禁并科150,000欧元罚金，并且第2项规定的刑罚升至7年监禁并科100,000欧元罚金。

若犯罪行为伴随第222－12条第8项至第15项规定的至少两个加重情节，本条Ⅰ之第2项规定的刑罚升至10年监禁并科150,000欧元罚金。

Ⅱ.实施暴力行为，在下列情况下，亦处本条Ⅰ之后四款*规定的刑罚：

(1)基于上述Ⅰ之第1款提及的人员职务的原因，针对其配偶、直系尊亲

* "后四款"为原文直译，此处指的是第1款第1项和第2项、第2款和第3款。——译者注

属或卑亲属，或者其他任何惯常居住于其住所的人实施；

(2)针对被调配到国家警察机关、国家宪兵部门、市警察部门或监狱管理部门工作的人员，且其身份明显或者犯罪人明知其身份，在上述Ⅰ之第1款提及的人员的权威下履行职务之际或者基于其职务的原因实施。

Ⅲ.若本条规定之犯罪的法定刑等于或高于10年监禁，则适用第132－23条前两款有关囚禁期的规定。

第222－15条 提供服用毒害品侵害他人身体或精神的，依照第222－7条至第222－14－1条规定之不同情形，处相关条款规定之刑罚。

在上述条款规定的相同情形下犯本罪，适用第132－23条前两款有关囚禁期的规定。

第222－15－1条 在某个特定地点等待国家警察机关的公务人员、宪兵军职人员、监狱管理部门的工作人员、其他任何行使公安司法权力者、民用或军事消防队员或者客运公共交通网经营单位的工作人员若干时间，以在上述人员履行职责或任务时或者基于其身份且犯罪人对此明知或不能不知，使用武器或以武器相威胁实施暴力行为的，且犯罪目的已通过一项或多项实际行动表现出来的，构成埋伏罪。

在相同条件下等待第1款提及之人员的配偶、直系尊亲属或卑亲属，或者其他任何惯常居住于其住所的人，基于上述人员履行职务的原因，使用武器或以武器相威胁实施暴力行为，且犯罪目的已通过一项或多项实际行动表现出来的，亦构成埋伏罪。

埋伏罪处5年监禁并科75,000欧元罚金。

如果以集体方式实施埋伏罪，刑罚升至7年监禁并科100,000欧元罚金。

第222－16条 恶意地反复拨通电话、通过电子通信途径反复发送恶意信息或者以扰乱他人安宁为目的噪声侵害行为的，处1年监禁并科15,000欧元罚金。

若由配偶、同居者或与其签署紧密关系民事契约的伴侣实施上述行为，则处3年监禁并科45,000欧元罚金。

第222－16－1条 依据第121－2条的规定被宣布对于本小节规定之罪

承担刑事责任的法人，除按照第131－38条之限制性规定当处罚金外，还可处第131－39条规定之刑罚。

第131－39条第2项规定之禁止，涉及实施犯罪时所从事的或借机实施了犯罪的那种活动。

第222－16－2条　如果在国外针对惯常居住在法国领域的未成年被害人实施第222－8条、第222－10条或第222－12条规定之重罪或轻罪，尽管有第113－7条之规定，仍适用法国刑法。如果所犯为轻罪，第113－8条第2句的规定不适用。

第222－16－3条　如果在国外针对惯常居住在法国领域的人实施第222－8条、第222－10条、第222－12条和第222－13条中的第6乙项规定之罪，尽管有第113－7条之规定，仍适用法国刑法。如果所犯为轻罪，第113－8条第2句的规定不适用。

第三小节　威　胁　罪

第222－17条　以对人实施重罪或轻罪相威胁且该罪之未遂当受惩处，若反复进行此种威胁，或者通过文字、图像或其他任何物品表明此种威胁的，处6个月监禁并科7500欧元罚金。

若以致人死亡相威胁，刑罚升至3年监禁并科45,000欧元罚金。

第222－18条　无论采用何种手段，以对人实施重罪或轻罪相威胁，若此种威胁附带满足某种条件的命令，处3年监禁并科45,000欧元罚金。

若以致人死亡相威胁，刑罚升至5年监禁并科75,000欧元罚金。

第222－18－1条　（被废除）

第222－18－2条　依据第121－2条的规定被宣布对于本小节规定之罪承担刑事责任的法人，除按照第131－38条之限制性规定当处罚金外，还可处：

（1）（被废除）；

（2）第131－39条第2项至第9项规定之刑罚；

（3）对第222－17条（第2款）和第222－18条规定之罪，处第131－39条第1项规定的刑罚。

第 131 – 39 条第 2 项规定之禁止,涉及实施犯罪时所从事的或借机实施了犯罪的那种活动。

第 222 – 18 – 3 条 若被害人的配偶、同居者或与其签署紧密关系民事契约的伴侣对被害人实施第 222 – 17 条第 1 款规定之威胁罪,处 3 年监禁并科 45,000 欧元罚金;实施同条第 2 款及第 222 – 18 条第 1 款规定之威胁罪,处 5 年监禁并科 75,000 欧元罚金;实施第 222 – 18 条第 2 款规定之威胁罪,处 7 年监禁并科 100,000 欧元罚金。

第一节(乙) 故意中毒导致侵害人身罪

第 222 – 18 – 4 条 某人故意以非法或明显过度的方式服用精神活性物质且明知该服用能够致其蓄意置他人于险境,如果该服用引起临时性精神紊乱或神经精神紊乱并使其在该状态影响下实施了依据第 122 – 1 条第 1 款其应被宣告不负刑事责任的酷刑、野蛮行径或暴力行为,处下列刑罚:

(1)若酷刑、野蛮行径或暴力行为致人死亡,处 7 年监禁并科 100,000 欧元罚金;

(2)若酷刑、野蛮行径或暴力行为致人肢体残缺或永久残疾,处 5 年监禁并科 75,000 欧元罚金;

(3)若致人完全丧失劳动能力超过 8 日,处 2 年监禁并科 30,000 欧元罚金。

如果由于故意服用精神活性物质引起精神紊乱或神经精神紊乱从而消除其识别或控制自己行为的能力,本条第 1 款规定的犯罪由依据第 122 – 1 条第 1 款被宣告对故意杀人不负刑事责任的人实施,在本条第 1 项规定的情况下,刑罚升至 10 年徒刑并科 150,000 欧元罚金;在本条第 2 项规定的情况下,刑罚升至 7 年徒刑并科 75,000 欧元罚金;在本条第 3 项规定的情况下,刑罚升至 3 年徒刑并科 45,000 欧元罚金。在本款规定的情况下,第 132 – 8 条和第 132 – 9 条的规定不适用。

第二节　非故意侵害人之身体罪

第 222 – 19 条　依照第 121 – 3 条规定之条件及区别之情况，因笨拙失误、轻率不慎、缺乏注意、怠慢疏忽，或未履行法律或条例要求的谨慎或安全义务，而导致他人完全丧失劳动能力超过 3 个月的行为，处 2 年监禁并科 30,000 欧元罚金。

若明显蓄意违反法律或条例要求的谨慎或安全之特别义务，法定刑升至 3 年监禁并科 45,000 欧元罚金。

第 222 – 19 – 1 条　若陆地机动车辆驾驶员实施了第 222 – 19 条规定的因笨拙失误、轻率不慎、缺乏注意、怠慢疏忽，或未履行法律或条例要求的谨慎或安全义务而非故意侵害人之身体的行为，导致他人完全丧失劳动能力超过 3 个月，处 3 年监禁并科 45,000 欧元罚金。

在下列情况下，刑罚升至 5 年监禁并科 75,000 欧元罚金：

(1)驾驶员明显蓄意违反下述义务之外其他法律或条例要求的谨慎或安全之特别义务；

(2)驾驶员呈明显醉酒状态或者被酒精所控制，表现为血液或呼出气体中的酒精含量等于或高于《道路交通法典》中法律或条例规定的含量，或者拒绝接受该法典规定的旨在确认是否处于醉酒状态的检测；

(3)血液或唾液分析表明驾驶员曾服用被列为毒品的物质或植物，或者拒绝接受《道路交通法典》规定的旨在确认是否在服用毒品状态下驾驶的检测；

(4)驾驶员并不持有法律或条例规定的驾驶执照，或者其驾驶执照已被吊销、作废、暂扣或扣留；

(5)驾驶员驾驶时超出规定的最高时速 50 千米或以上；

(6)驾驶员明知自己刚造成或引起事故却不停车，并试图逃避自己应当承担的民事或刑事责任。

若实施非故意杀人时具有本条第 1 项及其后各项规定的两个或以上情节，刑罚升至 7 年监禁并科 100,000 欧元罚金。

第 222 – 19 – 2 条　如果第 222 – 19 条规定的非故意侵害人之身体、造成完全丧失劳动能力超过3个月的行为，由狗实施的侵犯所导致，则对狗的所有人或案发之际狗的掌管人处3年监禁并科45,000欧元罚金。

在下列情况下，刑罚升至5年监禁并科75,000欧元罚金：

(1)根据法律或条例的规定，或者依据某司法或行政判决，对狗的所有或掌管不合法；

(2)狗的所有人或掌管人呈明显醉酒状态，或者明显被毒品所控制；

(3)狗的所有人或掌管人没有执行市长依据《农村和海洋渔业法典》第L211－11条制定的预防动物造成危险的措施；

(4)狗的所有人或掌管人并不持有《农村和海洋渔业法典》第L211－14条规定的掌管许可证；

(5)当必须进行狂犬病预防接种时，狗的所有人或掌管人不能提供尚在有效期内的狂犬病预防接种证明；

(6)涉事狗为《农村和海洋渔业法典》第L211－12条规定的第一类或第二类狗，且未按照该法典第L211－16条第Ⅱ项的规定佩戴嘴套或者由成年人系绳牵引；

(7)涉事狗受到其所有人或掌管人的虐待。

若实施非故意侵害人之身体时具有本条第1项及其后各项规定的两个或以上情节，刑罚升至7年监禁并科100,000欧元罚金。

第222－20条 明显蓄意违反法律或条例要求的谨慎或安全之特别义务，导致他人完全丧失劳动能力低于或等于3个月的行为，处1年监禁并科15,000欧元罚金。

第222－20－1条 如果陆地机动车辆驾驶员实施了第222－19条规定的因笨拙失误、轻率不慎、缺乏注意、怠慢疏忽，或未履行法律或条例要求的谨慎或安全义务而非故意侵害人之身体的行为，导致他人完全丧失劳动能力低于或等于3个月的，处2年监禁并科30,000欧元罚金。

在下列情况下，刑罚升至3年监禁并科45,000欧元罚金：

(1)驾驶员明显蓄意违反下述义务之外其他法律或条例要求的谨慎或安全之特别义务；

(2)驾驶员呈明显醉酒状态或者被酒精所控制,表现为血液或呼出气体中的酒精含量等于或高于《道路交通法典》中法律或条例规定的含量,或者拒绝接受该法典规定的旨在确认是否处于醉酒状态的检测;

(3)血液或唾液分析表明驾驶员曾服用被列为毒品的物质或植物,或者拒绝接受《道路交通法典》规定的旨在确认是否在服用毒品状态下驾驶的检测;

(4)驾驶员并不持有法律或条例规定的驾驶执照,或者其驾驶执照被吊销、作废、暂扣或扣留;

(5)驾驶员驾驶时超出规定的最高时速 50 千米或以上;

(6)驾驶员明知自己刚造成或引起事故却不停车,并试图逃避自己应当承担的民事或刑事责任。

若实施非故意侵害人之身体时具有本条第 1 项及其后各项规定的两个或以上情节,刑罚升至 5 年监禁并科 75,000 欧元罚金。

第 222 - 20 - 2 条　如果第 222 - 20 条规定的非故意侵害人之身体、造成完全丧失劳动能力不超过 3 个月的行为,由狗实施的侵犯所导致,则对狗的所有人或案发之际狗的掌管人处 2 年监禁并科 30,000 欧元罚金。

在下列情况下,刑罚升至 3 年监禁并科 45,000 欧元罚金:

(1)根据法律或条例的规定,或者依据某司法或行政判决,对狗的所有或掌管不合法;

(2)狗的所有人或掌管人呈明显醉酒状态,或者明显被毒品所控制;

(3)狗的所有人或掌管人没有执行市长依据《农村和海洋渔业法典》第 L211 - 11 条制定的预防动物造成危险的措施;

(4)狗的所有人或掌管人并不持有《农村和海洋渔业法典》第 L211 - 14 条规定的掌管许可证;

(5)当必须进行狂犬病预防接种时,狗的所有人或掌管人不能提供尚在有效期内的狂犬病预防接种证明;

(6)涉事狗为《农村和海洋渔业法典》第 L211 - 12 条规定的第一类或第二类狗,且未按照该法典第 L211 - 16 条第Ⅱ项的规定佩戴嘴套或者由成年人系绳牵引;

(7)涉事狗受到其所有人或掌管人的虐待。

若实施非故意侵害人之身体时具有本条第1项及其后各项规定的两个或以上情节,刑罚升至5年监禁并科75,000欧元罚金。

第222-21条 依据第121-2条的规定被宣布对于本节规定之罪承担刑事责任的法人,除按照第131-38条之限制性规定当处罚金外,还可处第131-39条第2项、第3项、第8项、第9项规定之刑罚。

第131-39条第2项规定之禁止,涉及实施犯罪时所从事的或借机实施了犯罪的那种活动。

在第222-19条第2款规定的情形下,还可处第131-39条第4项规定之刑罚。

第三节 强奸、乱伦与其他性侵犯罪

第222-22条 以暴力、强迫、威胁或趁人不备的方式或者在法律规定的情况下,由成年人对未成年人实施的任何性侵害,构成性侵犯罪。

无论侵害人和被害人之间存在何种性质的关系,即便是婚姻关系,在本节规定的情形下向被害人施以强奸和其他性侵害,都构成强奸罪和其他性侵犯罪。

如果法国人或惯常居住于法国领域的人在国外对未成年人实施性侵犯罪,尽管有第113-6条第2款之规定,仍适用法国刑法,但第113-8条第2句之规定不适用。

第222-22-1条 第222-22条第1款规定的强迫可以是身体强迫或精神强迫。

当对未成年人实施本罪行为时,本条第1款提及的精神强迫或第222-22条第1款提及的趁人不备可以源于未成年被害人和犯罪行为人之间的年龄差距以及犯罪行为人对被害人拥有法律上或事实上的权威,事实上的权威可以通过未成年被害人和成年犯罪行为人之间悬殊的年龄差距体现。

当对15岁以下未成年人实施本罪行为时,精神强迫或趁人不备通过滥用被害人对此类行为不具备必要的识别能力的弱势地位体现。

第 222－22－2 条　以暴力、强迫、威胁或趁人不备迫使某人承受第三人的性侵害或对被害人自身实施该侵害，亦构成性侵犯罪。

依据性侵害的性质及第 222－23 条至第 222－30 条规定之情形，上述行为处这些条款规定之相同刑罚。

本条规定之轻罪的未遂，处相同刑罚。

第 222－22－3 条　下列人员实施强奸和性侵犯的，构成乱伦罪：

（1）直系尊亲；

（2）兄弟、姐妹、叔伯舅、姑姨、祖辈叔伯舅、祖辈姑姨、侄子外甥或侄女外甥女；

（3）第 1 项和第 2 项所指任一人员的配偶、同居者，或与第 1 项和第 2 项所指任一人员签署紧密关系民事契约的伴侣，且对被害人拥有法律上或事实上的权威。

第一小节　强奸罪和乱伦强奸罪

第 222－23 条　以暴力、强迫、威胁或趁人不备的方式，对他人或对犯罪行为人本人施以任何性质的性插入行为或任何口交行为的，构成强奸罪。强奸罪处 15 年徒刑。

第 222－23－1 条　除第 222－23 条规定的情形外，若成年人和未成年人之间的年龄差距至少为 5 岁，成年人对 15 岁以下未成年人实施的或者未成年人对犯罪行为人实施的任何性质的性插入行为或任何口交行为，亦构成强奸罪。

若实施本罪行为以报酬、报酬许诺、给予实物好处或给予此种好处的许诺作为交换，则不适用本条第 1 款规定的年龄差距条件。

第 222－23－2 条　除第 222－23 条规定的情形外，若成年人是直系尊亲或第 222－22－3 条提及的对未成年人拥有法律上或事实上的权威的其他任何人，该成年人对未成年人实施的或者未成年人对犯罪行为人实施的任何性质的性插入行为或任何口交行为，构成乱伦强奸罪。

第 222－23－3 条　第 222－23－1 条和第 222－23－2 条规定的强奸罪，

处20年徒刑。

第222－24条 第222－23条规定的强奸罪，在下列情形下，处20年徒刑：

(1)强奸致人肢体残缺或永久残疾；

(2)强奸15岁以下的未成年人；

(3)强奸因年龄、疾病、残疾、身体或精神虚弱、怀孕原因明显显示或犯罪人明知为极易受伤害之人；

(3乙)强奸由不稳定的经济社会状况明显显示或犯罪人明知为极易受伤害或极具依赖性之人；

(4)由直系尊亲或其他对被害人拥有法律上或事实上权威的人实施强奸；

(5)由滥用自身职务赋予的权威的人实施强奸；

(6)由多人以正犯或共犯形式实施强奸；

(7)使用武器或以武器相威胁实施强奸；

(8)被害人曾使用向非特定的公众传送信息的电子通信网络与犯罪行为人有过联系；

(9)(被废除)；

(10)与对其他被害人实施的一次或多次其他强奸行为同时发生；

(11)由被害人的配偶、同居者或与其签署紧密关系民事契约的伴侣对其实施强奸；

(12)由呈明显醉酒状态或者明显被毒品所控制的人实施强奸；

(13)对从事卖淫活动之中的卖淫人员，包括偶然卖淫的人员，实施强奸；

(14)实施强奸时有未成年人在场和观看；

(15)为了破坏被害人的识别或行为控制能力而瞒着被害人给其服用某种物质。

第222－25条 第222－23条、第222－23－1条和第222－23－2条规定的强奸罪，导致被害人死亡的，处30年徒刑。

第132－23条前两款有关囚禁期的规定，适用于本条规定之犯罪。

第222－26条 第222－23条、第222－23－1条和第222－23－2条规定

的强奸罪，在之前、同时或之后施以酷刑及野蛮行径的，处无期徒刑。

第 132－23 条前两款有关囚禁期的规定，适用于本条规定之犯罪。

第 222－26－1 条　向某人作出提供、许诺或建议给予赠送、礼品或任何好处以使其实施强奸的，其中包括在本国域外实施，如果该重罪既未实施也未试图实施，则处 10 年监禁并科 150,000 欧元罚金。

第 222－26－2 条　某人故意以非法或明显过度的方式服用精神活性物质且明知该服用能够致其蓄意置他人于险境，如果该服用引起临时性精神紊乱或神经精神紊乱并使其在该状态影响下实施了依据第 122－1 条第 1 款其应被宣告不负刑事责任的强奸，处下列刑罚：

(1)若强奸伴随酷刑及野蛮行径或致人死亡，处 10 年监禁并科 150,000 欧元罚金；

(2)在其他情况下，处 7 年监禁并科 100,000 欧元罚金。

如果由于故意服用该精神活性物质引起精神紊乱或神经精神紊乱从而消除其识别或行为控制能力，本条第 1 款所指的犯罪由依据第 122－1 条第 1 款被宣告对故意杀人不负刑事责任的人实施，则本条第一项规定的刑罚升至 15 年徒刑，并且第 2 项规定的刑罚升至 10 年监禁并科 150,000 欧元罚金。在本款规定的情况下，第 132－8 条和第 132－9 条的规定不适用。

第二小节　其他性侵犯罪

第 222－27 条　强奸以外的其他性侵犯罪，处 5 年监禁并科 75,000 欧元罚金。

第 222－28 条　犯第 222－27 条所指之罪，在下列情况下，处 7 年监禁并科 100,000 欧元罚金：

(1)致他人外伤、内伤或完全丧失劳动能力超过 8 日；

(2)由直系尊亲或其他对被害人拥有法律上或事实上权威的人实施；

(3)由滥用自身职务赋予的权威的人实施；

(4)由多人以正犯或共犯形式实施；

(5)实施时使用武器或以武器相威胁；

(6)被害人曾使用向非特定的公众传送信息的电子通信网络与犯罪行为人有过联系；

(7)由被害人的配偶、同居者或与其签署紧密关系民事契约的伴侣实施；

(8)由呈明显醉酒状态或者明显被毒品所控制的人实施；

(9)对从事卖淫活动之中的卖淫人员，包括偶然卖淫的人员，实施强奸；

(10)实施强奸时有未成年人在场和观看；

(11)为了破坏被害人的识别或行为控制能力而瞒着被害人给其服用某种物质。

第 222－29 条　对因年龄、疾病、残疾、身体或精神虚弱、怀孕或者不稳定的经济社会状况的原因明显显示或犯罪人明知为极易受伤害之人实施强奸以外的性侵犯罪的，处 7 年监禁并科 100,000 欧元罚金。

第 222－29－1 条　以暴力、强迫、威胁或趁人不备的方式，对 15 岁以下的未成年人实施强奸以外的性侵犯罪的，处 10 年监禁并科 150,000 欧元罚金。

第 222－29－2 条　除第 222－29－1 条规定的情形外，若成年人与未成年人之间年龄差距至少为 5 岁，该成年人对 15 岁以下未成年人实施强奸以外的其他任何性侵害，亦构成性侵犯罪，处 10 年监禁并科 150,000 欧元罚金。

若实施犯罪行为以报酬、报酬许诺、给予实物好处或给予此种好处的许诺作为交换，则不适用本条第 1 款规定的年龄差距条件。

第 222－29－3 条　除第 222－29－1 条规定的情形外，若成年人是直系尊亲或第 222－22－3 条提及的对未成年人拥有法律上或事实上权威的其他任何人，该成年人对未成年人实施强奸之外的其他任何性侵害，亦构成乱伦性侵犯罪，处 10 年监禁并科 150,000 欧元罚金。

第 222－30 条　犯第 222－29 条所指之罪，在下列情况下，处 10 年监禁并科 150,000 欧元罚金：

(1)致他人外伤或内伤；

(2)由直系尊亲或其他对于被害人拥有法律或事实上的权威的人实施；

(3)由滥用自身职务赋予的权威的人实施；

(4)由多人以正犯或共犯形式实施；

(5)实施时使用武器或以武器相威胁；

(6)(被废除)；

(7)由呈明显醉酒状态或者明显被毒品所控制的人实施；

(8)为了破坏被害人的识别或行为控制能力而瞒着被害人给其服用某种物质。

第222-30-1条　瞒着某人给其服用某种物质，以破坏其识别或行为控制能力从而对其实施强奸或性侵犯的行为，处5年监禁并科75,000欧元罚金。

如果对15岁以下未成年人或极易受伤害之人实施上述行为，刑罚升至7年监禁并科100,000欧元罚金。

第222-30-2条　向某人作出提供、许诺或建议给予赠送、礼品或任何好处以使其实施性侵犯行为，其中包括在本国域外实施，如果该侵犯行为既未实施也未试图实施，则处5年监禁并科75,000欧元罚金。

若本要对未成年人实施上述性侵犯行为，则刑罚升至7年监禁并科100,000欧元罚金。

第222-31条　第222-27条至第222-30-1条规定之轻罪的未遂，处相同刑罚。

第三小节　乱伦强奸罪与乱伦性侵犯罪的共同规定

第222-31-1条　(被废除)

第222-31-2条　当对未成年人享有亲权的人对未成年人实施乱伦强奸或乱伦性侵犯时，审判法院应当依据《民法典》第378条及第379-1条的规定，宣告撤销此人享有的全部或部分亲权或撤销其行使亲权。

审判法院还可以宣告撤销此人对被害人的未成年兄弟及姐妹享有或行使的亲权。

在重罪法院追诉犯罪时，重罪法院就此事项作出裁决，不需要陪审员协助。

第四小节　性裸露罪及性骚扰罪

第222-32条　在公众视线可及的场所，公然对他人裸露性器官的，处1

年监禁并科 15,000 欧元罚金。

即使未暴露裸露的身体部分,但如果在公众视线可及的场所,公然让他人清晰看见实施真实或模拟的性行为,亦构成性裸露罪。

若实施上述行为有害于 15 岁以下未成年人,刑罚升至 2 年监禁并科 30,000 欧元罚金。

第 222-33 条

Ⅰ.反复强行对某人施加带有性含义或性别歧视含义的言语或动作,由于具有贬损或羞辱性质而侵害该人自尊或者给其造成恐吓、敌对或难受的处境的,构成性骚扰罪。

在下列情况下,亦构成性骚扰罪:

(1)多人采取联合方式或由其中一人煽动对同一被害人强行施加上述言语或行为,即使这些人中并非每个人都反复实施;

(2)多人连续对同一被害人强行施加上述言语或行为,即使未经联合实施,但明知这些言语或行为具有反复性特征。

Ⅱ.施加各种形式的沉重压力,其真实或明显目的在于为犯罪行为人本人或第三人获取性行为,即使未反复实施,亦视为性骚扰。

Ⅲ.Ⅰ和Ⅱ所指行为处 2 年监禁,并科 30,000 欧元罚金。

在下列情况下实施上述行为,刑罚升至 3 年监禁并科 45,000 欧元罚金:

(1)由滥用自身职务赋予的权威的人实施;

(2)针对 15 岁以下的未成年人实施;

(3)针对因年龄、疾病、残疾、身体或精神虚弱、怀孕原因明显显示或犯罪人明知为极易受伤害之人实施;

(4)对由不稳定的经济社会状况明显显示或犯罪人明知为极易受伤害或极具依赖性之人实施;

(5)由多人以正犯或共犯形式实施;

(6)使用线上公共通信服务或通过数字或电子载体实施;

(7)实施时有未成年人在场和观看;

(8)由直系尊亲或其他任何对未成年人享有法律上或事实上权威的人

实施。

第五小节　法人的刑事责任

第 222 - 33 - 1 条　依据第 121 - 2 条的规定被宣布对于第 222 - 22 条至第 222 - 31 条规定之罪承担刑事责任的法人，除按照第 131 - 38 条之限制性规定当处罚金外，还可处第 131 - 39 条规定之刑罚。

第 131 - 39 条第 2 项规定之禁止，涉及实施犯罪时所从事的或借机实施了犯罪的那种活动。

第四节　性别歧视侮辱罪和性侮辱罪

第 222 - 33 - 1 - 1 条

Ⅰ. 在第 222 - 13 条、第 222 - 32 条、第 222 - 33 条、第 222 - 33 - 2 - 2 条和第 222 - 33 - 2 - 3 条规定之情形外，对某人施加带有性含义或性别歧视含义的言语或动作，由于具有贬损或羞辱性质而侵害该人的自尊或者给其造成恐吓、敌对或难受的处境的，若在下列情况下实施此种行为，处 3750 欧元罚金：

(1) 由滥用自身职务赋予的权威之人实施；

(2) 对未成年人实施；

(3) 对因年龄、疾病、残疾、身体或精神虚弱、怀孕原因明显显示或犯罪人明知为极易受伤害之人实施；

(4) 对由不稳定的经济社会状况明显显示或犯罪人明知为极易受伤害或极具依赖性之人实施；

(5) 由多人以正犯或共犯形式实施；

(6) 在用于集体客运交通的车辆上或者在搭乘集体客运交通工具的地点实施；

(7) 出于被害人真实或被推定的性取向或性别认同原因实施；

(8) 由已被判处犯有性别歧视侮辱和性侮辱之违警罪的人，在第 132 - 11 条第 2 款规定的累犯条件下，实施相同的犯罪。

Ⅱ. 对本条Ⅰ规定之轻罪，其中包括累犯情形，可以按照《刑事诉讼法典》第 495 - 17 条至第 495 - 25 条规定的条件，通过一次性支付 300 欧元罚金从而取消公诉。一次性罚金的总额不低于250欧元,不高于600欧元。

第五节　精神骚扰罪

第222－33－2条　为了达到损害他人工作条件的目的或后果,以反复的言语或行为骚扰他人,并能够侵害他人的权利及尊严、损害其身体或精神健康或者危害其职业前途的,处2年监禁并科30,000欧元罚金。

第222－33－2－1条　用反复的言语或行为骚扰其配偶、与其签署紧密关系民事契约的伴侣或同居者,以损害对方生活条件为目的或后果,并表现为损害了对方的身体或精神健康,若该骚扰行为导致对方完全丧失劳动能力低于或等于8日或者未丧失任何劳动能力,处3年监禁并科45,000欧元罚金;若该骚扰行为导致对方完全丧失劳动能力超过8日或者实施时有未成年人在场和观看,处5年监禁并科75,000欧元罚金。

当该犯罪行为由被害人的前配偶、前同居者或曾经与被害人签署紧密关系民事契约的伴侣所实施时,可适用同样的刑罚。

若骚扰行为导致被害人自杀或企图自杀,则刑罚升至10年监禁并科150,000欧元罚金。

第222－33－2－2条　用反复的言语或行为骚扰他人,以损害其生活条件为目的或后果,并表现为损害了对方的身体或精神健康,若该骚扰行为导致对方完全丧失劳动能力低于或等于8日或者未丧失任何劳动能力,处1年监禁并科15,000欧元罚金。

下列情形,亦构成本罪:

(a)若多人采取联合方式或在其中一人煽动下对同一被害人施加上述言语或行为,即使这些人中并非每个人都反复实施;

(b)若多人连续对同一被害人施加上述言语或行为,即使没有联合实施,但明知这些言语或行为具有反复性特征。

在下列情况下,第1段至第4段*所指行为处2年监禁并科30,000欧元罚金:

---

* 此处的段是指另起一行的句子或短句。——译者注

(1)导致对方完全丧失劳动能力超过8日；

(2)针对15岁以下的未成年人实施；

(3)针对因年龄、疾病、残疾、身体或精神虚弱、怀孕原因明显显示或犯罪人明知为极易受伤害之人实施；

(4)使用线上公共通信服务或通过数字或电子载体实施；

(5)实施时有未成年人在场和观看。

第1段至第4段所指的犯罪行为具有第1项至第5项提及的情节中两项情节时，处3年监禁并科45,000欧元罚金。

第222-33-2-3条　第222-33-2-2条前4款规定的精神骚扰行为，若由同一教育机构中进行学习或从事职业活动的任何人针对学生实施，则构成校园骚扰。

校园骚扰导致对方完全丧失劳动能力低于或等于8日或者未丧失任何劳动能力的，处3年监禁并科45,000欧元罚金。

若上述行为导致对方完全丧失劳动能力超过8日，刑罚升至5年监禁并科75,000欧元罚金。

若该行为导致被害人自杀或企图自杀，则刑罚升至10年监禁并科150,000欧元罚金。

若持续实施本条第1款规定的行为而犯罪行为人或被害人不再在该教育机构中进行学习或从事职业活动，仍适用本条规定。

第六节　记录和传播暴力图像罪

第222-33-3条　无论通过何种手段，在何种载体上，故意记录有关实施第222-1条至第222-14-1条、第222-23条至第222-31条和第222-33条所指犯罪之图像的行为，构成这些条款规定之故意侵害人之身体罪的共犯行为的，处这些条款规定之刑罚。

传播上述图像记录的行为，处5年监禁并科75,000欧元罚金。

当上述记录或传播行为属于以告知公众为目的的正常职业行为，或者旨在提供司法证据时，不适用本条规定。

第七节 走私毒品罪

第222－34条 领导或组织以非法生产、制造、进口、出口、运输、持有、提供、转让、获取或使用毒品为目的之集团的行为，处无期徒刑并科7,500,000欧元罚金。

第132－23条前两款有关囚禁期的规定，适用于本条规定之犯罪。

第222－35条 非法生产或制造毒品的，处20年徒刑并科7,500,000欧元罚金。

以有组织团伙形式实施上述行为的，处30年徒刑并科7,500,000欧元罚金。

第132－23条前两款有关囚禁期的规定，适用于本条规定之犯罪。

第222－36条 非法进口或出口毒品的，处10年监禁并科7,500,000欧元罚金。

以有组织团伙形式实施上述行为的，处30年徒刑并科7,500,000欧元罚金。

第132－23条前两款有关囚禁期的规定，适用于本条规定之犯罪。

犯本节规定之罪的自然人或法人还可处如下附加刑：5年内禁止从事《劳动法典》第L6313－1条规定的职业继续培训服务活动。

第222－37条 非法运输、持有、提供、转让、获得或者使用毒品的，处10年监禁并科7,500,000欧元罚金。

以任何形式为非法使用毒品提供便利，通过虚假处方或迫于人情开出的处方获取毒品，或者明知为虚假或迫于人情开出的处方，仍在出示此类处方时提供毒品的行为，处相同刑罚。

第132－23条前两款有关囚禁期的规定，适用于本条规定之犯罪。

第222－38条 以任何形式，为第222－34条至第222－37条所指的任一犯罪的行为人之财产或收入来源的虚假证明提供便利的行为，或者为上述条款规定的任一犯罪之所得提供投资、隐匿或兑换帮助的行为，处10年监禁并科750,000欧元罚金。罚金刑可以提高至洗钱所涉财产或资金价值的一半额度。

如果犯罪涉及来自第222－34条、第222－35条和第222－36条第2款规定的任一重罪的财产或资金，则犯罪人处其明知为重罪之罪规定的刑罚。

第132－23条前两款有关囚禁期的规定，适用于本条规定之犯罪。

第222－39条　向某人非法转让或提供毒品，以供该人个人使用的，处5年监禁并科75,000欧元罚金。

在前款规定的条件下向未成年人提供或转让毒品，或者在教学或教育机构内或在政府部门驻地提供或转让毒品，以及在学生上下学或公众进出时或者非常临近的时间，在上述机构或地点的周边提供或转让毒品的，监禁刑升至10年。

第132－23条前两款有关囚禁期的规定，适用于本条规定之犯罪。

第222－40条　第222－36条(第1款)至第222－39条规定之轻罪的未遂，处相同刑罚。

第222－41条　依据《公共卫生法典》第L5132－7条之规定被列为毒品的物质或植物，构成本节规定之毒品。

第222－42条　依据第121－2条的规定被宣布对第222－34条至第222－39条规定之罪承担刑事责任的法人，除按照第131－38条之限制性规定当处罚金外，还可处第131－39条规定之刑罚。

第131－39条第2项规定之禁止，涉及实施犯罪时所从事的或借机实施了犯罪的那种活动。

第222－43条　犯第222－35条至第222－39条规定之罪的正犯或共犯，如果已通知行政或司法机关，从而使犯罪行为终止，并在必要时能够识别其他犯罪人，则可处的剥夺自由刑减半。在第222－34条规定之情形下，无期徒刑减至20年徒刑。

第222－43－1条　企图实施本节规定之罪的任何人，如果已通知行政或司法机关，从而避免犯罪发生，并在必要时能够识别其他正犯或共犯，则免除刑罚。

第八节　自然人适用的附加刑

第 222 –44 条

Ⅰ.除本章第四节外,犯本章第一节至第七节规定之罪的自然人,还可处下列附加刑:

(1)根据第 131 –27 条的限制性规定,禁止担任公职或从事实施犯罪时所从事的或借机实施了犯罪的那种职业或社会活动,或者对于第 222 –1 条至第 222 –6 条、第 222 –7 条、第 222 –8 条、第 222 –10 条、第 222 –14 条第 1 项和第 2 项、第 222 –14 –1 条第 1 项至第 3 项、第 222 –15 条、第 222 –23 条至第 222 –26 条、第 222 –34 条、第 222 –35 条、第 222 –36 条、第 222 –37 条、第 222 –38 条和第 222 –39 条规定之罪,禁止从事工商业职业或以任何名义,为了本人或他人利益,直接或间接领导、管理、经营或监督某工商业企业或商业公司。上述从业禁止可以同时宣告。

(2)最长 5 年内禁止持有或携带须经许可的武器。

(3)最长 5 年内暂扣驾驶执照,且该暂扣执照可以仅限于驾驶职业活动之外的车辆;在第 222 –19 –1 条和第 222 –20 –1 条规定之情形下,暂扣执照不得附加缓刑,即便是部分缓刑,也不得仅限于驾驶职业活动之外的车辆;在第 222 –19 –1 条和第 222 –20 –1 条中的第 1 项至第 6 项及最后一款规定之情形下,暂扣执照的期限最长为 10 年。

(4)吊销驾驶执照,并且最长 5 年内禁止申请颁发新执照。

(5)没收属于被判刑人的一辆或数辆车辆。

(6)没收归被判刑人所有或自由处分的一件或数件武器。

(7)没收用于或旨在用于实施犯罪之物或者犯罪所得之物。

(8)在第 222 –19 –1 条及第 222 –20 –1 条规定之情形下,最长 5 年内禁止驾驶某些陆用机动车辆,包括驾驶不需要驾驶执照的车辆。

(9)(被废除)。

(9 乙)(被废除)。

(10)在第 222 –19 –1 条及第 222 –20 –1 条规定之情形下,如果用于实施犯罪的一辆或数辆车辆系被判刑人所有,则最长 1 年内予以查封。

(11)没收用于实施犯罪的动物。

(12)永久性或临时性禁止饲养动物。

(13)在第 222 - 19 - 1 条及第 222 - 20 - 1 条规定之情形下,如果用于犯罪的车辆系被判刑人所有,则予以没收。在这两个条款的第 4 项及最后一款规定之情形下,以及在这两个条款的第 2 项、第 3 项和第 5 项规定之情形下构成累犯时,或者当事人因《道路交通法典》第 L221 - 2 条、第 L224 - 16 条、第 L234 - 1 条、第 L234 - 8 条、第 L235 - 1 条、第 L235 - 3 条、第 L413 - 1 条规定的任一轻罪或第 L413 - 1 条提及的违警罪已受到最终判决,则必须没收车辆。但是法院可以通过专门说明理由的判决,不宣告此项刑罚。

(14)在本法典第 222 - 19 - 1 条和第 222 - 20 - 1 条中的第 2 项及最后一款规定之情形下,最长 5 年内禁止驾驶未配备由获得官方认可的专业人士安装或者车辆自带的符合《道路交通法典》第 L234 - 17 条规定的酒精电子检测锁车装置之车辆。当此项禁止与吊销或暂扣驾驶执照的刑罚同时宣告时,在该刑罚执行完毕后,此项禁止在法院规定的期限内执行。

(15)(被废除)。

所有因第 222 - 19 - 1 条第 1 项至第 6 项及最后一款规定之轻罪的判刑,均理所当然地导致吊销驾驶执照,并在最长 10 年内禁止申请新执照。

Ⅱ.对于犯本章第一节、第三节、第六节和第七节规定的持有武器实施的重罪或轻罪作出的判刑,必须宣告上述Ⅰ之第 2 项和第 6 项规定的附加刑。Ⅰ之第 2 项规定的刑期升至最高 15 年。

但是,当由轻罪法院宣告判刑时,鉴于犯罪情节及犯罪人人格,法院可以通过专门说明理由的判决,决定不宣告这些刑罚。

第 222 - 45 条　自然人犯第一节、第一节(乙)、第三节及第七节规定之罪,还可处下列刑罚:

(1)根据第 131 - 26 条之限制性规定,禁止公民权、民事权和家庭权;

(2)根据第 131 - 27 条之限制性规定,禁止担任公职;

(3)永久性或最长 10 年内,禁止从事与未成年人有经常性接触的职业或志愿活动。

第 222 –46 条 自然人犯本章第二节规定之罪，还可处第 131 –35 条规定的张贴或发布法院判决之附加刑。

第 222 –47 条 在第 222 –1 条至第 222 –15 条、第 222 –23 条至第 222 –30 条和第 222 –34 条至第 222 –40 条规定之情形下，可以按照第 131 –31 条之限制性规定，将禁止居留作为附加刑宣告。

在第 222 –7 条至第 222 –13 条和第 222 –14 –2 条规定之情形下，若在公共道路上进行示威游行时实施犯罪，可以按照第 131 –32 –1 条规定之条件，宣告禁止参加公共道路示威游行的附加刑。

在第 222 –23 条至第 222 –30 条规定之情形下且犯罪针对未成年人实施，在第 222 –3 条、第 222 –8 条、第 222 –10 条、第 222 –12 条及第 222 –13 条中的第 6 乙项规定之情形下，在第 222 –14 –4 条和第 222 –34 条至第 222 –40 条规定之情形下，还可以宣告，最长 5 年内禁止离开共和国领域。

第 222 –48 条 对于犯第 222 –1 条至第 222 –12 条、第 222 –14 条、第 222 –14 –1 条、第 222 –14 –4 条、第 222 –15 条、第 222 –15 –1 条、第 222 –23 条至第 222 –31 条和第 222 –34 条至第 222 –40 条规定的任一犯罪的任何外国人，可以依照第 131 –30 条规定之条件，宣告永久性或最长 10 年内禁止进入法国。

第 222 –48 –1 条 对于犯酷刑及野蛮行径罪或者第 222 –18 –4 条和第 222 –23 条至第 222 –32 条规定之罪的自然人，还可以按照第 131 –36 –1 条至第 131 –36 –13 条之限制性规定，判处社会司法跟踪监督。

对于犯第 222 –8 条、第 222 –10 条、第 222 –12 条、第 222 –13 条、第 222 –14 条以及第 222 –18 –3 条规定之罪的自然人，如果犯罪系被害人的配偶、同居者或与其签署紧密关系民事契约的伴侣实施，或者由被害人的前配偶、前同居者或与其签署紧密关系民事契约的前伴侣实施，或者针对不满 15 岁未成年人由该被害人的合法直系尊亲或非婚尊亲、养父或养母或者任何对其有管理权的人实施，也可以按照第 131 –36 –1 条至第 131 –36 –13 条之限制性规定，判处社会司法跟踪监督。

由合法直系尊亲或非婚尊亲、养父或养母或者任何对被害人有管理权的人针对不满15岁未成年人实施的前款规定之罪,若为轻罪且为经常性暴力犯罪,则必须判处社会司法跟踪监督,除非被判处附考验期缓刑的监禁刑,或者轻罪法院通过专门说明理由的判决认为没有必要宣布该监督措施;若为重罪,重罪法院专门对宣告社会司法跟踪监督措施进行评议。

第222-48-2条　在犯第一节、第三节或者第五节规定之重罪或轻罪被判刑的情况下,如果犯罪由父亲或母亲一方针对其子女或者另一方配偶实施,审判法院可以依据《民法典》第378条、第379条和第379-1条的规定宣告撤销全部或部分亲权或撤销行使亲权。如果在重罪法院起诉,则重罪法院在无陪审员的参与下,对亲权问题作出裁决。

第222-48-3条　对于犯本章第一节和第三节中的第一小节和第二小节规定之罪的自然人,若犯罪针对已投保的配偶实施,还可处禁止领取《社会保障法典》或《农村和海洋渔业法典》规定的丧偶或离婚人员抚恤金的附加刑。

此刑罚必须予以宣告。但是,鉴于犯罪情节和犯罪人人格,法院可以通过专门说明理由的判决,决定不宣布此刑罚。

第222-48-4条　犯本章第三节规定的针对未成年人的犯罪被判刑的情况下,第222-45条第3项规定的禁止从事与未成年人有经常性接触的职业或志愿活动的附加刑,被宣告为永久性附加刑。鉴于犯罪情节和犯罪人人格,法院可以通过专门说明理由的判决,决定不宣布此刑罚,或者在最长10年的幅度内宣告该附加刑。

第222-48-5条

对犯第222-33-1-1条规定之轻罪的犯罪人,还可处下列附加刑:

(1)第131-5-1条第1项、第4项、第5项或第7项规定的实习刑;

(2)20~150小时公益劳动刑。

第九节　自然人和法人共同适用的规定

第222-49条　在第222-34条至第222-40条规定的情况下,应当宣告没收直接或间接用于实施犯罪的设施、设备和任何财产以及任何犯罪所得,无论其属于何人,处于何地,只要其所有人不可能不知道其非法来源或非法用途。

在第 222 – 34 条、第 222 – 35 条、第 222 – 36 条、第 222 – 37 条及第 222 – 38 条规定的情况下,还可以宣告没收被判刑人的全部或部分财产,或者在保留善意所有人权利的前提下,没收被判刑人可自由处分的全部或部分财产,无论其性质如何,属于动产还是不动产,已分割还是未分割。

第 222 – 50 条　自然人或法人犯第 222 – 34 条至第 222 – 40 条规定之任一犯罪的,还可处下列附加刑:

(1)永久性收回零售饮料执照或餐馆执照;

(2)永久性或最长 5 年内,关闭所有对公众开放或为公众使用的、其经营者曾于此实施或作为共犯实施了前述条款规定之犯罪的任何机构。

第 222 – 50 – 1 条　自然人或法人犯第 222 – 33 条和第 222 – 33 – 2 条规定的任一犯罪的,还可处第 131 – 35 条规定的张贴或发布判决之附加刑。

第 222 – 51 条　第 222 – 50 条规定之临时关闭机构,导致在同一期间暂扣零售饮料执照或餐馆执照。在机构关闭期间,该执照有效期剩余之期限暂行中止。

第 222 – 50 条规定之永久性关闭机构,导致永久性收回零售饮料执照或餐馆执照。

第十节　贩卖武器罪

第 222 – 52 条　违反《国内安全法典》第 L312 – 1 条至第 L312 – 4 条、第 L312 – 4 – 3 条、第 L314 – 2 条和第 L314 – 3 条的规定,未经《国防法典》第 L2332 – 1 条 Ⅰ 规定的许可,获得、持有或出让属于 A 类或 B 类的作战装备、武器、武器零件或弹药的行为,处 5 年监禁并科 75,000 欧元罚金。

若犯罪行为人先前已因犯《刑事诉讼法典》第 706 – 73 条和第 706 – 73 – 1 条提及的一个或多个犯罪被判处 1 年或以上固定监禁刑,则刑罚升至 7 年监禁并科 100,000 欧元罚金。

若犯罪由至少两人以正犯或共犯形式实施,则刑罚升至 10 年监禁并科 500,000 欧元罚金。

第 222 –53 条 占有 A 类或 B 类武器或弹药之仓库的行为,处 5 年监禁并科 75,000 欧元罚金。

若犯罪行为人先前已因犯《刑事诉讼法典》第 706 – 73 条和第 706 – 73 – 1 条提及的一个或多个犯罪被判处 1 年或以上固定监禁刑,则刑罚升至 10 年监禁并科 500,000 欧元罚金。

若犯罪由至少两人以正犯或共犯形式实施,则适用相同的刑罚。

第 222 –54 条 除《国内安全法典》第 L315 – 1 条和第 L315 – 2 条规定的例外情形外,无正当理由,在其住所外,携带或运输属于 A 类或 B 类的作战装备、武器、武器零件或弹药的行为,即便是合法持有者,亦处 7 年监禁并科 100,000 欧元罚金。

若犯罪行为人先前已因犯《刑事诉讼法典》第 706 – 73 条和第 706 – 73 – 1 条提及的一个或多个犯罪被判处 1 年或以上固定监禁刑,则刑罚升至 10 年监禁并科 500,000 欧元罚金。

若至少两人被发现共同携带作战装备、武器、武器零件或弹药或者运输至少由两人实施,则适用相同的刑罚。

第 222 –55 条 经授权或许可进入学校机构的人,无正当理由,携带武器进入或驻留在该学校机构的行为,处 7 年监禁并科 100,000 欧元罚金。

第 222 –56 条 私下以任何方式删除、遮掩、篡改或改变,为了保证最高行政法院提出资政意见后颁布之政令规定的确切识别,而粘贴或嵌入《国内安全法典》第 L311 – 2 条提及的装备、武器或其主要零件上任何性质的标记、印记、序列号、标志或符号的行为,处 5 年监禁并科 75,000 欧元罚金。

第 222 –57 条 获得、销售、交付、运输《国内安全法典》第 L311 – 2 条提及的装备、武器或其主要零件,而不具备本法典第 222 – 56 条规定的、由最高行政法院提出资政意见后颁布之政令规定的确切识别所需的粘贴或嵌入的任何性质的标记、印记、序列号、标志或符号,或者前述任何性质的标记、印记、序列号、标志或符号已被删除、遮掩、篡改或改变的,处 5 年监禁并科 75,000 欧元罚金。

若以有组织团伙形式实施本罪,刑罚升至 10 年监禁并科 500,000 欧元罚金。

第222－58条 伪造检验印记或欺诈地使用伪造印记的行为，处5年监禁并科75,000欧元罚金。

第222－59条 组制或重组武器的行为，处5年监禁并科75,000欧元罚金。

改变武器并由此更改了《国内安全法典》第L311－2条规定的武器类别的行为，或者持有明知为本法典第222－56条提及的被改变的武器的行为，处以相同的刑罚。

若犯罪行为人先前已因犯《刑事诉讼法典》第706－73条和第706－73－1条提及的一个或多个犯罪被判处1年或以上固定监禁刑，则刑罚升至10年监禁并科500,000欧元罚金。

若以有组织团伙形式实施本罪，刑罚升至10年监禁并科500,000欧元罚金。

第222－60条 第222－52条和第222－56条至第222－58条规定之轻罪的未遂，处相同的刑罚。

第222－61条 依据第121－2条的规定被宣布对本节规定之罪承担刑事责任的法人，除按照第131－38条之限制性规定当处罚金外，还可处第131－39条规定之刑罚。

第131－39条第2项规定之禁止，涉及实施犯罪时所从事的或借机实施了犯罪的那种活动。

第222－62条

Ⅰ.犯本节规定之罪的自然人，还可处下列附加刑：

(1)最长15年内禁止持有或携带须经许可的武器；

(2)没收归被判刑人所有或自由处分的一件或多件武器。

Ⅱ.在因犯本节规定之罪被判刑的情况下，必须宣告附加刑。但是，鉴于犯罪情节和犯罪人人格，法院可以通过专门说明理由的判决，决定不宣布此类刑罚。

第222－63条 对于本节规定之罪，可以按照第131－31条规定的方式，将禁止居留作为附加刑宣告。

第222-64条　对于犯本节规定之罪的任何外国人,可以依照第131-30条规定之条件,宣告永久性或者最长10年内禁止进入法国。

第222-65条　对于犯本节规定之罪的自然人,还可以按照第131-36-1条至第131-36-13条规定的方式,判处社会司法跟踪监督。

第222-66条　在本节规定的情况下,对自然人和法人应当宣告没收直接或间接用于实施犯罪的设备和装备以及任何犯罪所得,无论其属于何人,处于何地,只要其所有人不可能不知道其非法来源或非法用途。

还可以宣告没收被判刑人的全部或部分财产,或者在保留善意所有人权利的前提下,没收被判刑人可自由处分的全部或部分财产,无论其性质如何,属于动产还是不动产,已分割还是未分割。

第222-67条　《国内安全法典》第L317-1条,对本节适用。

第三章　置人于危险罪

第一节　对他人造成危险罪

第223-1条　明显蓄意违反法律或条例要求的谨慎或安全之特别义务,直接致使他人面临死亡或足以致人肢体残缺或永久残废的紧迫即发之危险的,处1年监禁并科15,000欧元罚金。

第223-1-1条　通过任何手段揭露、散布或传送能够识别某人或将其定位的有关私生活、家庭或职业的信息,以将该人或其家庭成员暴露于犯罪行为人不可能不知道的侵害人身或财产的直接风险前的行为,处3年监禁并科45,000欧元罚金。

若依据1881年7月29日《关于新闻自由之法律》第2条第2款,本罪的实施有损于行使公安司法权力者、执行公用事业职能者、公共选举产生的任职者或记者,则刑罚升至5年监禁并科75,000欧元罚金。

若本罪的实施有损于未成年人,则刑罚升至5年监禁并科75,000欧元罚金。

若本罪的实施有损于因年龄、疾病、残疾、身体或精神虚弱、怀孕原因明显显示或犯罪人明知为极易受伤害之人，则刑罚升至5年监禁并科75,000欧元罚金。

若本罪通过报刊、视听媒介或公共在线通信的途径实施，在确定责任人时，适用相关方面管理法*的特别规定。

第223-2条 依据第121-2条的规定被宣布对第223-1条规定之罪承担刑事责任的法人，除按照第131-38条之限制性规定当处罚金外，还可处第131-39条第2项、第3项、第8项及第9项规定之刑罚。

第131-39条第2项规定之禁止，涉及实施犯罪时所从事的或借机实施了犯罪的那种活动。

第二节 抛弃不能自我保护之人罪

第223-3条 在任何地点，抛弃因年龄、身体或精神状况而不能自我保护之人的，处5年监禁并科75,000欧元罚金。

第223-4条 因抛弃致人肢体残缺或永久残疾的，处15年徒刑。

因抛弃致人死亡的，处20年徒刑。

第三节 阻挠采取救助措施及不予救助罪

第223-5条 故意阻挠旨在使面临紧迫危险之人脱险或者旨在抗击危及人们安全之灾难的救助行为的，处7年监禁并科100,000欧元罚金。

第223-6条 任何人能对自己或对第三人无风险地立即采取行动，阻止侵害他人人身之重罪或轻罪发生，却故意放弃采取该行动的，处5年监禁并科75,000欧元罚金。

任何人对处于危险境地的他人能够对己或对第三人无风险地采取个人救助行动或者呼吁救助行动，而故意放弃给予救助的，处相同刑罚。

---

* 相关方面管理法，这里指报刊、视听媒介或公共在线通信方面的管理法规定。——译者注

若第1款提及的侵害人身之重罪或轻罪系针对15岁以下未成年人实施，或者第2款提及的处于危险境地的人是15岁以下未成年人，则刑罚升至7年监禁并科100,000欧元罚金。

第223-7条　任何人故意不采取或者故意不呼吁采取对己或对第三人无风险的且能够抵御危及人们安全之灾难的措施，处2年监禁并科30,000欧元罚金。

第223-7-1条　依据第121-2条的规定被宣布对本节规定之罪承担刑事责任的法人，除按照第131-38条之限制性规定当处罚金外，还可处下列刑罚：

(1)(被废除)；

(2)第131-39条第2项至第9项提及的刑罚；

(3)对第223-5条和第223-6条规定之罪，第131-39条第1项提及的刑罚。

第131-39条第2项规定之禁止，涉及实施犯罪时所从事的或借机实施了犯罪的那种活动。

第四节　人体试验罪

第223-8条　在《公共卫生法典》或2014年4月16日欧洲议会和理事会第536/2014号《关于药物临床试验的条例》第28条至第31条规定的情况下，未征得当事人、亲权权利人，监护人或其他被指定的作出同意或批准此类研究或试验的人、机关或机构作出自由、明确及必要时书面的同意，对人体进行或指使他人对人体进行《公共卫生法典》第L1121-1条第1项或第2项提及的研究或第L1124-1条提及的临床试验的行为，处3年监禁并科45,000欧元罚金。

若在撤销同意后仍进行干预性研究的，处相同刑罚。

若在当事人已作出反对后仍进行非干预性研究的，处相同刑罚。

本条规定不适用于以科学研究为目的的人体遗传特征检查或者基因印记鉴定。

第 223 –9 条 依据第 121 –2 条的规定被宣布对第 223 –8 条规定之罪承担刑事责任的法人,除按照第 131 –38 条之限制性规定当处罚金外,还可处第 131 –39 条规定之刑罚。

第 131 –39 条第 2 项规定之禁止,涉及实施犯罪时所从事的或借机实施了犯罪的那种活动。

第五节 非法中断妊娠罪

第 223 –10 条 未经当事人同意中断妊娠的,处 5 年监禁并科 75,000 欧元罚金。

第 223 –11 条 第 223 –10 条规定之轻罪未遂,处相同刑罚。

第 223 –12 条 (被废除)

第六节 教唆自杀罪

第 223 –13 条 教唆他人自杀且教唆后果为他人自杀或者自杀未遂的,处 3 年监禁并科 45,000 欧元罚金。

如前款所指犯罪的被害人为 15 岁以下的未成年人,刑罚升至 5 年监禁并科 75,000 欧元罚金。

自然人或法人犯本节规定之轻罪的,还可处如下附加刑:5 年内禁止从事《劳动法典》第 L6313 –1 条规定的职业继续培训服务活动。

第 223 –14 条 无论采用何种方式,为被推荐用于自杀的产品、物品或方法做宣传或广告的,处 3 年监禁并科 45,000 欧元罚金。

第 223 –15 条 若通过报纸或视听媒介途径实施第 223 –13 条和第 223 –14 条规定之轻罪,在确定责任人时,适用相关方面管理法的特别规定。

第 223 –15 –1 条 依据第 121 –2 条的规定被宣布对本节规定之罪承担刑事责任的法人,除按照第 131 –38 条之限制性规定当处罚金外,还可处下列刑罚:

(1)(被废除);

(2)第 131 –39 条第 2 项至第 9 项规定之刑罚;

(3)对于第223－13条第2款规定之罪,处第131－39条第1项提及的刑罚。

第131－39条第2项规定之禁止,涉及实施犯罪时所从事的或借机实施了犯罪的那种活动。

第六节(乙)　欺诈性滥用他人无知或弱势地位罪

第223－15－2条　欺诈滥用未成年人或因年龄、疾病、残疾、身体或精神虚弱、怀孕原因明显显示或犯罪人明知为极易受伤害之人的无知或弱势地位,或者欺诈滥用因遭受严重的或反复施加的压力或损害其判断力的技术而精神或身体处于服从状态之人的无知或弱势地位,以使该未成年人或该人实施对自身具有严重损害的行为或不作为的,处3年监禁并科375,000欧元罚金。

若此种犯罪由某集团事实上或法律上的领导人实施,且该集团从事以建立、维持或利用活动参与人之精神或身体的服从状态为目的或后果的活动,刑罚升至5年监禁并科750,000欧元罚金。

若此种犯罪由某集团的成员以有组织团伙形式实施,且该集团从事以建立、维持或利用活动参与人之精神或身体的服从状态为目的或后果的活动,则刑罚升至7年监禁并科1,000,000欧元罚金。

第223－15－3条　自然人犯本节规定之轻罪,还可处下列附加刑:

(1)按照第131－26条之限制性规定,禁止公民权、民事权和家庭权;

(2)按照第131－27条之限制性规定,最长5年内禁止担任公职或者从事实施犯罪时所从事的或借机实施了犯罪的那种职业或社会活动,以及最长5年内禁止从事《劳动法典》第L.6313－1条规定的职业继续培训服务活动;

(3)最长5年内关闭企业机构或者其中曾用于实施犯罪行为的一个或数个机构;

(4)没收用于或旨在用于实施犯罪之物或者犯罪所得之物,但可予返还之物除外;

(5)按照第131－31条之限制性规定,禁止居留;

(6)最长5年内禁止签发支票,但出票人从受票人处提取资金的支票或保付支票除外；

(7)按照第131－35条规定之条件，张贴或发布宣告的判决。

第223－15－4条 依据第121－2条的规定被宣布对本节规定之罪承担刑事责任的法人，除按照第131－38条之限制性规定当处罚金外，还可处第131－39条规定之刑罚。

第131－39条第2项规定之禁止，涉及实施犯罪时所从事的或借机实施了犯罪的那种活动。

第七节 自然人适用的附加刑

第223－16条 自然人犯第223－3条至第223－8条、第223－10条至第223－14条规定之任一犯罪的，按照第131－26条之限制性规定，还可处禁止公民权、民事权和家庭权。

第223－17条 自然人犯第223－3条、第223－4条、第223－8条、第223－10条至第223－14条规定之任一犯罪的，还可处下列刑罚：

(1)按照第131－27条之限制性规定，禁止担任公职或者从事实施犯罪时所从事的或借机实施了犯罪的那种职业或社会活动，或者对于第223－4条规定之重罪，禁止从事工商业职业或以任何名义，为了本人或他人利益，直接或间接领导、管理、经营或监督工商业企业或商业公司。上述从业禁止可以同时宣告；

(2)第131－21条规定的没收刑；在第223－13条和第223－14条规定之情形下，可以扣押或没收用于实现犯罪的文字、可视或发声文件；法院还可以下令全部或部分销毁这些文件；

(3)永久性或最长5年内，关闭用于实施犯罪行为的企业的一个、数个或全部机构。

在第223－8条规定之情形下，还可以宣告永久性或最长5年内，排除参与公共合同。

第223－18条 自然人犯第223－1条规定之罪的，还可处下列刑罚：

(1)按照第131－27条之限制性规定，禁止担任公职或从事实施犯罪时所从事的或借机实施了犯罪的那种职业或社会活动。

(2)最长5年内禁止持有或携带须经许可的武器。

(3)最长5年内暂扣驾驶执照,且该暂扣执照可仅限于驾驶职业活动之外的车辆;如果在驾驶陆地机动车辆时犯此轻罪,暂扣执照不得附加缓刑,即便是部分缓刑,也不得局限于驾驶职业活动之外的车辆。

(4)吊销驾驶执照,且在最长5年内禁止申请颁发新执照。

(4乙)(被废除)。

(4丙)(被废除)。

(5)如果在驾驶陆地机动车辆时实施此罪,则最长5年内禁止驾驶某些陆地机动车辆,包括驾驶不需要驾驶执照的车辆。

(6)(被废除)。

(7)如果在驾驶陆地机动车辆时实施此罪且被判刑人是车辆所有人,则最长1年内查封被判刑人用于实施犯罪的车辆。

(8)如果在驾驶陆地机动车辆时实施此罪且被判刑人是车辆所有人,没收被判刑人用于实施犯罪的车辆。

第223-19条　自然人犯第223-10条和第223-11条规定之任一犯罪的,除这些条款规定的刑罚外,还可处最长5年内禁止从事医疗或准医疗活动。

第223-20条　自然人犯第223-1条和第223-8条规定之任一犯罪的,还可处第131-35条规定的张贴或发布法院判决之附加刑。

第223-21条　对于犯本章第五节规定的任一犯罪的任何外国人,可以依照第131-30条规定之条件,宣告永久性或最长10年内禁止进入法国。

第四章　侵犯人身自由罪

第一节　逼人为奴罪及剥削被迫为奴之人罪

第224-1A条　逼人为奴是指对某人行使所有权之任一属性的行为。

逼人为奴的,处20年徒刑。

第 132－23 条前两款有关囚禁期的规定,适用于本条规定之犯罪。

第 224－1B 条 剥削被迫为奴之人,是指对明显显示或犯罪人明知为被迫为奴之人进行性侵犯,对其非法拘禁或者强制其劳动或服务的行为。

剥削被迫为奴之人的,处 20 年徒刑。

第 132－23 条前两款有关囚禁期的规定,适用于本条规定之犯罪。

第 224－1C 条 在下列情况下,实施第 224－1A 条规定的逼人为奴重罪和第 224－1B 条规定的剥削被迫为奴之人重罪的,处 30 年徒刑:

(1)针对未成年人实施;

(2)针对因年龄、疾病、残疾、身体或精神虚弱、怀孕原因明显显示或犯罪人明知为极易受伤害之人实施;

(3)由合法直系尊亲或非婚尊亲、养父或养母或对被害人拥有管理权的人或滥用自身职务赋予的权威的人实施;

(4)由根据职务要求参与反奴役或者维持公共秩序的人实施;

(5)犯此重罪之前或同时伴有酷刑或野蛮行径。

第 132－23 条前两款有关囚禁期的规定,适用于本条规定之犯罪。

第一节(乙) 绑架罪与非法拘禁罪

第 224－1 条 无宪法设立机关之命令且在法律规定情形之外,逮捕、绑架、扣押或非法拘禁他人的,处 20 年徒刑。

第 132－23 条前两款有关囚禁期的规定,适用于本条规定之犯罪。

但是,如果被扣押或被非法拘禁之人,自被扣留之日起 7 日内得以主动释放,则刑罚为 5 年监禁并科 75,000 欧元罚金,但第 224－2 条规定之情形除外。

第 224－2 条 犯第 224－1 条规定之罪,故意致被害人肢体残缺或永久残疾的,或者因扣留条件或缺乏食物或照管导致被害人肢体残缺或永久残疾的,处 30 年徒刑。

犯此罪之前或同时伴有酷刑或野蛮行径或者导致被害人死亡的,处无期徒刑。

第 132－23 条前两款有关囚禁期的规定,适用于本条规定之犯罪。

第224-3条 针对多人实施第224-1条规定之罪的,处30年徒刑。

第132-23条前两款有关囚禁期的规定,适用于本条规定之犯罪。

但是,如果被扣押、被非法拘禁之人或者所有被扣押、被非法拘禁之人,在第224-1条第3款规定的期限内得以主动释放,则刑罚为10年监禁,除非被害人或被害人之一受到第224-2条规定的任一身体侵害。

第224-4条 如果为了准备或便于实施某重罪或轻罪,或者为了方便重罪或轻罪之正犯或共犯逃逸或免受惩处,或者为了使某项命令或条件得以执行,尤其是获得赎金支付,而将被逮捕、绑架、扣押或非法拘禁之人作为人质,则第224-1条规定之罪处30年徒刑。

第132-23条前两款有关囚禁期的规定,适用于本条规定之犯罪。

除第224-2条规定的情形外,如果在第1款所指条件下被扣作人质之人,自被扣留之日起7日内得以主动释放,且命令或条件未予执行,则刑罚为10年监禁。

第224-5条 若第224-1条至第224-4条规定的任一重罪的被害人为15岁以下未成年人,犯罪法定刑为30年徒刑的,刑罚升至无期徒刑;犯罪法定刑为20年徒刑的,刑罚升至30年徒刑。

第132-23条前两款有关囚禁期的规定,适用于本条规定之情形。

第224-5-1条 企图实施本节规定重罪之任何人,如果已通知行政或司法机关,从而避免犯罪发生且在必要时能够识别其他正犯或共犯,则免除刑罚。

本节规定之任一重罪之正犯或共犯,如果已通知行政或司法机关,从而终止犯罪,或避免犯罪致人死亡或永久残疾,且在必要时能够识别其他正犯或共犯,则其法定剥夺自由刑刑期减半。若法定刑为无期徒刑,则减轻至20年徒刑。

第224-5-2条 以有组织团伙形式实施第224-1条第1款和第224-2条至第224-5条规定的犯罪的,刑罚升至1,000,000欧元罚金,并且:

(1)若犯罪法定刑为20年徒刑,刑罚升至30年徒刑;

(2)若犯罪法定刑为30年徒刑,刑罚升至无期徒刑。

第132-23条前两款有关囚禁期的规定,适用于本条第1项和第2项规定之情形。

第二节 劫持航空器、船只或其他任何交通工具罪

第224-6条 通过暴力或以暴力相威胁，强行夺取或控制载有人员之航空器、船只或其他任何交通工具以及位于大陆架之固定平台的，处20年徒刑。

第132-23条前两款有关囚禁期的规定，适用于本条规定之犯罪。

第224-6-1条 若以有组织团伙形式实施第224-6条规定的犯罪，则刑罚升至30年徒刑。

第132-23条前两款有关囚禁期的规定，适用于本条规定之犯罪。

第224-7条 犯第224-6条所指之罪，同时伴有酷刑或野蛮行径或者造成一人或多人死亡的，处无期徒刑。

第132-23条前两款有关囚禁期的规定，适用于本条规定之犯罪。

第224-8条 任何人通报虚假消息，故意危害飞行中的航空器或船只安全的，处5年监禁刑并科75,000欧元罚金。

本条规定之犯罪的未遂，处相同刑罚。

第224-8-1条 企图实施本节规定之重罪的任何人，如果已通知行政或司法机关，从而避免犯罪发生，且在必要时能够识别其他正犯或共犯，则免除刑罚。

本节规定之任一重罪之正犯或共犯，如果已通知行政或司法机关，从而终止犯罪，或避免犯罪致人死亡或永久残疾，且在必要时能够识别其他正犯或共犯，则其法定的剥夺自由刑刑期减半。如果法定刑为无期徒刑，则减至20年徒刑。

第三节 自然人适用的附加刑

第224-9条

Ⅰ.自然人犯本章规定之罪，可处下列附加刑：

（1）按照第131-26条之限制性规定，禁止公民权、民事权和家庭权；

（2）按照第131-27条之限制性规定，禁止担任公职或从事实施犯罪时所

从事的或借机实施了犯罪的那种职业或社会活动；若犯第224－1条第1款、第224－2条、第224－3条和第224－4条中的第1款、第224－5条、第224－5－2条、第224－6条和第224－7条规定之重罪，则禁止从事工商业职业或以任何名义，为了本人或他人利益，直接或间接领导、管理、经营或监督某工商业企业或商业公司。上述从业禁止可以同时宣告。

Ⅱ.对本章规定之罪作出判刑时，必须宣告最长10年内禁止持有或携带须经许可的武器之附加刑。

但是，当由轻罪法院宣告判刑时，鉴于犯罪情节和犯罪人人格，法院可以通过专门说明理由的判决，决定不宣布上述刑罚。

第224－10条　自然人犯本章第一节及第一节(乙)规定之重罪的，还可以按照第131－36－1条至第131－36－13条之限制性规定，处社会司法跟踪监督。

第224－11条　对于犯本章规定的任一犯罪的任何外国人，可以依照第131－30条规定之条件，宣告永久性或最长10年内禁止进入法国。

第五章　侵犯人之尊严罪

第一节　歧　视　罪

第225－1条　基于个人出身、性别、家庭状况、怀孕状态、身体外貌、明显显示或犯罪人明知的经济状况导致的极易受损性、姓氏、居住地点、健康状况、自主性缺失、身体残疾、遗传特征、风俗习惯、性取向、性别、年龄、政治观点、工会活动、2016年12月9日第2016－1691号《关于透明、反腐败斗争和经济生活现代化的法律》第6条之Ⅰ和第6－1条第1项和第2项规定的报警人、信息沟通人或与报警人有关联的人之身份、法语之外其他语言的表达能力、确实或被推定属于或不属于某个特定人种、民族、种族、宗教的属性，在自然人之间进行的任何区分，构成歧视罪。

基于其成员或某些成员的出身、性别、家庭状况、怀孕状态、身体外貌、明显显示或犯罪人明知的经济状况导致的极易受损性、姓氏、居住地点、健康状况、自主性缺失、身体残疾、遗传特征、风俗习惯、性取向、性别、年龄、政治观点、工会活动、2016 年 12 月 9 日第 2016－1691 号《关于透明、反腐败斗争和经济生活现代化的法律》第 6 条和第 6－1 条第 1 项和第 2 项规定的报警人、信息沟通人或与报警人有关联的人之身份、法语之外其他语言的表达能力、确实或被推定属于或不属于某个特定人种、民族、种族、宗教的属性，在法人之间进行的任何区分，亦构成歧视罪。

第 225－1－1 条 基于人们已承受或拒绝承受第 222－33 条规定之性骚扰行为或已证实此类行为的存在，包括该条之 I 所指的言语或行为未反复出现的情形，而在人们之间进行的任何区分，构成歧视罪。

第 225－1－2 条 基于人们已承受或拒绝承受第 225－16－1 条规定之戏弄行为或已证实此类行为的存在，而在人们之间进行的任何区分，构成歧视罪。

第 225－2 条 针对自然人或法人实施第 225－1 条至第 225－1－2 条规定的歧视罪，有下列情形的，处 3 年监禁并科 45,000 欧元罚金：

(1)拒绝提供某项财产或服务；

(2)阻挠任一经济活动的正常开展；

(3)拒绝招聘某人，惩罚或解聘某人；

(4)将第 225－1 条所指的或者第 225－1－1 条或第 225－1－2 条规定的任一因素作为提供某项财产或服务的前提条件；

(5)将第 225－1 条所指的或者第 225－1－1 条、第 225－1－2 条规定的任一因素作为提供就业、实习申请或者企业内培训的前提条件；

(6)拒绝接受某人参加《社会保障法典》第 L412－8 条第 2 项所指的任一项实习。

如果在公众接待场所或者为了禁止进入该场所，实施第 1 项规定的歧视性拒绝行为，刑罚升至 5 年监禁并科 75,000 欧元罚金。

第 225－3 条 前条规定不适用于下列情况：

(1)为了对死亡风险、人身伤害风险、丧失劳动能力或残疾风险加以预防和保障，基于健康状况而采取的区别对待。但是基于针对未发现疾病或某疾病之遗传倾向的基因预测或者基于《公共卫生法典》第 L1231 －1 条规定的器官摘取或大脑图像技术生成数据对于健康的影响，而采取此种区别对待的，处前条规定之刑罚。

（2）依据《劳动法典》第二卷第四编或者公职章程之法律，经医疗确认不适宜工作后，基于健康或残疾状况而作出的拒绝招聘或解雇的区别对待。

（3）在招聘时，若本法典第 225 －1 条提及的理由构成基本的、决定性的职业要求且目标合理、要求适度，基于该理由作出的区别对待。

（4）在获得财产或服务时，若区别对待有保护被害人免遭性暴力、尊重私人生活和礼仪、促进性别平等或男女利益平等、结社自由或组织体育活动的正当理由，基于性别而采取的区别对待。

（5）因适用公职章程之法律，基于国籍而拒绝招聘。

（6）当提供财产或服务之人处于明显的危险状况时，基于居住地点而采取的区别对待。

对居住在某些地理区域的人采取促进待遇平等的有利措施，不构成歧视。

第 225 －3 －1 条　针对为揭露歧视行为而申请第 225 －2 条提及的财产、行为、服务或合同的一人或多人实施本节规定之轻罪的，只要该歧视行为的证据成立，则构成本节规定之轻罪。

第 225 －4 条　依据第 121 －2 条的规定被宣布对第 225 －2 条规定之罪承担刑事责任的法人，除按照第 131 －38 条之限制性规定当处罚金外，还可处第 131 －39 条第 2 项至第 5 项、第 8 项及第 9 项规定之刑罚。

第 131 －39 条第 2 项规定之禁止，涉及实施犯罪时所从事的或借机实施了犯罪的那种活动。

第一节（乙）　贩卖人口罪

第 225 －4 －1 条

Ⅰ．在下列任一情形中，以剥削为目的，招募、运输、转移、留宿或接待某人的行为，构成贩卖人口罪：

（1）对被害人、其家庭或与被害人有经常联系的人使用威胁、强制、暴力或诈骗手段；

(2)由被害人的合法直系尊亲或非婚尊亲、养父或养母，或者对当事人拥有管理权的人或滥用自身职务赋予的权威的人实施；

(3)滥用被害人因年龄、疾病、残疾、身体或精神虚弱、怀孕原因明显显示或犯罪人明知为极易受损的状态；

(4)给予或承诺给予报酬或其他任何好处，或以之作为交换。

本条Ⅰ第1款所称剥削，是指将被害人归其支配或受包括不知名的第三人支配，以便对被害人实施淫媒牟利、性侵犯或性侵害、逼迫为奴、强制劳动或服务、逼迫屈从、摘取某器官、经营乞讨、有违尊严的工作或居住条件之犯罪或者强迫被害人实施任何重罪或轻罪的行为。

贩卖人口罪，处7年监禁并科150,000欧元罚金。

Ⅱ.贩卖未成年人的，即使实施时并无本条Ⅰ之第1项至第4项规定的任何情节，亦构成贩卖未成年人口罪。

本罪处10年监禁，并科1,500,000欧元罚金。

第225-4-2条

Ⅰ.犯第225-4-1条Ⅰ规定之罪，若具有Ⅰ之第1项至第4项规定之两项情节或者具有如下一项补充情节的，处10年监禁并科1,500,000欧元罚金：

(1)针对多人实施；

(2)针对共和国领域以外的人或者在其抵达共和国领域时实施；

(3)当事人曾使用向非特定的公众传送信息的电子通信网络与犯罪人有过联系；

(4)将当事人暴露于即刻的死亡危险或者可能导致肢体残缺或永久残疾之伤害危险的情形；

(5)使用暴力，并导致被害人完全丧失工作能力超过8日；

(6)由根据职务要求参与打击贩卖人口或者维持公共秩序的人实施；

(7)犯罪使被害人处于沉重的物质或心理处境中。

Ⅱ.犯第225-4-1条Ⅱ规定之罪，若具有第225-4-1条Ⅰ之第1项至第 4 项规定之任一项情节或者具有本条 I 之第 1 项至第 7 项规定之任一项情节的，处 15 年徒刑并科 1,500,000 欧元罚金。

第 225-4-3 条　以有组织团伙形式实施第 225-4-1 条规定的犯罪的，处 20 年徒刑并科 3,000,000 欧元罚金。

第 225-4-4 条　借助酷刑或野蛮行径实施第 225-4-1 条规定之罪，处无期徒刑并科 4,500,000 欧元罚金。

第 225-4-5 条　当针对贩卖人口的被害人已经实施或本应实施的重罪或轻罪之法定剥夺自由刑超过第 225-4-1 条至第 225-4-3 条规定的监禁刑刑期时，对贩卖人口的行为，处犯罪人已知悉的重罪或轻罪之法定刑，或者若该重罪或轻罪具有加重情节，则处犯罪人已知悉的加重情节对应的法定刑。

第 225-4-6 条　依据第 121-2 条的规定被宣布对本节规定之罪承担刑事责任的法人，除按照第 131-38 条之限制性规定当处罚金外，还可处第 131-39 条规定之刑罚。

第 225-4-7 条　本节规定之轻罪的未遂，处相同刑罚。

第 225-4-8 条　若法国人在共和国领域外实施第 225-4-1 条和第 225-4-2 条规定之罪，作为第 113-6 条第 2 款的例外，适用法国法，但第 113-8 条第 2 句不适用。

第 225-4-9 条　企图实施本节规定之罪的任何人，如果已通知行政或司法机关，从而避免犯罪发生，且在必要时能够识别其他正犯或共犯，则免除刑罚。

本节规定之任一犯罪之正犯或共犯，如果已通知行政或司法机关，从而终止犯罪，或避免犯罪致人死亡或永久残疾，且在必要时能够识别其他正犯或共犯，其法定的剥夺自由刑刑期减半。若法定刑为无期徒刑，则减轻至 20 年徒刑。

第一节(丙)　强制遮面罪

第 225-4-10 条　任何人通过威胁、暴力、强制、滥用权威或滥用权力，强迫其他一人或多人因自身性别原因而遮住面孔的，处 1 年监禁并科 30,000 欧元罚金。

若实施本罪有损于未成年人,则刑罚升至2年监禁并科60,000欧元罚金。

第一节(丁) 检查证明贞洁罪

第225-4-11条 向某人作出提供、许诺或建议给予赠送、礼品或任何好处或对其施加任何性质的压力或强制,以使其接受证明其贞洁的检查的,处1年监禁并科15,000欧元罚金。

若该人为未成年人,则刑罚升至1年监禁并科30,000欧元罚金。

第225-4-12条 在不影响犯罪行为构成强奸罪、性侵犯或性侵害罪的情况下,从事证明某人贞洁的检查的行为的,处1年监禁并科15,000欧元罚金。

若该人为未成年人,则刑罚升至1年监禁并科30,000欧元罚金。

第一节(戊) 改变性取向或性别认同之实践罪

第225-4-13条 为了改变或抑制某人真实的或被推定的性取向或性别认同并且为了达到损坏其身体或精神健康的后果而反复施加各种做法、行为或言语的,处2年监禁并科30,000欧元罚金。

在下列情形下,对第1款所指的犯罪行为处3年监禁并科45,000欧元罚金:

(1)有损于未成年人或实施犯罪时有未成年人在场和观看;

(2)由被害人的直系尊亲或任何对未成年人拥有法律上或事实上的权威的人实施;

(3)针对因年龄、疾病、残疾、身体或精神虚弱、怀孕或经济社会状况不稳定原因明显显示或犯罪人明知为极易受伤害或极具依赖性之人实施;

(4)由多人以正犯或共犯形式实施;

(5)通过使用公共在线通信服务或通过数字或电子载体实施。

对于审视自身性别并打算采取医疗措施改变性别的当事人,若主要考虑到其年幼的原因,反复施加的言语仅引起其谨慎和思考,则不构成第1款规定的犯罪。

若本罪由对未成年人享有亲权的人实施，则审判法院按照《民法典》第378条和第379－1条决定撤销全部或部分亲权或撤销行使亲权。

第二节　淫媒牟利罪*及相关犯罪

第225－5条　淫媒牟利罪，是指任何人以任何方式实施的下列行为：

（1）帮助、协助或保护他人卖淫；

（2）从他人卖淫活动中获利或瓜分其卖淫所得，或者接受经常从事卖淫之人的献纳金；

（3）招募、训练或诱导某人，使其卖淫或者对其施加压力迫使其卖淫或者继续卖淫。

淫媒牟利罪，处7年监禁并科150,000欧元罚金。

第225－6条　任何人以任何方式实施下列行为，视为淫媒牟利罪，处第225－5条规定的刑罚：

（1）在从事卖淫的人与接受或酬劳他人卖淫的人之间充当中间人；

（2）帮助淫媒牟利者证明其虚假收入；

（3）同惯常从事卖淫的人一起生活，或者与从事卖淫的一人或多人保持经常联系，但不能证明与自己生活水平相应的收入来源；

（4）阻挠有资质的机构对有卖淫风险或从事卖淫之人采取的预防、监管、救助或再教育行动。

第225－7条　在下列情形下实施淫媒牟利罪的，处10年监禁并科1,500,000欧元罚金：

（1）针对未成年人实施；

（2）针对因年龄、疾病、残疾、身体或精神虚弱、怀孕原因明显显示或犯罪人明知为极易受伤害之人实施；

（3）针对多人实施；

（4）针对已被唆使从事卖淫之人，在共和国领域外或者在其到达共和国领

---

* 淫媒牟利罪，即靠别人卖淫牟利的犯罪行为，俗称“拉皮条”。——译者注

域时实施；

(5)由卖淫人的合法直系尊亲或非婚尊亲、养父或养母、对卖淫人拥有管理权的人或者滥用自身职务赋予的权威的人实施；

(6)由根据职务要求参与打击卖淫、保护公众健康或者维持公共秩序的人实施；

(7)由携带武器的人实施；

(8)使用强制、暴力或欺诈手段实施；

(9)由多人以正犯或共犯形式实施，但未形成有组织团伙；

(10)通过使用向非特定的公众传送信息的电子通信网络实施。

第132－23条前两款有关囚禁期的规定，适用于本条规定之犯罪。

第225－7－1条 对不满15岁的未成年人实施淫媒牟利罪的，处20年徒刑并科3,000,000欧元罚金。

第225－8条 以有组织团伙形式实施第225－7条规定之淫媒牟利罪的，处20年徒刑并科3,000,000欧元罚金。

第132－23条前两款有关囚禁期的规定，适用于本条规定之犯罪。

第225－9条 借助酷刑或野蛮行径实施淫媒牟利罪的，处无期徒刑并科4,500,000欧元罚金。

第132－23条前两款有关囚禁期的规定，适用于本条规定之犯罪。

第225－10条 任何人直接地或通过中间人实施如下行为的，处10年监禁并科750,000欧元罚金：

(1)掌管、经营、开发、领导、运营、资助或协助资助卖淫机构；

(2)通过掌管、经营、开发、领导、运营、资助或协助资助对公众开放或为公众使用的任一机构，接受或经常容许一人或多人在该机构或其附属建筑物内从事卖淫活动或者寻找卖淫客户；

(3)向一人或多人出售或者提供非由公众使用的地点或场所，且明知这些人在该场所或地点内从事卖淫活动；

(4)以任何方式，向一人或多人出售、租借或者提供任何性质的交通工具，且明知这些人在其中从事卖淫活动。

第 132 –23 条前两款有关囚禁期的规定,适用于本条第 1 项和第 2 项规定之犯罪。

第 225 –11 条　本节规定之轻罪的未遂,处相同刑罚。

第 225 –11 –1 条　企图实施本节规定之罪的任何人,如果已通知行政或司法机关,从而避免犯罪发生,且在必要时能够识别其他正犯或共犯,则免除刑罚。

本节规定之任一犯罪之正犯或共犯,如果已通知行政或司法机关,从而终止犯罪,或避免犯罪致人死亡或永久残疾,且在必要时能够识别其他正犯或共犯,则法定的剥夺自由刑刑期减半。若法定刑为无期徒刑,则减轻至 20 年徒刑。

第 225 –11 –2 条　如果法国人或惯常居住于法国领域的人在国外实施第 225 –7 条第 1 项规定之轻罪,尽管有第 113 –6 条第 2 款之规定,仍适用法国刑法,但第 113 –8 条第 2 句之规定不适用。

如果惯常居住于法国领域的外国人在法国领域外对未成年人实施第 225 –7 –1 条、第 225 –8 条或第 225 –9 条规定之任一重罪,亦同。

第 225 –12 条　依据第 121 –2 条的规定被宣布对第 225 –5 条至第 225 –10 条规定之罪承担刑事责任的法人,除按照第 131 –38 条之限制性规定当处罚金外,还可处第 131 –39 条规定之刑罚。

第二节(乙)　利用卖淫罪

第 225 –12 –1 条　以报酬、报酬许诺、实物好处或此种好处许诺作为交换,要求、接受或者取得与包括偶尔为之的卖淫人员发生性关系的,若符合第 132 –11 条第 2 款规定的累犯条件,则处 3750 欧元罚金。

以报酬、报酬许诺、实物好处或此种好处许诺作为交换,要求、接受或者取得与包括偶尔为之的卖淫人员发生性关系的,若该人员为未成年人或因疾病、残疾、身体或精神虚弱、怀孕原因,明显显示或犯罪人明知为极易受伤害之人,则处 5 年监禁并科 75,000 欧元罚金。

第 225 –12 –2 条　在下列情况下,第 225 –12 –1 条第 2 款规定的刑罚升

至7年监禁并科100,000欧元罚金:

(1)犯罪以惯常方式或者针对多人实施;

(2)当事人曾通过使用向非特定的公众传送信息的通信网络与犯罪人有过联系;

(3)犯罪行为由滥用自身职务赋予的权威的人实施;

(4)犯罪人蓄意或过失置当事人生命于危险之中或者对其实施暴力。

除犯罪行为构成强奸罪或性侵犯罪的情形外,若针对15岁以下的未成年人实施,刑罚升至10年监禁并科150,000欧元罚金。

第225-12-3条 如果法国人或惯常居住于法国领域的人在国外实施第225-12-1条第2款和第225-12-2条规定之轻罪,尽管有第113-6条第2款之规定,仍适用法国刑法,但第113-8条第2句之规定不适用。

第225-12-4条 依据第121-2条的规定被宣布对本节规定之罪承担刑事责任的法人,除按照第131-38条之限制性规定当处罚金外,还可处第131-39条规定之刑罚。

第131-39条第2项规定之禁止,涉及实施犯罪时所从事的或借机实施了犯罪的那种活动。

第二节(丙) 经营乞讨罪

第225-12-5条 任何人,以任何方式,实施下列行为的,构成经营乞讨罪:

(1)以获利为目的,组织他人乞讨;

(2)从他人乞讨活动中获利或瓜分其乞讨收益,或者收取经常从事乞讨之人的献纳金;

(3)招募、训练或诱导某人以从事乞讨,或者对其施加压力迫使其乞讨或者继续乞讨;

(4)以个人致富为目的,招募、训练或诱导某人,以使其在公共道路上从事获取捐赠的服务。

对从事乞讨的一人或多人施加持续性或非持续性之事实影响,或者与从事乞讨的一人或多人保持经常联系，但不能证明与自己生活水平相应之收入来源的，视为经营乞讨罪。

经营乞讨罪，处3年监禁并科45,000欧元罚金。

第225－12－6条　在下列情况下，犯经营乞讨罪的，处5年监禁并科75,000欧元罚金：

(1)针对未成年人实施；

(2)针对因年龄、疾病、残疾、身体或精神虚弱、怀孕原因明显显示或犯罪人明知为极易受伤害之人实施；

(3)针对多人实施；

(4)针对被唆使从事乞讨之人，在共和国领域外或者在其到达共和国领域时实施；

(5)由乞讨人的合法直系尊亲或非婚尊亲、养父或养母、对乞讨人拥有管理权的人或者滥用自身职务赋予的权威的人实施；

(6)对从事乞讨之人、其家庭或者与其有经常联系之人使用强制手段、暴力或欺诈伎俩；

(7)由多人以正犯或共犯形式实施，但未形成有组织团伙。

第225－12－7条　以有组织团伙的形式实施经营乞讨罪的，处10年监禁并科1,500,000欧元罚金。

第二节(丁)　无照经营贩卖罪

第225－12－8条　任何人，招募、训练或诱导某人，以唆使其实施第446－1条提及的任一犯罪，或者对其施加压力迫使其实施或继续实施该条中的任一犯罪，以便通过任何方式从中获利的，构成无照经营贩卖罪。

收取惯常实施第446－1条所指之任一犯罪之人的献纳金的行为，视为无照经营贩卖罪。

对惯常实施前述第446－1条所指之任一犯罪的一人或多人施加持续或非持续性的事实影响，或者与此一人或多人保持经常联系，但不能证明与自己生活水平相应之收入来源的行为，亦视为无照经营贩卖罪。

无照经营贩卖罪，处 3 年监禁并科 45,000 欧元罚金。

第 225－12－9 条 在下列情况下，犯经营无照贩卖罪的，处 5 年监禁并科 75,000 欧元罚金：

（1）针对未成年人实施；

（2）针对因年龄、疾病、残疾、身体或精神虚弱、怀孕原因明显显示或犯罪人明知为极易受伤害之人实施；

（3）针对多人实施；

（4）针对被唆使从事第 446－1 条提及的任一犯罪之人，在共和国领域外或者在其到达共和国领域时实施；

（5）由犯第 446－1 条提及的任一犯罪之人的合法直系尊亲或非婚尊亲、养父或养母、对该人拥有管理权的人或者滥用自身职务赋予的权威的人实施；

（6）对犯第 446－1 条提及的任一犯罪之人、其家庭或者与其有经常联系之人使用强制手段、暴力或欺诈伎俩；

（7）由多人以正犯或共犯形式实施，但未形成有组织团伙。

第 225－12－10 条 以有组织团伙形式实施无照经营贩卖罪的，处 10 年监禁并科 1,500,000 欧元罚金。

第三节 劳动住宿条件违反人之尊严罪、强制劳动罪及逼迫屈从罪

第 225－13 条 从明显显示或犯罪人明知为易受伤害或处于依附地位之人处获得无偿服务，或者付给与该人完成的工作量明显不相称的报酬作为交换的行为的，处 5 年监禁并科 150,000 欧元罚金。

犯本节规定之轻罪的自然人或法人，还可处下列附加刑：5 年内禁止从事《劳动法典》第 L6313－1 条规定的职业继续培训服务活动。

第 225－14 条 将明显显示或犯罪人明知为易受伤害或处于依附地位之人置于与人类尊严不相称的劳动或住宿条件中的行为，处 5 年监禁并科 150,000 欧元罚金。

第 225－14－1 条 通过暴力或威胁，强迫某人从事无偿劳动，或者付给与

该人完成的工作量明显不相称的报酬作为交换的行为，构成强制劳动罪，处 7 年监禁并科 200,000 欧元罚金。

第 225－14－2 条　让明显显示或犯罪人明知为易受伤害或处于依附地位之人经常承受第 225－14－1 条规定的犯罪行为的，构成逼迫屈从罪，处 10 年监禁并科 300,000 欧元罚金。

第 225－15 条

Ⅰ. 若针对多人实施下列犯罪：

(1)第 225－13 条及第 225－14 条规定之罪，处 7 年监禁并科 200,000 欧元罚金；

(2)第 225－14－1 条规定之罪，处 10 年监禁并科 300,000 欧元罚金；

(3)第 225－14－2 条规定之罪，处 15 年徒刑并科 400,000 欧元罚金。

Ⅱ. 若针对未成年人实施下列犯罪：

(1)第 225－13 条及第 225－14 条规定之罪，处 7 年监禁并科 200,000 欧元罚金；

(2)第 225－14－1 条规定之罪，处 10 年监禁并科 300,000 欧元罚金；

(3)第 225－14－2 条规定之罪，处 15 年徒刑并科 400,000 欧元罚金。

Ⅲ. 若针对多人实施下列犯罪，其中包括一至数名未成年人：

(1)第 225－13 条及第 225－14 条规定之罪，处 10 年监禁并科 300,000 欧元罚金；

(2)第 225－14－1 条规定之罪，处 15 年徒刑并科 400,000 欧元罚金；

(3)第 225－14－2 条规定之罪，处 20 年徒刑并科 500,000 欧元罚金。

第 225－15－1 条　在适用第 225－13 条至第 225－14－2 条时，未成年人或在抵达法国领域时已成为这些条款规定之犯罪的被害人的人，被视为易受伤害之人或处于依附地位之人。

第 225－16 条　依据第 121－2 条的规定被宣布对第 225－13 条至第 225－15 条规定之罪承担刑事责任的法人，除按照第 131－38 条之限制性规定当处罚金外，还可处下列刑罚：

(1)(被废除)；

(2)第 131 - 39 条规定之刑罚;

(3)没收用于留宿他人并用于实施第 225 - 14 条规定之罪的营业资产。

第三节(乙) 戏 弄 罪

第 225 - 16 - 1 条 在未实行暴力、威胁或性侵害的情况下,在与学校、体育和社会教育阶层相关的集会或会议之际,使他人承受、实施侮辱或下流行为或过量饮酒的,无论是否违背该人意愿,处 6 个月监禁并科 7500 欧元罚金。

第 225 - 16 - 2 条 针对因年龄、疾病、残疾、身体或精神虚弱、怀孕原因明显显示或犯罪人明知为极易受伤害之人实施第 225 - 16 - 1 条规定之罪的,处 1 年监禁并科 15,000 欧元罚金。

第 225 - 16 - 3 条 依据第 121 - 2 条的规定被宣布对第 225 - 16 - 1 条和第 225 - 16 - 2 条规定之罪承担刑事责任的法人,除按照第 131 - 38 条之限制性规定当处罚金外,还可处第 131 - 39 条第 4 项和第 9 项规定之刑罚。

第四节 侵犯对死者应有之尊重罪

第 225 - 17 条 以任何手段,侵害人之尸体的,处 1 年监禁并科 15,000 欧元罚金。

以任何手段,侵犯或亵渎坟墓、墓地、骨灰瓮或者纪念死者之建筑的,处 1 年监禁并科 15,000 欧元罚金。

犯前款所指之罪,伴有侵害人之尸体的,刑罚升至 2 年监禁并科 30,000 欧元罚金。

第 225 - 18 条 (被废除)

第 225 - 18 - 1 条 依据第 121 - 2 条的规定被宣布对第 225 - 17 条规定之罪承担刑事责任的法人,除按照第 131 - 38 条之限制性规定当处罚金外,还可处第 131 - 39 条第 1 项至第 9 项规定之刑罚。

第 131 - 39 条第 2 项规定之禁止,涉及实施犯罪时所从事的或借机实施了犯罪的那种活动。

第五节　自然人适用的附加刑

第225－19条　自然人犯本章第一节和第三节规定之罪的，还可处下列附加刑：

（1）最长5年内禁止第131－26条第2项和第3项规定之权利；

（2）按照第131－35条规定之条件，张贴或发布法院判决；

（3）永久性或最长5年内，关闭属于被判刑人企业的一个、数个或全部机构；

（4）永久性或最长5年内，排除参与公共合同；

（4乙）（被废除）；

（5）没收用于实施第225－13条至第225－14－2条规定之罪的全部或部分财产，无论其性质如何，其属于动产或不动产，已分割还是未分割；

（5乙）（被废除）；

（6）（被废除）；

（7）犯第225－13条至第225－15条规定之罪的，依据第131－27条之限制性规定，禁止担任公职或从事实施犯罪时所从事的或借机实施了犯罪的那种职业或社会活动，或者禁止从事工商业职业或以任何名义，为了本人或他人利益，直接或间接领导、管理、经营或监督某工商业企业或商业公司。上述从业禁止可以同时宣告。

第225－20条

Ⅰ. 自然人犯本章第一节（乙）、第二节、第二节（乙）、第二节（丙）和第二节（丁）规定之罪的，还可处下列附加刑：

（1）按照第131－26条之限制性规定，禁止公民权、民事权和家庭权。

（2）按照第131－27条之限制性规定，禁止担任公职或从事实施犯罪时所从事的或借机实施了犯罪的那种职业或社会活动，或者对于第225－4－3条、第225－4－4条、第225－5条、第225－6条、第225－7条、第225－7－1条、第225－8条、第225－9条、第225－10条、第225－12－1条和第225－12－2条规定之罪，禁止从事工商业职业或以任何名义，为了本人或他人利益，直接或间接领导、管理、经营或监督某工商业企业或商业公司。上述从业禁止可以同时宣告。

(3)禁止居留。

(4)禁止直接或间接经营判决中列举的向公众开放或为公众使用的机构,禁止以任何名义被此类机构雇佣,禁止在此类机构中采取或保有任何形式的经济参与。

(5)最长5年内,禁止持有或携带须经许可的武器。

(6)最长5年内,禁止离开共和国领域。

(7)永久性或者最长10年内,禁止从事与未成年人有经常性接触的职业或志愿活动。

Ⅱ.犯本章第一节(乙)、第二节和第二节(丙)规定之罪的,上述Ⅰ之第5项规定的附加刑必须予以宣告,且禁止期限升至最长10年。

但是,若由轻罪法院宣告判刑,鉴于犯罪情节和犯罪人人格,法院可以通过专门说明理由的判决,决定不宣布上述刑罚。

第225-21条 对于犯本章第一节(乙)、第二节、第二节(丙)、第二节(丁)规定的任一罪名的任何外国人,可以依照第131-30条规定之条件,宣告永久性或最长10年内禁止进入法国。

第六节 自然人和法人的共同规定

第225-22条 自然人或法人犯第225-10条规定的任一犯罪的,还可处下列附加刑:

(1)永久性收回零售饮料执照或餐馆执照;

(2)永久性或最长5年内,关闭全部机构或用于卖淫的部分机构;

(3)没收营业资产。

第225-23条 第225-22条第3款(第2项)规定之临时性关闭,导致在相同期间,暂扣零售饮料执照或餐馆执照。在关闭期间内,该执照有效期消失之期限暂行中止。

第225-22条规定之永久性关闭,导致永久性收回零售饮料执照或餐馆执照。

第225-24条 自然人或法人犯第225-4-1条至第225-4-9条和第225-5条至第225-10条规定的任一犯罪的,还可处下列刑罚:

(1)没收直接或间接用于实施犯罪的已分割或未分割的动产或不动产,以及贩卖人口的被害人或从事卖淫的人以外的其他人所持有的犯罪所得;

(2)偿还被害人遣送回国的费用。

第225-25条 自然人和法人犯本章第一节(乙)和第二节规定之罪的,还可处没收归其所有的全部或部分财产之附加刑,或者在保留善意所有人权利和第131-21条最后一款规定的前提下,没收其可自由处分的全部或部分财产之附加刑,无论该财产的性质如何,属于动产或不动产,已分割还是未分割。

第225-26条

Ⅰ.自然人和法人犯第225-14条规定的屈从于有违人类尊严的住宿条件之罪的,还可处下列附加刑:

(1)没收用于实施犯罪的全部或部分财产,无论其性质如何,属于动产或不动产,已分割或未分割。若实施犯罪时属于被判刑人的不动产,因公用事业受到征用,第131-21条第9款规定的没收价值总额等于征用补偿的总额。

(2)最长10年内,禁止购买用于居住的不动产或全部或部分用于接待公众留宿的机构的营业资产,或者禁止成为前述财产或营业资产的用益权人。该项禁止涉及以个人名义,或者作为不动产民事公司的合伙人或社会代理人,或者以获得人或用益权人的集体名义,或者以不动产份额形式,取得财产或营业资产或对其进行使用收益;但是,该项禁止不涉及以个人名义占用用于居住的不动产的取得或使用收益。

(3)没收归其所有的全部或部分财产,或者在保留善意所有人权利的前提下,没收其可自由处分的全部或部分财产,无论该财产的性质如何,属于动产或不动产,已分割还是未分割。

Ⅱ.本条Ⅰ第1项和第2项提及的附加刑,必须予以宣告。但是,鉴于犯罪情节和犯罪人人格,法院可以通过专门说明理由的判决,决定不宣布上述刑罚。

第六章 侵犯人格罪

第一节 侵犯私生活罪

第 226 – 1 条 采取任何手段故意侵犯他人私生活的隐私，有下列情形的，处 1 年监禁并科 45,000 欧元罚金：

(1) 未经本人同意，截取、录制或传播私人谈话或秘密谈话；

(2) 未经本人同意，绘制、录制或传播个人在私人场所的形象；

(3) 未经本人同意，以任何方式，截取、录制或传播他人实时或录制的定位。

如果本条第 1 项和第 2 项所指的行为在当事人完全知情的情况下完成，且当事人能够阻止但未予阻止，则推定当事人同意。

如果本条所指的行为针对未成年人的人身实施，则同意应由亲权权利人作出。

如果本罪由被害人的配偶、同居者或与其签署紧密关系民事契约的伴侣实施，则刑罚升至 2 年监禁并科 60,000 欧元罚金。

第 226 – 2 条 保存、透露或指使他人透露给公众或第三人，或者以任何方式使用借助第 226 – 1 条规定的任一行为取得的任何录音或文件的，处相同刑罚。

若前款规定的轻罪经报刊或视听媒介途径实施，则在确定责任人时，适用相关方面管理法之特别规定。

第 226 – 2 – 1 条 若第 226 – 1 条和第 226 – 2 条规定的轻罪涉及在公共或私人场所获取的带有性特征的言语或图像，则刑罚升至 2 年监禁并科 60,000 欧元罚金。

将在征得本人明确或推定作出的同意后或者由该本人借助第 226 – 1 条规定的任一行为取得的带有性特征的言语或图像的任何录音或文件，在未经该本人同意发布的情况下，透露给公众或第三人的，处相同刑罚。

第 226－3 条　下列情形,处 5 年监禁并科 300,000 欧元罚金:

(1)在未获得最高行政法院提出资政意见后颁布之政令规定的部长批准或者未遵守该批准所定之条件的情况下,包括因疏忽大意而为的情形,制造、进口、持有、展览、赠送、租赁或销售仪器或技术设备,且该仪器或技术设备可以用于实现第 226－15 条第 2 款规定的犯罪,或者具有远程监听谈话的设计,可用于实现第 226－1 条规定的犯罪,或者旨在截取《刑事诉讼法典》第 706－102－1 条和《国内安全法典》第 L853－2 条规定的信息数据,并被列入依据上述政令的规定制定的清单中;

(2)为能实现第 226－1 条和第 226－15 条第 2 款规定的犯罪的仪器或技术设备做广告,且该广告构成实行上述犯罪的唆使,或者为旨在截取《刑事诉讼法典》第 706－102－1 条和《国内安全法典》第 L853－2 条规定的信息数据的仪器或技术设备做广告,且该广告构成非法使用这些信息数据的唆使。

本条不适用于《国防法典》第 L1332－1 条提及的、按照公众电子通信网络经营业务被指定的业务员所持有和获得的、经《邮政与电子通信法典》第二卷第一编第二章第七节规定的总理批准的仪器。

第 226－3－1 条　在某人不知道或未经其同意的情况下,使用任何手段,窥视该人鉴于其衣着或处于封闭场所已遮盖了第三人的视线的私密部位的行为,处 1 年监禁并科 15,000 欧元罚金:

在下列情况下,第 1 款所指的犯罪行为,处 2 年监禁并科 30,000 欧元罚金:

(1)由滥用职务赋予的权威的人实施;

(2)针对未成年人实施;

(3)针对因年龄、疾病、残疾、身体或精神虚弱、怀孕原因明显显示或犯罪人明知为极易受伤害之人实施;

(4)由多人以正犯或共犯形式实施;

(5)在用于集体客运交通工具上或进入集体客运交通工具的场所实施;

(6)对图像进行绘制、录制或传播。

第 226－4 条　在法律允许之情形外,借助诡计、威胁、粗暴行为或强行手段进入他人住所的，处 3 年监禁并科 45,000 欧元罚金。

在法律允许之情形外，在第 1 款所指之进入他人住所后滞留的，处相同刑罚。

本条规定的某人住所，是指任何含有属于该人动产的居住场所，不论该人是否在此居住，亦不论是否为其主要居所。

第 226 –4 –1 条 窃取第三人身份信息，或者使用任何性质的可识别此人的一项或多项数据，以扰乱其安宁或者他人安宁，或者损害其名誉或所博得的尊重的，处 1 年监禁并科 15,000 欧元罚金。

在公众在线通信网络上实施此罪的，处相同刑罚。

若犯罪行为由被害人的配偶、同居者或与其签署紧密关系民事契约的伴侣实施，处 2 年监禁并科 30,000 欧元罚金。

第 226 –4 –2 条 未获得《民事诉讼执行法典》第 L153 –1 条规定的国家协助，借助诡计、威胁、粗暴行为或强行手段逼迫第三人离开其居住地的，处 3 年监禁并科 30,000 欧元罚金。

第 226 –4 –2 –1 条 无论采取何种方式，宣传或公开能够方便或促进实施第 226 –4 条和第 315 –1 条规定之轻罪的方法的，处 3750 欧元罚金。

若系通过报纸或视听媒介实行此轻罪，在确定责任人时，适用相关方面管理法之特别规定。

第 226 –4 –3 条 在不影响第 226 –4 条适用的情况下且场所外观显示具有私人特征时，除法律允许之情形外，未经许可擅自进入他人农村或森林私人财产领地的，构成第四级违警罪。

第 226 –5 条 本节规定的犯罪之未遂，处相同刑罚。

第 226 –6 条 在第 226 –1 条至第 226 –2 –1 条规定的情况下，仅在被害人、其法定代表或权利继承人提出控告的情况下，方可提起公诉。

第 226 –7 条 依据第 121 –2 条的规定对本节规定之罪承担刑事责任的法人，除依据第 131 –38 条之限制性规定当处罚金外，还可处下列刑罚：

(1)(被废除)；

(2)永久性或最长 5 年内，禁止从事实施犯罪时所从事的或借机实施了犯

罪的那种职业或社会活动;

(3)依据第131－35条规定之条件,张贴或发布已宣告的判决。

第二节　侵害他人形象罪

第226－8条　未经本人同意,通过任何途径公开依据某人谈话或形象制作的剪辑,如果该剪辑不明显表现为剪辑或者未明确说明为剪辑的,处1年监禁并科15,000欧元罚金。

若系通过报纸或视听媒介实行前款规定的轻罪,在确定责任人时,适用相关方面管理法之特别规定。

第226－9条　本节适用第226－5条和第226－7条的规定。

第三节　诬　告　罪

第226－10条　采取任何方式,针对特定个人,向司法官员、行政或司法警察,或有权予以答复或移交主管部门的机关,或者向被告发人的上级或雇主,告发明知完全或部分失实之事实,足以使被告发人受到司法、行政或纪律处罚的,处5年监禁并科45,000欧元罚金。

告发事实为虚假谎言,必须经由无罪释放、释放*或不予起诉的最终判决认定,宣布告发事实不存在或不能归咎于被告发人。

在其他任何情况下,受理追诉告发人的法院,应评判告发人此前提出的控告的确切性。

第226－11条　若被告发之事实已导致刑事追诉,只有在对被告发事实的诉讼作出最终判决后,法院才能裁定是否对告发人提起追诉。

第226－12条　依据第121－2条的规定对第226－10条规定之罪承担刑事责任的法人,除按照第131－38条之限制性规定当处罚金外,还可处下列刑罚:

---

* 重罪法院宣告的称为"无罪释放"(l' acquittement),其他刑事法院宣告的称为"释放"(la relaxe)。——译者注

(1)(被废除);

(2)永久性或最长5年内,禁止直接或间接从事实施犯罪时所从事的或借机实施了犯罪的那种职业或社会活动;

(3)按照第131-35条规定之条件,张贴或发布已宣告的判决。

第四节 侵犯秘密罪

第一小节 侵犯职业秘密罪

第226-13条 因身份、职业或者因临时性职务或任务而负责保管秘密信息的人,泄露该秘密信息的,处1年监禁并科15,000欧元罚金。

第226-14条 在法律要求或允许披露秘密的情况下,不适用第226-13条之规定。此外,该条规定也不适用于下列情形:

(1)知晓对未成年人或因年龄、身体或精神状况而无自我保护能力之人实施的剥夺或虐待行径,包括性侵害或性损害,向司法机关、医疗机构或行政部门告发此行径的人。

(2)经被害人同意,医生或其他任何卫生工作者,向共和国检察官或《社会行动和家庭法典》第L226-3条第2款所指的收集、处理和评估处于危险或可能处于危险的未成年人的危险信息的单位,披露其从业时见证的身体和精神上的虐待或剥夺行径,且这些行径足以使其推定已存在任何性质的身体暴力、性暴力或精神暴力。如果被害人是未成年人或因年龄、身体或精神状况而无自我保护能力之人,则其同意并非必需。

(3)医生或其他任何卫生工作者向共和国检察官告知本法典第132-80条所指的伴侣之间实施暴力的信息,并认为实施的暴力使得成年被害人的生命处于紧迫的危险中并且该被害人因暴力行为人的控制受到精神强制从而无法自我保护。医生或其他任何卫生职业人应当尽力获得成年被害人的同意;在无法获得同意的情况下,则应当将该情况告知共和国检察官。

(4)卫生工作者或社会工作者向省长告知,在巴黎则向警察局长告知,其提供过咨询的人持有武器或意图获得武器,从而对其本人或他人构成危险。

(5)兽医向共和国检察官告知第 521－1 条和第 521－1－1 条所指的对动物实施严重虐待、残忍行为或性侵犯的任何信息,以及在职业活动中见证的虐待动物的任何信息。该信息不解除《农业与海洋渔业法典》第 L203－6 条规定的救护兽医的义务。

按照本条规定之条件,向主管部门作出的告发,不得引起告发者承担民事责任、刑事责任或纪律责任,除非能够证明其行为并非出自善意。

第二小节　侵犯通信秘密罪

第 226－15 条　恶意拆封、毁坏、延迟或隐藏寄送给第三人的已经到达或未到达收件地址的信件,或者非法获悉信件内容的行为,处 1 年监禁并科 45,000 欧元罚金。

恶意拦截、隐藏、使用或泄露通过电子途径发出、传送或接收的信件,或者安装能够实行上述拦截之仪器设备的行为的,处相同刑罚。

若由被害人的配偶、同居者或与其签署紧密关系民事契约的伴侣实施此类行为,则处 2 年监禁并科 60,000 欧元罚金。

第五节　信息文件或信息处理侵害人身权利罪

第 226－16 条　处理或指使他人处理个人数据,未遵守法律对该处理规定的预先程序的,包括因疏忽大意而为的情形,处 5 年监禁并科 300,000 欧元罚金。

实行或指使他人实行 1978 年 1 月 6 日第 78－17 号《关于信息技术、文件与自主权的法律》第 20 条Ⅲ之第 3 项规定的任一信息处理措施的,包括因疏忽大意而为的情形,处相同刑罚。

第 226－16－1 条　在前述 1978 年 1 月 6 日第 78－17 号法律规定的允许处理情形之外,处理或指使他人处理个人数据的,包括在处理的数据中载有个人在国家自然人身份识别名录中的注册编号的,处 5 年监禁并科 300,000 欧元罚金。

第 226－16－2 条　因公务人员或承担公用事业人员的身份未被列入下列

两个法律规范规定的目标即废除了第95/46/CE号指令(关于保护数据的总条例)的、2016年4月27日欧洲议会和欧盟理事会第(UE)2016/679号《关于保护自然人的个人数据处理与自由流动的条例》和1978年1月6日第78-17号法律规定的目标,而处理或指使他人处理有关公务人员或承担公用事业人员的个人数据的,处5年监禁并科300,000欧元罚金。

第226-17条 处理或指使他人处理个人数据而未采取上述2016年4月27日第(UE)2016/679号条例第24条、第25条、第30条和第32条或上述1978年1月6日第78-17号法律第4条第6项和第99条至第101条规定之措施的,处5年监禁并科300,000欧元罚金。

第226-17-1条 无视上述2016年4月27日第(UE)2016/679号条例第33条和第34条或1978年1月6日第78-17号法律第83条Ⅱ和第102条之规定,电子通信服务供应商或数据处理负责人未告知国家信息技术与自由委员会或者当事人个人数据遭到侵犯的,处5年监禁并科300,000欧元罚金。

无视上述2016年4月27日第(UE)2016/679号条例第33条或1978年1月6日第78-17号法律第102条的规定,分包商未向数据处理负责人告知该侵犯的,处相同刑罚。

第226-18条 以欺诈、不正当或非法手段收集个人数据的,处5年监禁并科300,000欧元罚金。

第226-18-1条 不顾某自然人反对而处理其个人数据的,若该处理行为主要具有商业开发目的或者反对具有正当理由,处5年监禁并科300,000欧元罚金。

第226-19条 在法律规定的情形外,未经当事人明确同意,将直接或间接反映当事人种族或人种,政治、哲学或宗教观点,所属工会,健康状况、性取向或性别的个人数据输入或存储于信息设备存储器中的,处5年监禁并科300,000欧元罚金。

在法律规定的情形之外,将有关犯罪、判刑或者保安处分的个人数据输入或存储于信息设备存储器中的,处相同刑罚。

个人数据的非自动化处理,以不限于专门从事个人业务的形式实施时,不适用本条规定。

第 226 –19 –1 条 在处理健康研究用途的个人数据时，在下列情况下，处 5 年监禁并科 300,000 欧元罚金：

(1)未事先单独告知当事人其知晓、更改或反对从其账户上收集或传送个人数据的权利、被传送数据的性质及其接收人；

(2)不顾当事人的反对，或者在法律有规定时未征得当事人明确同意，或者涉及已过世的当事人时，不顾其生前已表示的拒绝。

第 226 –20 条 超过法律或条例规定的期限，超过申请许可或申请意见中或向国家信息技术和自由委员会递交预先声明中预示的期限，保存个人数据的，处 5 年监禁并科 300,000 欧元罚金，除非在法律规定的条件下，该保存用于历史、统计或科研的目的。

在法律规定的情形之外，超过第 1 款提及的期限，保存历史、统计或科研用途之外的其他个人信息数据的，处相同刑罚。

第 226 –21 条 掌握个人数据的任何人，在其记录、分类、传输或以其他任何形式处理数据时，擅自改变法律、条例中或者国家信息技术与自由委员会批准自动化处理之决定中或者执行处理的预先声明中确定的信息之用途的，处 5 年监禁并科 300,000 欧元罚金。

第 226 –22 条 如果任何人在其记录、分类、传输或以其他任何形式处理数据时，收集若泄露会对当事人的名誉或私生活造成损害的个人数据，并未经当事人同意，将其透露给无资格获得此类数据之第三人的，处 5 年监禁并科 300,000 欧元罚金。

前款规定之泄露行为，若因轻率不慎或疏忽大意而为之，处 3 年监禁并科 100,000 欧元罚金。

在前两款规定之情况下，只有在被害人、其法定代表或者权利继承人提出控告时，才能追诉。

第 226 –22 –1 条 违反下列规定，即废除了第 95/46/CE 号指令的、欧洲议会和欧盟理事会 2016 年 4 月 27 日第(UE)2016/679 号《关于保护自然人的个人数据处理与自由流动的条例》第五章或 1978 年 1 月 6 日第 78 –17 号法律第112～114条的规定，将用于或旨在用于处理的个人数据转移或指使他人转移给非欧盟成员的国家或国际组织的，处5年监禁并科300,000欧元罚金。

第226－22－2条 阻碍国家信息技术与自由委员会行动的下列行为，处1年监禁并科15,000欧元罚金：

(1)若法官已允许相关到访，反对其成员或依据上述1978年1月6日第78－17号法律第10条最后一款被授权的官员行使委托的任务；

(2)拒绝向其成员或依据上述法律第10条最后一款被授权的官员或上述2016年4月27日条例第62条规定的欧盟成员国监督机关的官员，提供其任务所需的情报和文件，或者隐瞒该文件或情报，或者将其灭失；

(3)提供不符合提出申请时所记载的内容的信息或不能直接获得该内容的信息。

第226－23条 在第226－16条至第226－22－2条规定之情况下，可以命令清除已引发犯罪的数据处理所涉及的全部或部分个人数据。国家信息技术与自由委员会的成员和官员被授权见证此类数据的清除。

第226－24条 依据第121－2条的规定被宣告对本节规定之罪承担刑事责任的法人，除按照第131－38条之限制性规定当处罚金外，还可处第131－39条第2项至第5项、第7项至第9项规定之刑罚。

第131－39条第2项所指之禁止，涉及实施犯罪时所从事的或借机实施了犯罪的那种活动。

第六节 遗传特征鉴定或基因样本鉴别侵害人身罪

第226－25条

Ⅰ.出于医疗或科研或反兴奋剂斗争之外的其他目的，鉴定某人遗传特征的，处1年监禁并科15,000欧元罚金。

Ⅱ.出于医疗或科研目的，但事先未按照《民法典》第16－10条的规定征得当事人同意，而鉴定该人遗传特征的，处1年监禁并科15,000欧元罚金。

Ⅲ.出于反兴奋剂斗争之目的，但事先未按照《体育法典》第L232－12－2条的规定告知当事人，而鉴定该人遗传特征的，处 1 年监禁并科 15,000 欧元罚金。

第 226－26 条　将通过遗传特征鉴定获取的个人信息，从医疗或科研用途转作他用的，处 1 年监禁并科 15,000 欧元罚金。

第 226－27 条　未按照《民法典》第 16－11 条规定之条件事先征得当事人同意，出于医疗或科研目的，采用基因样本对该人进行鉴别，或者以该人作为直系尊亲属、直系卑亲属或旁系亲属的名义提取其生物样本，旨在通过此基因样本建立第 16－11 条第 3 项所指之人的身份资料的，处 1 年监禁并科 15,000 欧元罚金。

第 226－28 条　在《民法典》第 16－11 条规定的情形之外，探寻采用基因样本鉴别当事人的行为，处 1 年监禁并科 15,000 欧元罚金。

未获得《公共卫生法典》第 L1131－3 条规定之同意以及该法典第 L1131－2－1 条规定之许可，披露当事人基因样本的鉴别信息，或者鉴定当事人的遗传特征或通过基因样本对其进行鉴别的，处相同刑罚。

第 226－28－1 条　任何人，在法律规定的情形之外，申请鉴定本人或第三人的遗传特征，或者申请采取基因样本对当事人进行鉴别的，处 3750 欧元罚金。

第 226－29 条　第 226－25 条、第 226－26 条、第 226－27 条和第 226－28 条规定的犯罪之未遂，处相同刑罚。

第 226－30 条　依据第 121－2 条的规定被宣告对本节规定之罪承担刑事责任的法人，除按照第 131－38 条之限制性规定当处罚金外，还可处第 131－39 条第 2 项至第 5 项、第 7 项至第 9 项所指刑罚。

第 131－39 条第 2 项规定之禁止，涉及实施犯罪时所从事的或借机实施了犯罪的那种活动。

第七节　自然人适用的附加刑

第 226－31 条　自然人犯本章规定的任一犯罪的，还可处下列附加刑：

(1)依据第 131－26 条之限制性规定，禁止公民权、民事权和家庭权；

(2)依据第131－27条之限制性规定,禁止从事实施犯罪时所从事的或借机实施了犯罪的那种职业或社会活动;

(3)最长5年内,禁止持有或携带须经许可的武器;

(4)依照第131－35条规定之条件,张贴或发布已宣告的判决;

(5)在第226－1条至第226－3条、第226－8条、第226－15条和第226－18条规定之情形下,没收用于实施或旨在用于实施犯罪之物或者犯罪所得之物。第226－3条提及的仪器,必须予以没收。

第226－32条　具有司法鉴定专家身份的自然人,犯第226－28条规定之罪及其未遂的,还可处从其注册的名单中予以除名。

第七章　侵害未成年人罪和妨害家庭罪

第一节　遗弃未成年人罪

第227－1条　将15岁以下未成年人遗弃于任何场所的,处7年监禁并科100,000欧元罚金,但遗弃环境能保障未成年人之健康与安全的情形除外。

第227－2条　遗弃15岁以下的未成年人,致未成年人肢体残缺或永久残疾的,处20年徒刑。

遗弃15岁以下的未成年人,致未成年人死亡的,处30年徒刑。

第二节　遗弃家庭罪

第227－3条　任何人,不执行司法判决或者不履行《民法典》第373－2－2条Ⅰ第2项至第6项提及的任一身份义务,未向未成年子女、直系卑亲属、直系尊亲属或配偶支付《民法典》规定的任一家庭义务引起的抚养费、分担费、补贴金或任何性质的给付,且超过两个月未完全履行此义务的,处2年监禁并科15,000欧元罚金。

当按照《民法典》第373－2－2条Ⅱ至Ⅳ和《社会保障法典》第L582－1条规定的条件实行抚养费的中介财务管理时,支付方家长超过两个月未完全清偿提供中介服务的家庭补助支付机构所掌管的欠款的，处相同的刑罚。

第227－4条　依据第227－3条规定之条件，有义务支付抚养费、分担费、补贴金或任何性质给付的人，在下列情况下，处6个月监禁并科7500欧元罚金：

（1）自住所变更起1个月内，未将该变更通知债权人，或者若抚养费的支付按照《民法典》第373－2－2条Ⅱ和Ⅲ与《社会保障法典》第L582－1条规定的中介财务管理制度办理，未通知家庭补助支付机构；

（2）若抚养费的支付按照《民法典》第373－2－2条Ⅱ和Ⅲ与《社会保障法典》第L582－1条规定的中介财务管理制度办理，未向家庭补助支付机构传送中介财务管理制度的指令和使用所需的信息，以及未将影响该使用的任何情况变化通知该机构。

第227－4－1条　依据第121－2条的规定被宣告对本节规定之罪承担刑事责任的法人，除按照第131－38条之限制性规定当处罚金外，还可处第131－39条第2项至第9项所指刑罚。

第131－39条第2项规定之禁止，涉及实施犯罪时所从事的或借机实施了犯罪的那种活动。

第二节（乙）　违反法官对家庭暴力案件之裁定罪

第227－4－2条　当依据《民法典》第515－9条或第515－13条作出的保护裁定要求某人遵守一项或多项义务或禁止时，若该人未遵守此类义务或禁止的，处2年监禁并科15,000欧元罚金。

违反欧盟另一成员国命令的民事保护措施的，若该措施根据欧洲议会和欧盟理事会2013年6月12日第（UE）606/2013号《关于相互承认民事保护措施的条例》，被法国承认且在法国具有执行力，则适用相同的刑罚。

第227－4－3条　当依据《民法典》第515－9条作出的保护令要求某人支付分担费或补贴金时，若该人自变更住所时起一个月内未将变更通知债权人，则处6个月监禁并科7500欧元罚金。

第三节 妨碍行使亲权罪

第227-5条 无合法依据，拒绝将未成年子女归还有权要求归返之人的，处1年监禁并科15,000欧元罚金。

第227-6条 将住所迁往他处之人，如惯常与子女同住，且在迁居后一个月内未将住所变更通知给依据判决、司法认可协议或《民法典》第229-1条规定的协议享有子女探视权和留宿权之人的，处6个月监禁并科7500欧元罚金。

第227-7条 任何直系尊亲属，将未成年子女从行使亲权之人、托管人或惯常同住之人手中骗走的，处1年监禁并科15,000欧元罚金。

第227-8条 第227-7条规定以外的任何人，未使用欺诈手段和暴力行径，将未成年子女从行使亲权之人、托管人或惯常同住之人手中骗走的，处5年监禁并科75,000欧元罚金。

第227-9条 第227-5条和第227-7条规定的犯罪，在下列情况下，处3年监禁并科45,000欧元罚金：

(1)未成年人被扣留超过5日，且有权要求归还之人不知其下落；

(2)未成年人在法国领域外被非法扣留。

第227-10条 若犯第227-5条和第227-7条所指之罪的人，之前已被剥夺亲权或者已被判决撤回行使亲权，则所犯之罪处3年监禁并科45,000欧元罚金。

第227-11条 第227-7条和第227-8条规定之犯罪的未遂，处相同刑罚。

第四节 妨害亲子关系罪

第227-12条 以营利为目的或者通过赠礼、许诺、威胁或滥用权威的方式，挑唆父母或其中一方，抛弃已出生或将出生之子女的，处6个月监禁并科7500欧元罚金。

以营利为目的，在意欲收养子女的人和意欲抛弃已出生或将出生子女的人之间充当中介的，处1年监禁并科15,000欧元罚金。

在意欲接收儿童的个人或夫妇与为了送交儿童而同意代孕的女子之间充当中介的,处本条第 2 款规定之刑罚。若上述行为经常发生或者以营利为目的,则刑罚加倍。

本条第 2 款和第 3 款规定之犯罪的未遂,处相同刑罚。

第 227 –13 条　故意调换、伪造或隐匿,导致儿童身份受到损害的,处 3 年监禁并科 45,000 欧元罚金。

未遂处相同刑罚。

第 227 –14 条　依据第 121 –2 条的规定被宣告对本节规定之罪承担刑事责任的法人,除按照第 131 –38 条之限制性规定当处罚金外,还可处第 131 –39 条第 1 项至第 3 项、第 8 项和第 9 项所指刑罚。

第五节　置未成年人于危险罪

第一小节　置未成年人健康和品德于危险罪

第 227 –15 条　直系尊亲属或其他任何对 15 岁以下未成年人行使亲权或享有管理权之人,对该未成年人不予抚养或照顾,致使其健康受到损害的,处 7 年监禁并科 100,000 欧元罚金。

让 6 岁以下的儿童在公共道路或集体客运交通场所请求路人施舍的,尤其构成不予照管罪。

第 227 –16 条　犯前条所指之罪,造成被害人死亡的,处 30 年徒刑。

第 227 –17 条　父亲或母亲,无正当理由,逃避履行法定义务,以至于损害未成年子女的健康、安全、品德或教育的,处 2 年监禁并科 30,000 欧元罚金。

为了适用《民法典》第 373 条第 3 项,本条所指之犯罪视为遗弃家庭罪。

第 227 –17 –1 条　儿童的父母或任何对儿童行使亲权或对儿童享有持续的事实上权威的人,无正当理由,不顾国家教育主管部门的催告,不在教育机构为儿童进行入学注册的,处 6 个月监禁并科 7500 欧元罚金。

开设合同之外班级的私立机构的校长或其法定代表,不顾国家教育主管部门的催告,未采取必要措施弥补被指出的过错,处 1 年监禁并科 15,000 欧元罚金。此外,法院可以对该校长或其法定代表宣告禁止领导或教学的附加刑。

未按照《教育法典》第 L442 – 2 条Ⅳ或Ⅴ或第 L441 – 3 – 1 条宣告的关闭措施关闭班级或机构或者阻碍实施该措施的,处 1 年监禁并科 75,000 欧元罚金。

第 227 – 17 – 2 条 依据第 121 – 2 条的规定被宣告对第 227 – 15 条至第 227 – 17 – 1 条规定之罪承担刑事责任的法人,除按照第 131 – 38 条之限制性规定当处罚金外,还可处第 131 – 39 条规定之刑罚。

第 227 – 18 条 直接教唆未成年人非法使用毒品的,处 5 年监禁并科 100,000 欧元罚金。

如果涉及教唆不满 15 岁的未成年人,或者在教学或教育机构或在政府部门驻地,以及在学生或公众进出时间或者非常临近的时间,在上述机构或地点的周边实施本条规定之罪,处 7 年监禁并科 150,000 欧元罚金。

第 227 – 18 – 1 条 直接教唆未成年人运送、持有、提供或让与毒品的,处 7 年监禁并科 150,000 欧元罚金。

如果涉及教唆不满 15 岁的未成年人,或者在教学或教育机构或在政府部门驻地,以及在学生或公众进出时间或者非常临近的时间,在上述机构或地点的周边实施本条规定之罪,处 10 年监禁并科 300,000 欧元罚金。

第 227 – 19 条 直接教唆未成年人过量饮用酒精的,处 1 年监禁并科 15,000 欧元罚金。

直接教唆未成年人习惯性饮用酒精的,处 2 年监禁并科 45,000 欧元罚金。

如果涉及教唆不满 15 岁的未成年人,或者在教学或教育机构或在政府部门驻地,以及在学生或公众进出时间或者非常临近的时间,在上述机构或地点的周边实施本条规定之任一犯罪,则法定最高刑加倍。

第 227 – 20 条 (空缺)

第 227 – 21 条 直接教唆未成年人实施重罪或轻罪的,处 5 年监禁并科 150,000 欧元罚金。

如果涉及教唆不满 15 岁的未成年人,或者未成年人被教唆习惯性实施重罪或轻罪,或者在教学或教育机构或在政府部门驻地,以及在学生或公众进出时间或者非常临近的时间，在上述机构或地点的周边实施本条规定之罪，处 7 年监禁并科 150,000 欧元罚金。

第二小节　针对未成年人的性犯罪

第 227-21-1 条　本编第二章第三节惩治的强奸、性侵犯、乱伦、性裸露和性骚扰犯罪，亦可对未成年被害人实施，在不影响适用这些规定的情况下，针对未成年人实施的性犯罪，由本小节规定。

第 227-22 条　支持腐化或试图支持腐化未成年人的，处 5 年监禁并科 75,000 欧元罚金。如果犯罪行为人通过向不特定公众传播信息的电子通信网络与未成年人取得联系，或者在教学或教育机构或在政府部门驻地，以及在学生或公众进出时间或非常临近的时间，在上述机构或地点的周边实施本罪，则刑罚升至 7 年监禁及 100,000 欧元罚金。

成年人组织有未成年人在场或参与的带有性裸露或者性关系内容的聚会，或者在明知上述情况下仍参加此类聚会的，尤其适用相同刑罚。

若针对不满 15 岁的未成年人实施本罪，刑罚升至 10 年监禁并科 150,000 欧元罚金。若以有组织团伙形式实行本罪，刑罚升至 10 年监禁并科 1,000,000 欧元罚金。

第 227-22-1 条　成年人通过电子通信工具，向不满 15 岁的未成年人或者显示像不满 15 岁的未成年人提出性建议的，处 2 年监禁并科 30,000 欧元罚金。

如果上述建议之后双方见面的，刑罚升至 5 年监禁及 75,000 欧元罚金。

第 227-22-2 条　在强奸或性侵犯之情形外，如果成年人通过电子通信工具唆使未成年人对其自身或者对第三人或与第三人实施任何性方面的行为，包括该唆使未产生效果的情形，处 7 年监禁并科 100,000 欧元罚金。

若针对不满 15 岁的未成年人实施本罪，刑罚升至 10 年监禁及 150,000 欧元罚金。若以有组织团伙形式实行本罪，刑罚升至 10 年监禁并科 1,000,000 欧元罚金。

第 227-23 条　以传播为目的，拍摄、录制或传播未成年人的图像或者表演，若该图像或表演具有色情性质，处 5 年监禁并科 75,000 欧元罚金。若图像或表演涉及不满 15 岁的未成年人，即便实施上述行为并非出于传播图像或表演之目的，仍受处罚。

无论以何种手段，提供、供给、传播、进口或出口或者指使他人进口或出口此种图像或表演的，处相同刑罚。

如果使用电子通信网络向不特定的公众传播未成年人之图像或表演，则刑罚升至 7 年监禁并科 100,000 欧元罚金。

在公共通信网络上经常浏览或者付费浏览上述图像或表演的，或者通过任何形式获得或者持有此种图像或表演的，处 5 年监禁并科 75,000 欧元罚金。

以有组织团伙形式实施本条规定之罪的，处 10 年监禁并科 500,000 欧元罚金。

本条规定之犯罪的未遂，处相同刑罚。

对于体型外貌为未成年人的色情图像，亦适用本条规定，除非能证明在拍摄或者录制图像之日此人已年满 18 岁。

第 227－23－1 条 成年人要求未成年人发布或传播该未成年人带有色情性质的图像、录像或表演的，处 7 年监禁并科 100,000 欧元罚金。

若上述行为针对不满 15 岁的未成年人实施，则刑罚升至 10 年监禁并科 150,000 欧元罚金。若上述行为以有组织团伙形式实施，则刑罚升至 10 年监禁并科 1,000,000 欧元罚金。

第 227－24 条 采用任何手段，通过任何载体，制作、输送和传播暴力性质、煽动恐怖主义，包括涉及动物的色情图像在内的色情性质的信息，或者可能严重侵犯人之尊严或唆使未成年人参与置其人身于危险的游戏的信息的行为，或者利用此种信息做交易的行为，如果该信息能够被未成年人所见或察觉，处 3 年监禁并科 75,000 欧元罚金。

若通过报刊或视听媒介或者公共在线通信途径实施本条所指之罪，在确定责任人时，适用相关方面管理法之特别规定。

若未成年人只作出其已达到 18 岁的简单声明就获得第 1 款提及的信息，仍成立本条规定之罪。

第 227－24－1 条　向未成年人作出提供、许诺或建议给予赠送、礼品或任何好处，或者向其施加任何性质的压力或强制，旨在使其接受性损伤的，若未实现该性损伤，处 7 年监禁并科 100,000 欧元罚金。

直接唆使他人，按照第 1 款所述之任一方式，对未成年人实施性损伤的，若未实现该性损伤，处相同刑罚。

第 227－25 条　在本编第二章第三节规定的强奸或性侵犯之情形外，成年人对不满 15 岁的未成年人实施性侵害的，处 7 年监禁并科 100,000 欧元罚金。

第 227－26 条　在下列情况下，犯第 227－25 条规定之罪，处 10 年监禁并科 150,000 欧元罚金：

(1)由对未成年被害人享有法律上或事实上权威之人实施；

(2)由滥用职权赋予的权威之人实施；

(3)由数人以正犯或共犯形式实施；

(4)犯罪行为人使用向不特定公众传播信息的电子通信网络与未成年人取得了联系；

(5)由明显处于醉酒状态或者明显受毒品控制的人实施。

第 227－27 条　在本编第二章第三节规定的强奸或性侵犯之情形外，在下列情况下，对已满 15 岁的未成年人实施性侵害的，处 5 年监禁并科 45,000 欧元罚金：

(1)由对未成年受害人享有法律上或事实上权威之人实施；

(2)由滥用职权赋予的权威之人实施。

第 227－27－1 条　如果法国人或者惯常居住于法国领域的人在外国实施第 227－22 条、第 227－23 条、第 227－25 条至第 227－27 条规定之罪，尽管有第 113－6 条第 2 款之规定，仍适用法国刑法，但是第 113－8 条第 2 句之规定不适用。

第 227－27－2 条　第 227－25 条、第 227－26 条和第 227－27 条规定之犯罪的未遂，处相同刑罚。

第 227－27－2－1 条　下列人员，针对未成年人实施第 227－25 条至第 227－27 条规定的犯罪的，构成乱伦罪：

(1)直系尊亲属;

(2)兄弟、姐妹、叔伯舅、姑姨、叔祖伯祖舅公、姑婆姨婆、侄子外甥或侄女外甥女;

(3)配偶、第1项和第2项提及之人的同居者或与第1项和第2项提及之人签署紧密关系民事契约的伴侣,若该人对未成年人拥有法律上或事实上的权威。

第227-27-3条 如果未成年人的亲权权利人对未成年人实施乱伦性侵害,审判法院应当按照《民法典》第378条和第379-1条之规定,作出撤销全部或部分亲权或撤销行使亲权的决定。

法院还可以裁定,撤销对被害人之未成年兄弟姐妹享有或行使该亲权。

如果由重罪法院进行追诉,重罪法院对此问题作出裁定,不需要陪审员参与。

第227-28条 若第227-18条至第227-21条和第227-23条规定的轻罪通过报纸或视听媒介实施,在确定责任人时,适用相关方面管理法之特别规定。

第227-28-1条 依据第121-2条的规定被宣告对第227-18条至第227-26条规定之罪承担刑事责任的法人,除按照第131-38条之限制性规定当处罚金外,还可处第131-39条第2项至第5项、第7项至第9项规定的刑罚。

第131-39条第2项规定之禁止,涉及实施犯罪时所从事的或借机实施了犯罪的那种活动。

第227-28-2条 (空缺)

第227-28-3条 向某人作出提供、许诺或建议给予赠送、礼品或任何好处,旨在使其针对未成年人实施第225-5条至第225-11条、第227-22条、第227-23条、第227-25条至第227-28条规定的任一重罪或轻罪的,若该犯罪既未实施亦无未遂,则在构成轻罪的情况下,处3年监禁并科45,000欧元罚金,在构成重罪的情况下,则处7年监禁并科100,000欧元罚金。

第六节 自然人适用的附加刑

第227－29条 自然人犯本章规定之罪的，还可处下列附加刑：

(1)依据第131－26条之限制性规定，禁止公民权、民事权和家庭权；

(2)最长5年内暂扣驾驶执照，且该暂扣执照可仅限于驾驶职业活动之外的车辆；

(3)吊销驾驶执照，并且最长5年内禁止申请颁发新执照；

(4)最长5年内禁止离开法国领域；

(5)没收用于实施或旨在用于实施犯罪之物或者犯罪所得之物；

(6)永久性或最长10年内，禁止从事与未成年人有经常性接触的职业或志愿活动；

(7)(被废除)；

(8)对于第227－2条和第227－16条规定之重罪，依据第131－27条之限制性规定，禁止担任公职或从事实施犯罪时所从事的或借机实施了犯罪的那种职业或社会活动，或者禁止从事工商业职业或以任何名义，为了本人或他人利益，直接或间接领导、管理、经营或监督某工商业企业或商业公司。上述从业禁止可以同时宣告。

第227－30条 犯本章第四节规定之罪的自然人，还可处第131－35条规定之张贴或发布判决之附加刑。

第227－31条 自然人犯第227－22条至第227－27条规定之罪，还可以按照第131－36－1条至第131－36－13条之限制性规定，判处社会司法跟踪监督。

第227－31－1条 在对第227－22条至第227－27条、第227－27－2条或第227－28－3条规定的犯罪作出判刑的情况下，禁止从事与未成年人有经常性接触的职业或志愿活动的附加刑，被宣告为永久性附加刑。鉴于犯罪情节和犯罪人人格，法院可以通过专门说明理由的判决，决定不宣告此项刑罚，或者在最长10年的幅度内宣告该附加刑。

第227－32条 (被废除)

第七节　自然人和法人共同适用的附加刑

第227－33条　自然人或法人犯第227－22条第3款和第227－23条第6款规定之罪的，还可处没收归其所有的全部或部分财产之附加刑，或者在保留善意所有人权利的前提下，没收其可自由处分的全部或部分财产之附加刑，无论财产的性质如何，属于动产或不动产，已分割还是未分割。

第三卷　侵犯财产之重罪与轻罪

第一编　欺诈占有财产罪

第一章　盗　窃　罪

第一节　普通盗窃罪及情节加重之盗窃罪

第 311－1 条　盗窃，系秘密窃取他人财物的行为。

第 311－2 条　损害他人利益，秘密窃取能源的行为，视为盗窃。

第 311－3 条　犯盗窃罪，处 3 年监禁并科 45,000 欧元罚金。

第 311－3－1 条　若第 311－3 条规定的盗窃涉及价值低于或等于 300 欧元的财物且在证实犯罪时显示财物已归还给被害人或者被害人已获得损害赔偿，其中包括累犯情形，可以按照《刑事诉讼法典》第 495－17 条至第 495－25 条规定的条件，通过一次性支付 300 欧元罚金从而取消公诉。一次性罚金的总额不低于 250 欧元，不高于 600 欧元。

第 311－4 条　在下列情况下，犯盗窃罪的，处 5 年监禁并科 75,000 欧元罚金：

(1) 由多人以正犯或共犯形式实施，但未形成有组织团伙；

(2) 由行使公安司法权力之人或者承担公用事业任务之人，在履行职责或任务之际实施；

(3) 由假冒行使公安司法权力或者承担公用事业任务之人员身份的人实施；

(4)犯罪之前、同时或之后,对他人使用暴力,未致其完全丧失劳动能力;

(5)涉及用于全力急救的物资;

(6)在居住场所或者用于或旨在用于存储资金、证券、商品或物资的场所实施;

(7)在用于集体客运交通的车辆上或者在搭乘集体客运交通工具的地点实施;

(8)犯罪之前、同时或之后,伴有破坏、毁损或毁坏行为;

(9)(被删除);

(10)由故意全部或部分蒙面以便不被识别的人实施;

(11)在教学或教育机构内实施,以及在学生出入时间或非常临近的时间,在上述机构的周边实施;

(12)旨在维持非法买卖动物的活动。

犯盗窃罪,具有本条规定之两项情节的,刑罚升至7年监禁并科100,000欧元罚金。犯盗窃罪,具有本条规定之三项情节的,刑罚升至10年监禁并科150,000欧元罚金。

第311-4-1条 成年人在一名或多名作为正犯或共犯的未成年人的帮助下实施盗窃罪的,处7年监禁并科100,000欧元罚金。

成年人在一名或多名13岁以下的未成年人帮助下实施本罪的,刑罚升至10年监禁并科150,000欧元罚金。

第311-4-2条 盗窃下列物品的,处7年监禁并科100,000欧元罚金:

(1)按照《遗产法典》的规定进行归类或注册的动产物品,或按照该法典的规定进行归类的私人档案文件;

(2)文物挖掘过程中发现的或偶然发现的出土文物;

(3)属于公共动产范畴的文化财产,或者在法国博物馆、图书馆、音像资料中心或档案馆内,或在为公益任务提供保障的公共机构或私人所属的场所内,或者在宗教信仰用途的建筑物内展出、保管或寄存的文化财产,包括临时性的展出、保管或寄存。

犯本条规定之罪时有第311-4条规定的任一情节的,刑罚升至10年监禁并科 150, 000 欧元罚金。

本条所指罚金刑,最高可以加重至所盗窃财产价值的一半。

第 311 -5 条　在下列情况下,犯盗窃罪的,处 7 年监禁并科 100, 000 欧元罚金:

(1)盗窃之前、同时或之后,对他人使用暴力,致其完全丧失劳动能力未超过 8 日;

(2)利用因年龄、疾病、残疾、身体或精神虚弱、怀孕原因明显显示或犯罪人明知为极易受伤害之人的状态实施;

(3)采用诡计、破门而入或翻墙越栏之手段,进入居住场所或者进入用于或旨在用于存放资金、有价证券、商品或物资之场所实施。

犯盗窃罪具有本条规定之两项情节的,或者犯本条规定之盗窃罪具有第 311 -4 条规定的任一情节的,刑罚升至 10 年监禁并科 150, 000 欧元罚金。

第 311 -6 条　犯盗窃罪之前、同时或之后,对他人使用暴力,致其完全丧失劳动能力超过 8 日的,处 10 年监禁并科 150, 000 欧元罚金。

第 132 -23 条前两款有关囚禁期的规定,适用于本条规定之犯罪。

第 311 -7 条　犯盗窃罪之前、同时或之后,对他人使用暴力,致人肢体残缺或永久残疾的,处 15 年徒刑并科 150, 000 欧元罚金。

第 132 -23 条前两款有关囚禁期的规定,适用于本条规定之犯罪。

第 311 -8 条　若盗窃时使用武器或以武器相威胁,或者由携带武器须经许可或禁止携带武器之人实施,处 20 年徒刑并科 150, 000 欧元罚金。

第 132 -23 条前两款有关囚禁期的规定,适用于本条规定之犯罪。

第 311 -9 条　以有组织团伙形式实施的盗窃罪,处 15 年徒刑并科 150, 000 欧元罚金。

犯此罪之前、同时或之后,对他人使用暴力的,处 20 年徒刑并科 150, 000 欧元罚金。

若犯此罪时使用武器或以武器相威胁,或者由携带武器须经许可或禁止携带武器之人实施,处 30 年徒刑并科 150, 000 欧元罚金。

第 132 -23 条前两款有关囚禁期的规定,适用于本条规定之犯罪。

第311－9－1条 企图实施第311－9条规定的有组织团伙形式的盗窃罪的任何人，如果已通知行政或司法机关，从而避免犯罪发生，或在必要时能够识别其他正犯或共犯的，免除刑罚。

实施有组织团伙形式的盗窃罪之正犯或共犯，如果已通知行政或司法机关，从而使正在实施的犯罪终止或避免犯罪致人死亡或永久伤残，并且在必要时能够识别其他正犯或共犯，则法定的剥夺自由刑刑期予以减半。

第311－10条 盗窃之前、同时或之后，实施暴力致他人死亡，或实施酷刑或野蛮行径的，处无期徒刑并科150,000欧元罚金。

第132－23条前两款有关囚禁期的规定，适用于本条规定之犯罪。

第311－11条 在第311－4条、第311－5条、第311－6条、第311－7条、第311－9条和第311－10条规定的情况下，盗窃之后，为便于正犯或共犯逃逸或使其免受惩处而使用暴力的，构成盗窃后暴力逃逸罪。

第二节 一般规定

第311－12条 在下列情况下，实施盗窃的，不得引起刑事追诉：

(1)盗窃直系尊亲属、直系卑亲属之财物；

(2)盗窃配偶之财物，但夫妻已分居或被允许分别居住之情况除外。

下列情形，不适用本条规定：

(a)如果盗窃物为被害人日常生活必需之物品或文件，如涉及外国人居留、居住资格的身份证明文件或者支付、通信手段；

(b)若犯罪人为被害人的监护人、财产管理人、司法保护领域任命的专门受托人、家庭授权领域的被授权人、履行被害人未来保护委托的受托人。

第311－13条 本章规定之轻罪的未遂，处相同刑罚。

第三节 自然人适用的附加刑及法人责任

第311－14条

Ⅰ.自然人犯本章规定的任一犯罪的，还可处下列附加刑：

(1)依据第131－26条之限制性规定，禁止公民权、民事权和家庭权。

(2)依据第131－27条之限制性规定,禁止担任公职或从事实施犯罪时所从事的或借机实施了犯罪的那种职业或社会活动,或者禁止从事工商业职业或以任何名义,为了本人或他人利益,直接或间接领导、管理、经营或监督某工商业企业或商业公司,且在第311－6条至第311－10条规定之情况下,该禁止为临时性或永久性禁止,在第311－3条至第311－5条规定之情况下,该禁止最长为5年。上述从业禁止可以同时宣告。

(3)最长5年内禁止持有或携带须经许可的武器。

(4)没收用于实施或旨在用于实施犯罪之物或者犯罪所得之物,但可归还他人之物除外。

(5)在第311－5条至第311－10条规定之情形下,依据第131－31条之限制性规定,禁止居留。

Ⅱ.在对暴力盗窃罪或当处重罪刑罚之盗窃罪作出判刑的情况下,上述Ⅰ之第3项规定的附加刑必须予以宣告。

但是,当由轻罪法院宣告判刑时,鉴于犯罪情节和犯罪人人格,法院可以通过专门说明理由的判决,决定不宣布该刑罚。

第311－15条　对于犯第311－4－2条至第311－10条规定之任一犯罪的任何外国人,依据第131－30条之规定,可以判处永久性或最长10年内禁止进入法国。

第311－16条　依据第121－2条的规定被宣布对本章规定之罪承担刑事责任的法人,除按照第131－38条之限制性规定当处罚金外,还可处下列刑罚:

(1)(被废除);

(2)在第311－6条至第311－10条规定之情况下,第131－39条第2项提及的刑罚为永久性或临时性,并且在第311－3条至第311－5条规定之情况下,该刑罚最长为5年;

(3)第131－39条第8项提及的刑罚。

第131－39条第2项规定之禁止,涉及实施犯罪时所从事的或借机实施了犯罪的那种活动。

第二章 敲诈勒索罪

第一节 勒 索 罪

第 312 –1 条 勒索罪是指通过暴力、暴力威胁或者强制，获取签字、承诺或放弃、秘密的泄露或者资金、有价证券或任何财物的交付的行为。

勒索罪，处 7 年监禁并科 100,000 欧元罚金。

第 312 –2 条 勒索罪，在下列情况下，处 10 年监禁并科 150,000 欧元罚金：

(1)勒索之前、同时或之后，对他人使用暴力，致其完全丧失劳动能力未超过 8 日；

(2)针对因年龄、疾病、残疾、身体或精神虚弱、怀孕原因明显显示或犯罪人明知为极易受伤害之人实施；

(3)(被废除)；

(4)由故意全部或部分遮住面孔以便不被识别的人实施；

(5)在教学或教育机构内或者在学生出入时间或者非常临近的时间，在上述机构的周边实施。

第 312 –3 条 犯勒索罪之前、同时或之后，对他人使用暴力，致其完全丧失劳动能力超过 8 日的，处 15 年徒刑并科 150,000 欧元罚金。

第 132 –23 条前两款有关囚禁期的规定，适用于本条规定之犯罪。

第 312 –4 条 犯勒索罪之前、之时或之后，对他人使用暴力，致其永久伤残或残疾的，处 20 年徒刑并科 150,000 欧元罚金。

第 132 –23 条前两款有关囚禁期的规定，适用于本条规定之犯罪。

第 312 –5 条 使用武器或以武器相威胁实施勒索罪，或者由携带武器须经许可或禁止携带武器之人实施勒索罪的，处 30 年徒刑并科 150,000 欧元罚金。

第 132 –23 条前两款有关囚禁期的规定，适用于本条规定之犯罪。

第 312 – 6 条 以有组织团伙形式实施勒索罪的，处 20 年徒刑并科

150,000 欧元罚金。

以有组织团伙形式实施勒索罪之前、同时或之后,对他人使用暴力,致其永久伤残或残疾的,处 30 年徒刑并科 150,000 欧元罚金。

以有组织团伙形式实施勒索罪的,如果使用武器或以武器相威胁,或者由携带武器须经许可或禁止携带武器之人实施,处无期徒刑。

第 132-23 条前两款有关囚禁期的规定,适用于本条规定之犯罪。

第 312-6-1 条　企图实施第 312-6 条规定的有组织团伙形式的勒索罪之任何人,如果已通知行政或司法机关,从而避免犯罪发生,并在必要时能够识别其他正犯或共犯的,则免除刑罚。

有组织团伙形式的勒索罪之正犯或共犯,如果已通知行政或司法机关,从而终止犯罪或者避免犯罪致人死亡或致永久伤残,并且在必要时能够识别其他正犯或共犯,则法定的剥夺自由刑刑期予以减半。若法定刑为无期徒刑,则缩减至 20 年徒刑。

第 312-7 条　犯勒索罪之前、同时或之后,暴力致人死亡,或者实施酷刑或野蛮行径的,处无期徒刑并科 150,000 欧元罚金。

第 132-23 条前两款有关囚禁期的规定,适用于本条规定之犯罪。

第 312-8 条　在第 312-2 条、第 312-3 条、第 312-4 条、第 312-6 条和第 312-7 条规定的情形下,在勒索之后使用暴力,以便于勒索之正犯或共犯逃逸或者使其不受惩处的,构成勒索后暴力逃逸罪。

第 312-9 条　本节规定之轻罪的未遂,处相同刑罚。

第 311-12 条之规定适用于本节规定之罪。

第二节　敲　诈　罪

第 312-10 条　敲诈罪是指以揭露有损名誉或声望的行为或者将该行为归咎于某人相威胁,获取签字、承诺或放弃、秘密的泄露或者资金、有价证券或任何财物的交付的行为。

敲诈罪,处 5 年监禁并科 75,000 欧元罚金。

第 312-11 条　若敲诈罪的犯罪人已将其发出的威胁付诸实施,则刑罚升至7年监禁并科100,000欧元罚金。

第312-12条 本节规定之轻罪的未遂,处相同刑罚。

第311-12条之规定,适用于本节规定之罪。

第二节(乙) 强制索取资金罪

第312-12-1条 在公共道路上聚众且以带有攻击性的方式或以危险动物相威胁,要求他人交付资金、有价证券或者财物的行为,处6个月监禁并科3750欧元罚金。

第三节 自然人适用的附加刑及法人责任

第312-13条

Ⅰ.自然人犯本章规定之罪的,还可处下列附加刑:

(1)依据第131-26条之限制性规定,禁止公民权、民事权和家庭权;

(2)依据第131-27条之限制性规定,禁止担任公职或从事实施犯罪时所从事的活动或借机实施了犯罪的那种职业或社会活动,且在第312-3条至第312-7条规定之情况下,该禁止为临时性或永久性,在第312-1条、第312-2条和第312-10条规定之情况下,该禁止最长为5年,或者禁止从事工商业职业或以任何名义,为了本人或他人利益,直接或间接领导、管理、经营或监督某工商业企业或商业公司。上述从业禁止可以同时宣告;

(3)(被废除);

(4)没收用于实施或旨在用于实施犯罪之物或者犯罪所得之物,但可归还他人之物除外;

(5)依据第131-31条之限制性规定,禁止居留;

Ⅱ.在对本章规定之罪作出判刑的情况下,必须宣告最长5年内禁止持有或携带须经许可的武器之附加刑。

但是,当由轻罪法院宣告判刑时,鉴于犯罪情节和犯罪人人格法院可以通过专门说明理由的判决,决定不宣布该刑罚。

第312-14条 对于犯本章第一节规定之任一犯罪的任何外国人,可以依照第131－30条规定之条件,判处永久性或最长10年内禁止进入法国。

第312－15条 依据第121－2条的规定被宣布对本章规定之罪承担刑事责任的法人,除按照第131－38条之限制性规定当处罚金外,还可处第131－39条规定之刑罚。

第131－39条第2项规定之禁止,涉及实施犯罪时所从事的或借机实施了犯罪的那种活动。

第三章 诈骗罪及相邻犯罪

第一节 诈骗罪

第313－1条 诈骗罪是指使用假名、假身份、滥用真实身份或者采取欺诈伎俩,欺骗自然人或者法人,使其在损害自身或第三人利益的情况下,交付资金、有价证券或任何其他财物,提供服务或者同意履行或解除义务的行为。

诈骗罪,处5年监禁并科375,000欧元罚金。

第313－2条 犯诈骗罪,在下列情况下,刑罚升至7年监禁并科750,000欧元罚金:

(1)由行使公安司法权力的人或者由承担公共事业任务的人,在履行职责或任务之中或借履行之机实施;

(2)由假冒行使公安司法权力或承担公共事业任务之人员身份的实施;

(3)由为了人道主义或社会互助之目的,向公众发行证券、募集资金的人实施;

(4)针对因年龄、疾病、残疾、身体或精神虚弱、怀孕原因明显显示或犯罪人明知为极易受伤害之人实施;

(5)为取得某种补贴、补助金、给付或不正当利益,对公共法人*、社会保障

---

* 受罗马法影响,法国区分公法和私法。法国法将具有独立人格的法人分为公法法人和私法法人。公法法人包括国家、地方行政部门及其联合团体、其他公法法人(公共机关、混合经济体、国有公司等)。私法法人又可分为营利性和非营利性两类,前者指商业公司、民事公司、经济利益团体等,后者包括经宣布成立的协会、工会、政党、人民代表机构、基金会、宗教团体等。——译者注

机构或承担公共事业任务的机构实施。

以有组织团伙形式实施诈骗的,刑罚升至 10 年监禁并科 1,000,000 欧元罚金。

第 313 –3 条 本节规定之犯罪的未遂,处相同刑罚。

第 311 –12 条之规定,适用于诈骗轻罪。

第二节 诈骗罪的相邻近犯罪

第 313 –4 条 (被废除)

第 313 –5 条 行骗罪是指明知自己完全无支付能力或者决意不予支付的人,实施的下列行为:

(1)在销售饮料或食品的机构内,让他人为自己提供饮料或食品的行为;

(2)在出租房间的建筑内,让他人为自己安排一间或数间房间并实际占用,占用时间不超过 10 日的行为;

(3)让专门的供给人员为自己车辆的油箱加满或加部分碳氢燃料或润滑油的行为;

(4)乘坐出租汽车或其他出租车辆之行为。

行骗罪,处 6 个月监禁并科 7500 欧元罚金。

依据《刑事诉讼法典》第 495 –17 条至第 495 –25 条的规定,包括在累犯的情况下,若一次性支付 300 欧元罚金,则可以取消公诉。一次性罚金的总额可降低至 250 欧元,一次性罚金的总额可增加至 600 欧元。

《刑事诉讼法典》第 495 –20 条和第 495 –21 条有关一次性罚金要求预先寄存的规定,不予适用。

第 313 –6 条 在公开招标中,采用赠礼、许诺、串通或其他欺骗手段,排斥某一竞买人或者限制竞价或投标的,处 6 个月监禁并科 22,500 欧元罚金。接受此种赠礼或许诺的,处相同刑罚。

下列行为,处相同刑罚:

(1)在公开招标中,以暴力、打斗或威胁,阻碍或扰乱自由竞价或投标的行为;

(2)公开拍卖后,在没有司法助理人员、已宣誓的有管辖权的商品经纪人、自愿公开拍卖家具的公开操作人的情况下,再次拍卖或参与拍卖的行为。

本条规定之犯罪的未遂,处相同刑罚。

第313-6-1条　将属于他人的不动产交予第三人使用,以使其通过支付款项或提供任何实物报酬的形式在该不动产内居住,但无法证明自己获得该不动产所有权人或使用权人的许可的行为,处3年监禁并科45,000欧元罚金。

第313-6-2条　未经出品方、组织方或经营权所有者的授权,经常性地将体育、文化、商业活动或人员密集的演出的入场凭证进行出售、提供出售、展示出售或展示转让或提供出售或转让的方法的行为,处15,000欧元罚金。在累犯的情形下,刑罚升至30,000欧元罚金。

适用第1款之规定时,任何可证明从出品方、组织方或经营权所有者处获得参加活动或演出的权利的票券、文件、信息或代码,无论其形式或载体为何,均被视为入场凭证。

第三节　自然人适用的附加刑及法人责任

第313-7条　自然人犯第313-1条、第313-2条、第313-6条和第313-6-1条规定之任一轻罪的,还可处下列附加刑:

(1)依据第131-26条之限制性规定,禁止公民权、民事权和家庭亲权。

(2)依据第131-27条之限制性规定,禁止担任公职或从事实施犯罪时所从事的或借机实施犯罪的那种职业或社会活动,或者禁止从事工商业职业或以任何名义,为了本人或他人利益,直接或间接领导、管理、经营或监督某工商业企业或商业公司。上述从业禁止可以同时宣告。

(3)最长5年内关闭企业机构或者其中曾用于实施犯罪行为的一个或数个机构。

(4)没收用于实施或旨在用于实施犯罪之物或者犯罪所得之物,但可归还他人之物和第131-21条最后一款的规定除外。

(5)依据第131-31条之限制性规定,禁止居留。

(6)最长5年内禁止签发支票,但出票人从受票人处提取资金的支票或保付支票除外。

(7)依照第131－35条规定的条件,张贴或发布已宣告的判决。

犯本节规定之轻罪的自然人或法人,还可处下列附加刑:5年内禁止从事《劳动法典》第L6313－1条规定的职业继续培训服务活动。

第313－8条 自然人犯第313－1条、第313－2条、第313－6条和第313－6－1条规定的任一轻罪的,还可处最长5年内排除参与公共合同。

第313－9条 依据第121－2条的规定被宣布对第313－1条至第313－3条及第313－6－1条和第313－6－2条规定之罪承担刑事责任的法人,除按照第131－38条之限制性规定当处罚金外,还可处第131－39条规定之刑罚。

第131－39条第2项规定之禁止,涉及实施犯罪时所从事的或借机实施了犯罪的那种活动。

第四章 侵吞财产罪

第一节 滥用信任罪

第314－1条 滥用信任罪是指某人损害他人利益,侵吞向其交付的且其已接受并负责予以归还、展示或派作特定用途的资金、有价证券或其他任何财物的行为。

滥用信任罪,处5年监禁并科375,000欧元罚金。

第314－1－1条 若以有组织团伙形式实施滥用信任罪,第314－1条规定的刑罚升至7年监禁并科750,000欧元罚金。

本节规定之罪的未遂,处相同刑罚。

第314－2条 在下列情况下,滥用信任罪的刑罚升至7年监禁并科750,000欧元罚金:

(1)犯罪由为了本人利益或者以工商业企业法律上或事实上的领导人或职员的名义,通过公开募集获取他人交纳的资金或有价证券的人实施;

(2)犯罪由经常从事涉及第三人财产的交易或者对此种交易给予协助,包括附属性协助，并为该第三人的利益收取资金或有价证券的人实施；

(3)犯罪损害了为了人道主义或社会互助之目的而公开募集资金的协会的利益；

(4)犯罪损害了因年龄、疾病、残疾、身体或精神虚弱、怀孕原因明显显示或犯罪人明知为极易受伤害之人的利益。

第314－3条　司法代理人员或公务助理人员、司法助理人员在履行职务之中或借履行职务之机，或者因其身份地位，实施滥用信任罪的，刑罚升至10年监禁并科1,500,000欧元罚金。

第314－4条　第311－12条之规定，适用于滥用信任之轻罪。

第二节　隐匿出质物或扣押物罪

第314－5条　债务人、借用人或者交付质物的第三人，毁坏或隐匿已设定质押之物品的，处3年监禁并科375,000欧元罚金。

本条规定之罪的未遂，处相同刑罚。

第314－6条　财产被扣押的人，毁坏或者隐匿交托其本人或第三人保管、用于担保债权人权利的被扣押物品的，处3年监禁并科375,000欧元罚金。

本条规定之罪的未遂，处相同刑罚。

第三节　虚假安排无支付能力罪

第314－7条　债务人在法院作出确认其债务的判决之前，通过增加负债、隐匿资产、减少或隐瞒全部或部分收入或者隐瞒特定财产，来造成或加重自身的无支付能力状况，以逃避执行刑事法院宣告的财产性质的判决或者民事法院就侵权、准侵权行为或扶养义务宣告的财产性质的判决的，处3年监禁并科45,000欧元罚金。

法人法律上或事实上的领导人，在前款规定的条件下，为逃避刑事、侵权或准侵权案件判决所产生的财产义务，造成或加重法人无支付能力状况的，构成前款所指轻罪。

第314－8条　法院可以决定，第314－7条规定之犯罪的共犯被判刑人，在其有偿或无偿收受的资金或财产市价的限度内，对犯罪正犯欲逃避履行的、由判决产生的财产性义务负连带责任。

若财产性质的判刑由刑事法院宣告，该法院可以决定其宣告的刑罚不得与此前宣判的刑罚相混同。

公诉时效仅从债务人意欲逃避履行的判决作出之日算起；但是如果债务人安排或加重其无支付能力状况的最后一次行径发生于该判决之后，则公诉时效自该行径之日算起。

第314-9条 在适用第314-7条规定时，涉及婚姻责任的给付、补贴或分担费支付义务的司法判决或司法认可的协议，视为支付抚养费之判决。

第四节 自然人适用的附加刑及法人责任

第314-10条 自然人犯第314-1条、第314-2条和第314-3条规定之任一轻罪的，还可处下列附加刑：

(1)依据第131-26条之限制性规定，禁止公民权、民事权和家庭权。

(2)依据第131-27条之限制性规定，禁止担任公职或从事实施犯罪时所从事的或借机实施了犯罪的那种职业或社会活动，或者禁止从事工商业职业或以任何名义，为了本人或他人利益，直接或间接领导、管理、经营或监督某工商业企业或商业公司。上述从业禁止可以同时宣告。

(3)最长5年内关闭企业机构或者其中曾用于实施犯罪行为的一个或数个机构。

(4)最长5年内排除参与公共合同。

(5)最长5年内禁止签发支票，但出票人从受票人处提取资金的支票或保付支票除外。

(6)没收用于实施或旨在用于实施犯罪之物或者犯罪所得之物，但可归还他人之物除外。

(7)依照第131-35条规定之条件，张贴或发布已宣告的判决。

第314-11条 自然人犯第314-5条、第314-6条和第314-7条规定的任一轻罪的，还可处下列附加刑：

(1)没收用于实施或旨在用于实施犯罪之物或者犯罪所得之物,但可归还他人之物除外;

(2)依照第 131－35 条规定之条件,张贴或发布已宣告的判决。

第 314－12 条　依据第 121－2 条的规定被宣布对第 314－1 条和第 314－2 条规定之罪承担刑事责任的法人,除按照第 131－38 条之限制性规定当处罚金外,还可处第 131－39 条规定之刑罚。

第 131－39 条第 2 项规定之禁止,涉及实施犯罪时所从事的或借机实施了犯罪的那种活动。

第 314－13 条　依据第 121－2 条的规定被宣布对第 314－5 条、第 314－6 条和第 314－7 条规定之罪承担刑事责任的法人,除按照第 131－38 条之限制性规定当处罚金外,还可处第 131－39 条第 8 项及第 9 项规定之刑罚。

第五章　欺诈性占用住宅或商业、农业、职业用途的场所

第 315－1 条　在法律允许之情形外,借助诡计、威胁、粗暴行为或强制手段,进入住宅或商业、农业、职业用途的场所的,处 2 年监禁并科 30,000 欧元罚金。

在法律允许之情形外,在进入第 1 款所指的场所后滞留的,处相同刑罚。

第 315－2 条　违反具有执行力的终审判决且该判决已导致合法作出离开场所的命令,而无权亦无身份地滞留于某住宅超过二个月的,处 7500 欧元罚金。

若占用者享受《民事诉讼执行法典》第 L412－6 条的规定,或者在执行法官依据该法典第 L412－3 条受理申请,直至作出驳回申请决定或者直至该法官给予占用者的期限到期的期间内,或者住所属于社会出租人或公法法人,则不适用本条规定。

第二编 其他侵犯财产罪

第一章 窝藏赃物罪及其类似或近似犯罪

第一节 窝藏赃物罪

第 321 -1 条 窝藏赃物罪是指明知物品来自重罪或轻罪而隐匿、持有或转移该物，或者充当中间人转移该物之行为。

采用任何手段，知情而故意从重罪或轻罪所得中获取利益之行为，亦构成窝藏赃物罪。

犯窝藏赃物罪的，处 5 年监禁并科 375,000 欧元罚金。

第 321 -2 条 在下列情况下，犯窝藏赃物罪，处 10 年监禁并科 750,000 欧元罚金：

(1) 经常实施本罪，或者利用从事职业活动提供的便利实施本罪；

(2) 以有组织团伙的形式实施本罪。

第 321 -3 条 第 321 -1 条和第 321 -2 条规定的罚金刑，可以升至 375,000 欧元以上，直至被窝藏赃物价值的一半。

第 321 -4 条 若产生赃物的犯罪的法定剥夺自由刑超过第 321 -1 条或第 321 -2 条规定之监禁刑的刑期，则对窝藏赃物的犯罪人，处其已知的犯罪的相关刑罚，并且若该犯罪伴随加重情节，仅处其已知加重情节的相关刑罚。

第 321 -5 条 从累犯的角度，窝藏赃物罪视为产生赃物的犯罪。

第二节 窝藏赃物罪的类似或近似犯罪

第 321 -6 条 与实施重罪或当处至少 5 年监禁的轻罪并从犯罪中直接或间接获益的一人或多人保持经常联系，或同以上犯罪的一名或多名被害人保持经常联系，但不能证明与本人生活水平相符的收入来源或不能证明所持有财产的来源的，处 3 年监禁并科 75,000 欧元罚金。

为实施重罪或当处至少5年监禁的轻罪并从犯罪中直接或间接获益的人证明虚假收入提供便利的,处相同刑罚。

第321-6-1条　若重罪和轻罪由未成年人实施,且对该未成年人享有权威的人无法证明自身收入,则第312-6条规定之刑罚升至5年监禁并科150,000欧元罚金。

若所犯之罪构成贩卖人口、勒索、犯罪团伙之重罪或轻罪,或者《刑法典》第222-52条和第222-53条,《国防法典》第L2339-2条、第L2339-3条、第L2339-10条、第L2341-4条、第L2353-4条、第L2353-5条以及《国内安全法典》第L317-2条和第L317-7条规定的武器或爆炸物方面之重罪或轻罪,刑罚升至7年监禁并科200,000欧元罚金。若所犯之罪构成走私毒品之重罪或轻罪,包括与使用毒品的一人或多人保持经常联系之情形,亦处相同刑罚。

若前款提及之罪由一名或多名未成年人实施,刑罚升至10年监禁并科300,000欧元罚金。

第321-7条　职业为出售已用过的或从制造商、销售商以外的人手中取得的动产物品的人,未按照最高行政法院提出资政意见后颁布之政令的规定,逐日设置登记簿记录物品的性质、特征、来源、处理方式,并描述取得或持有的供出售、交换的物品,以便鉴别这些物品及其出售者或交换者的,即便因疏忽大意而为之,处6个月监禁并科30,000欧元罚金。

任何人,在公共场所或对公众开放的场所组织出售、交换前款所指物品的集市,未按照最高行政法院提出资政意见后颁布之政令的规定,逐日设置登记簿以鉴别物品出售者的,即便因疏忽大意而为之,处相同刑罚,但公务助理人员或司法助理人员除外。

若第1款所指职业由法人从事,或者若第2款所指集市的组织者为法人,上述设置登记簿的义务由该法人的领导人承担。

第321-8条　前条所指之人,在前条规定的登记簿上作出不实记录的,处6个月监禁并科30,000欧元罚金。

前条所指之人,拒绝将该登记簿出示给主管机关的,处相同刑罚。

第三节 自然人适用的附加刑及法人责任

第 321 –9 条 自然人犯本章规定之罪的,还可处下列附加刑:

(1)依据第 131 –26 条之限制性规定,禁止公民权、民事权和家庭权。

(2)依据第 131 –27 条之限制性规定,禁止担任公职或从事实施犯罪时所从事的或借机实施了犯罪的那种职业或社会活动,且在第 321 –2 条和第 321 –4 条规定之情况下,该禁止为永久性或临时性,在第 321 –1 条、第 321 –6 条、第 321 –7 条和第 321 –8 条规定之情况下,该禁止最长为 5 年,或者禁止从事工商业职业或以任何名义,为了本人或他人利益,直接或间接领导、管理、经营或监督某工商业企业或商业公司。上述从业禁止可以同时宣告。

(3)关闭企业机构或者其中曾用于实施犯罪行为的一个或数个机构,且在第 321 –2 条和第 321 –4 条规定之情况下,该关闭为永久性或临时性,在第 321 –1 条、第 321 –6 条、第 321 –7 条和第 321 –8 条规定之情况下,该关闭期限最长为 5 年。

(4)在第 321 –2 条和第 321 –4 条规定之情况下,永久性或临时性排除参与公共合同,在第 321 –1 条、第 321 –6 条、第 321 –7 条和第 321 –8 条规定之情况下,该解除期限最长为 5 年。

(5)最长 5 年内禁止签发支票,但出票人从受票人处提取资金的支票或保付支票除外。

(6)没收用于实施或旨在用于实施犯罪之物或者犯罪所得之物,但可归还他人之物除外。

(7)没收归被判刑人所有或其自由处分的一件或数件武器。

(8)在第 321 –1 条至第 321 –4 条规定之情况下,依据第 131 –31 条之限制性规定,禁止居留。

(9)依照第 131 –35 条规定之条件,张贴或发布已宣告的判决。

第 321 –10 条 在第 321 –1 条至第 321 –4 条规定之情况下,还可以宣告产生赃物的重罪或轻罪可处的其他附加刑。

如果上述重罪或轻罪的附加刑属强制刑,则必须对被判处窝藏赃物罪之人宣告此附加刑，除非在轻罪法院审判中，鉴于犯罪情节和犯罪人人格，法院通过专门说明理由的判决作出相反决定。

第321-10-1条 自然人犯第321-6条和第321-6-1条规定之轻罪的，还可处全部或部分没收其无法说明来源之财产的附加刑，无论财产的性质如何，属于动产或不动产，已分割还是未分割。

犯罪行为人保持经常联系的一人或多人实施的重罪或轻罪所招致的附加刑，亦可以宣告。

第321-11条 对于犯第321-2条规定的任一犯罪的任何外国人，可以依据第131-30条规定之条件，宣告永久性或最长10年内，禁止进入法国。

第321-12条 依据第121-2条规定之条件被宣布对第321-1条至第321-4条、第321-7条和第321-8条规定之罪承担刑事责任的法人，除按照第131-38条之限制性规定当处罚金外，还可处下列刑罚：

(1)(被废除)；

(2)在第321-1条至第321-4条规定之情形下，处第131-39条规定之刑罚；

(3)在第321-7条和第321-8条规定之情形下，处第131-39条第2项、第4项、第5项、第6项、第7项、第8项和第9项规定之刑罚。

第131-39条第2项规定之禁止，涉及实施犯罪时所从事的或借机实施了犯罪的那种活动。

第二章 毁坏、破坏和损坏财产罪

第一节 对人身无危险的毁坏、破坏、损坏财产罪

第322-1条

Ⅰ.毁坏、破坏或损坏属于他人之财产的，处2年监禁并科30,000欧元罚金，但仅造成轻微损的情形除外。

Ⅱ.未经事先允许，在建筑物外墙、车辆、公共道路或城市设施上涂写文

字、符号或图画的行为，若仅造成轻微损害，处 3750 欧元罚金及公益劳动之刑罚。

依据《刑事诉讼法典》第 495 - 17 条至第 495 - 25 条的规定，包括在累犯的情况下，若一次性支付 200 欧元罚金，则可以取消公诉。一次性罚金的总额可降低至 150 欧元，一次性罚金的总额可增加至 450 欧元。

《刑事诉讼法典》第 495 - 20 条和第 495 - 21 条有关一次性罚金要求预先寄存的规定，不予适用。

第 322 - 2 条 若毁坏、破坏或损坏的财产为下列物品，犯第 322 - 1 条Ⅰ规定的犯罪，处 3 年监禁并科 45,000 欧元罚金；犯第 322 - 1 条Ⅱ规定的犯罪，处 7500 欧元罚金并科公益劳动之刑罚：

(1)（被废除）；

(2)公权机关的登记册、文书之原本或原件。

第 322 - 3 条 在下列情况下，犯第 322 - 1 条Ⅰ规定之罪，处 5 年监禁并科 75,000 欧元罚金；犯同一条Ⅱ规定之罪，处 15,000 欧元罚金并科公益劳动之刑罚：

(1)犯罪由数人以正犯或共犯形式实施；

(2)犯罪利用了因年龄、疾病、残疾、身体或精神虚弱、怀孕原因明显显示或犯罪人明知为极易受伤害之人的状态提供的便利条件；

(3)实施犯罪有损于司法官，陪审员，律师，公务助理人员或司法助理人员，宪兵军职人员，国家警察机关、海关、监狱管理部门的公务人员或者其他任何行使公安司法权力或承担公用事业任务的人的利益，目的是影响其履行职责或任务时的行为；

(3 乙)犯罪有损于配偶、直系尊亲属或直系卑亲属的利益，或者基于第 3 项所指人员的职务或身份的原因，有损于其他任何惯常居住于此类人员住所的人的利益；

(4)犯罪有损于证人、被害人或一方民事当事人的利益，目的是阻止其告发事实、控告或者出庭作证，或者基于其告发、控告或者出庭作证的原因；

(5)采用诡计、破门而入或翻墙越栏之手段，进入居住场所或者用于或旨在用于存放资金、有价证券、商品或物资的场所实施；

(6)犯罪针对归类为国防秘密的机构实施；

(7)犯罪由故意全部或部分遮住面孔以不被识别的人实施；

(8)被毁坏、破坏、损害的财产旨在用于公共用途或公共装饰，且属于公共机构人员或承担公用事业任务之人所有；

(9)犯罪涉及用于全力急救的物资；

(10)被毁坏、破坏、损害的财产用于疫苗接种。

针对学校、教育、娱乐机构或运送儿童的车辆实施第322-1条Ⅰ规定之罪的，法定刑亦升至5年监禁并科75,000欧元罚金。

犯第322-1条Ⅰ规定之罪，具有本条第1项及其之后各项规定之两项情节的，刑罚升至7年监禁并科100,000欧元罚金。

第322-3-1条　犯毁坏、破坏或损坏罪，涉及以下财产的，处7年监禁并科100,000欧元罚金：

(1)按照《遗产法典》的规定予以分类或登记的不动产或动产物品，或按照该法典规定予以分类的私人档案文件；

(2)《遗产法典》第L510-1条规定的考古遗产；

(3)属于公用动产的文化财产，或者在法国博物馆、图书馆、音像资料中心或档案馆内，在执行公益任务的公共机构或私人所属的场所内，或者在供宗教信仰用途之建筑物内展出、保管或寄存的文化财产，包括临时性展出、保管或寄存；

(4)供宗教信仰用途之建筑物。

若犯本条所指之罪，具有第322-3条第1项规定的情节，刑罚升至10年监禁并科150,000欧元罚金。

本条所指罚金刑，最高可升至被毁坏、破坏或损坏财产之价值的一半。

第322-3-2条　明知财产在盗窃时是从恐怖主义集团的战场的领地窃取而来且在无法证明财产来源的合法性的情况下，进口、出口、转口、运输、持有、销售、获得或交换具有考古、艺术、历史或科学价值的文化财产的行为，处7年监禁并科100,000欧元罚金。

犯本条规定之犯罪,具有第 322－3 条第 1 项提及的情形的,刑罚升至 10 年监禁并科 150,000 欧元罚金。

第 322－4 条 本节罪之犯罪的未遂,处相同刑罚。

第 322－4－1 条 以建立居所为目的,聚众在某场地安家,包括临时性安家,且该场地隶属于遵守 2000 年 7 月 5 日第 2000－614 号《关于旅行者接待和住宿的法律》第 1 条规定的省级纲要设定之义务的市镇,或者隶属于未被纲要记载的市镇,或者隶属于市镇以外的其他所有权人,且无法证明已获得该所有权人或场地使用权人许可的,处 1 年监禁并科 7500 欧元罚金。

依据《刑事诉讼法典》第 495－17 条的规定,若一次性支付 500 欧元罚金,则可以取消公诉。一次性罚金的总额可降低至 400 欧元,一次性罚金的总额可增加至 1000 欧元。

以机动车辆安家的,可以扣押该车辆,以便刑事法院实行没收,但用于居住的车辆除外。

第二节 对人身有危险的毁坏、破坏、损坏财产罪

第 322－5 条 由于违反法律或条例要求的谨慎或安全义务引起爆炸或火灾,过失致使他人财产受到毁坏、破坏或损坏的,处 1 年监禁并科 15,000 欧元罚金。

在蓄意明显违反法律或条例规定的谨慎或安全之特别义务的情况下,法定刑升至 2 年监禁并科 30,000 欧元罚金。

若引起他人的树林、森林、荒野、丛林、种植园或人工林火灾,在第 1 款规定的情形下,刑罚升至 2 年监禁并科 30,000 欧元罚金;在第 2 款规定的情形下,刑罚升至 3 年监禁并科 45,000 欧元罚金。

如果火灾的发生能够造成人员身体伤害或者对环境造成不可逆转的损害,在第 1 款规定的情形下,刑罚升至 3 年监禁并科 45,000 欧元罚金;在第 2 款规定的情形下,刑罚升至 5 年监禁并科 100,000 欧元罚金。

如果火灾造成他人至少 8 日完全丧失劳动能力,在第 1 款规定的情形下,刑罚升至 5 年监禁并科 75,000 欧元罚金;在第 2 款规定的情形下,刑罚升至 7

年监禁并科 100,000 欧元罚金。

如果火灾造成一人或多人死亡,在第 1 款规定的情形下,刑罚升至 7 年监禁并科 100,000 欧元罚金;在第 2 款规定的情形下,刑罚升至 10 年监禁并科 150,000 欧元罚金。

第 322－6 条　由爆炸性物质、火灾或能对人造成危险的其他任何手段致使他人财产受到毁坏、破坏或损坏的,处 10 年监禁并科 150,000 欧元罚金。

若引起他人的树林、森林、荒野、丛林、种植园或人工林火灾,能够造成人员身体伤害或者对环境造成不可逆转的损害,刑罚升至 15 年徒刑并科 150,000 欧元罚金。

第 322－6－1 条　通过任何手段,向专业人员以外的其他人,传播以火药、爆炸性物质、核物质、生物物质、化学材料或者任何其他家用、工业用或农用产品为原料制作破坏性工具之方法的,处 3 年监禁并科 45,000 欧元罚金。

若使用针对不特定公众的电子通信网络传播上述方法,刑罚升至 5 年监禁并科 75,000 欧元罚金。

第 322－7 条　犯第 322－6 条规定之罪,造成他人完全丧失劳动能力未超过 8 日的,处 15 年徒刑并科 150,000 欧元罚金。

若引起他人的树林、森林、荒野、丛林、种植园或人工林的火灾,刑罚升至 20 年徒刑并科 200,000 欧元罚金。

第 322－8 条　在下列情况下,犯第 322－6 条规定之罪,处 20 年徒刑并科 150,000 欧元罚金:

(1)以有组织团伙形式实施;

(2)造成他人完全丧失劳动能力超过 8 日;

(3)实施犯罪的原因是由于司法官、宪兵军职人员、国家警察机关、海关、监狱管理部门的公务人员或者其他任何行使公安司法权力的人员、消防队员或者抢险队员、财产所有权人或使用权人的身份。

若引起他人的树林、森林、荒野、丛林、种植园或人工林的火灾,刑罚升至 30 年徒刑并科 200,000 欧元罚金。

第 132－23 条前两款有关囚禁期的规定,适用于本条规定之犯罪。

第322-9条 犯第322-6条规定之罪，造成他人肢体残缺或永久性残疾的，处30年徒刑并科150,000欧元罚金。

若引起他人的树林、森林、荒野、丛林、种植园或人工林的火灾，刑罚升至无期徒刑并科200,000欧元罚金。

第132-23条前两款有关囚禁期的规定，适用于本条规定之犯罪。

第322-10条 犯第322-6条所指之罪，造成他人死亡的，处无期徒刑并科150,000欧元罚金。

第132-23条前两款有关囚禁期的规定，适用于本条规定之犯罪。

第322-11条 犯第322-6条规定之罪的未遂，处相同刑罚。

第322-11-1条 以一项或多项实际行动显示准备实施第322-6条规定的犯罪或人身伤害罪，并为此持有或运输可燃或易爆性物质或产品以及可燃或易爆性产品或器械之组成成分或物质的，处7年监禁并科100,000欧元罚金。

如果以上行为以有组织团伙形式实施，则刑罚升至10年监禁并科500,000欧元罚金。

除上述前两款规定之情形外，无正当理由持有或运输下列物品的，处3年监禁并科45,000欧元罚金：

(1)可用于实施第322-6条规定之罪的易爆性物质或产品，且对这类物质或产品的持有或运输无特别规定；

(2)可用于实施第322-6条规定之罪的可燃物质或产品，以及用于组成可燃或易爆性产品或器械之成分或物质，且基于引发公共秩序的紧急情况或扰乱风险的原因，持有或运输这些物品已被省级决议所禁止。

第三节 威胁毁坏、破坏、损坏财产罪以及假警报罪

第322-12条 反复威胁或者以文字、图像或其他任何物品威胁要实施对人具有危险的毁坏、破坏、损坏财产之行为的，处6个月监禁并科7500欧元罚金。

第322-13条 无论采用何种方法，若实施毁坏、破坏、损坏财产的威胁，

附带满足某种条件的命令,处 1 年监禁并科 15,000 欧元罚金。

若涉及对人身具有危险的毁坏、破坏、损坏财产的威胁,则刑罚升至 3 年监禁并科 45,000 欧元罚金。

第 322-14 条　传播或散布虚假信息,旨在使人相信将要实施或者已经实施对他人具有危险的毁坏、破坏、损坏财产的行为的,处 2 年监禁并科 30,000 欧元罚金。

传播或散布虚假信息,使人相信将发生灾难并能够引发徒劳的救援行动的,处相同刑罚。

第四节　自然人适用的附加刑及法人责任

第 322-15 条

Ⅰ.自然人犯本章规定之罪的,还可处下列附加刑:

(1)依据第 131-26 条之限制性规定,禁止公民权、民事权和家庭权。

(2)依据第 131-27 条之限制性规定,禁止担任公职或从事实施犯罪时所从事的或借机实施了犯罪的那种职业或社会活动,且在第 322-6 条至第 322-10 条规定之情况下,该禁止永久性或临时性;在第 322-1 条、第 322-2 条、第 322-3 条、第 322-3-1 条、第 322-5 条、第 322-12 条、第 322-13 条和第 322-14 条规定之情况下,该禁止期限最长为 5 年;或者在犯第 322-6 条第 2 款规定之重罪以及第 322-7 条、第 322-8 条、第 322-9 条和第 322-10 条规定之重罪的情况下,禁止从事工商业职业或以任何名义,为了本人或他人利益,直接或间接领导、管理、经营或监督某工商业企业或商业公司。上述从业禁止可以同时宣告。

(3)最长 5 年内禁止持有或携带须经许可的武器。

(4)在第 322-7 条至第 322-10 条规定之情形下,依据第 131-31 条之限制规定,禁止居留。

(5)(被废除)。

(6)(被废除)。

(7)若第 322-1 条第 1 款和第 322-2 条、第 322-3 条和第 322-6 条至

第 322 – 10 条处罚的犯罪行为在公共道路上示威游行的过程中实施，则按照第 131 – 32 – 1 条规定之条件，禁止参加公共道路示威游行。

Ⅱ. 在犯第 322 – 6 条至第 322 – 11 – 1 条规定之重罪或轻罪被判刑的情况下，本条Ⅰ之第 3 项规定的附加刑必须予以宣告。

但是，若由轻罪法院宣告判刑，鉴于犯罪情节和犯罪人人格，法院可以通过专门说明理由的判决，决定不宣布该刑罚。

第 322 – 15 – 1 条 自然人犯第 322 – 4 – 1 条规定之罪，还可处下列附加刑：

(1) 最长 3 年内暂扣驾驶执照；

(2) 没收用于实施犯罪的一辆或数辆车辆，但用于居住的车辆除外。

第 322 – 16 条 对于犯第 322 – 6 条至第 322 – 10 条规定的任一犯罪的任何外国人，可以依照第 131 – 10 条之规定，宣告永久性或最长 10 年内禁止进入法国。

第 322 – 17 条 依据第 121 – 2 条的规定被宣布对本章规定之罪承担刑事责任的法人，除按照第 131 – 38 条之限制性规定当处罚金外，在第 322 – 1 条、第 322 – 3 条、第 322 – 5 条、第 322 – 12 条、第 322 – 13 条和第 322 – 14 条规定之情况下，还可处第 131 – 39 条第 2 项规定之刑罚，最长期限为 5 年；在第 322 – 6 条至第 322 – 10 条规定之情况下，该刑罚无期限限制。

第 131 – 39 条第 2 项规定之禁止，涉及实施犯罪时所从事的或借机实施了犯罪的那种活动。

第 322 – 18 条 若自然人犯第 322 – 6 条至第 322 – 11 条规定之罪，还可以按照第 131 – 36 – 1 条至第 131 – 36 – 13 条之限制性规定，处社会司法跟踪监督。

第三章 侵犯数据自动处理系统罪

第 323 – 1 条 采取欺诈方式入侵或滞留于整个或部分数据自动处理系统的，处 3 年监禁并科 100,000 欧元罚金。

若造成该系统存储数据的删除或更改,或者导致该系统运行受到损害,处5年监禁并科150,000欧元罚金。

若针对国家建立的个人数据自动处理系统实施前两款规定之罪,刑罚升至7年监禁并科300,000欧元罚金。

第323-2条　妨碍或扰乱数据自动处理系统运行的,处5年监禁并科150,000欧元罚金。

若针对由国家建立的个人数据自动处理系统实施本罪,刑罚升至7年监禁并科300,000欧元罚金。

第323-3条　采取欺诈方式增加、摘录、持有、复制、传递、删除或更改数据自动处理系统之数据的,处5年监禁并科150,000欧元罚金。

若针对由国家建立的个人数据自动处理系统实施本罪,刑罚升至7年监禁并科300,000欧元罚金。

第323-3-1条　无正当理由特别是无科研或信息安全之理由,进口、持有、提供、让与或安排使用为实施第323-1条至第323-3条规定之一项或多项犯罪而设计或专门配置的信息设备、工具、程序或任何数据的,分别处所犯之罪对应的法定刑或者所犯最严重之罪对应的法定刑。

第323-3-2条

Ⅰ.属于《消费法典》第L111-7条提及的、限制使用匿名连接技术登录平台的人员的线上平台操作人,或不遵守2004年6月21日第2004-575号《为了数字化经济之信心的法律》第6条Ⅵ提及的义务的线上平台操作人,若产品、内容或服务的转让、提供、取得或持有明显违法而故意转让,处5年监禁并科150,000欧元罚金。

Ⅱ.通过这些平台或借助平台交易的支持,建议提供中介服务或建议以实施、掩盖或有助于上述Ⅰ提及的操作为唯一或主要目的的保管服务的,处本条Ⅰ规定的刑罚。

Ⅲ.若以有组织团伙形式实施Ⅰ和Ⅱ规定的犯罪,处10年监禁并科500,000欧元罚金。

Ⅳ.Ⅰ和Ⅱ规定之犯罪的未遂,处相同刑罚。

第 323 – 4 条 以一项或多项实际行动显示准备实施第 323 – 1 条至第 323 – 3 – 1 条规定之一项或多项犯罪,并为此参与结成的集团或达成的协议的行为,处所犯之罪对应的法定刑或者所犯最严重之罪对应的法定刑。

第 323 – 4 – 1 条 以有组织团伙形式实施第 323 – 1 条至第 323 – 3 – 1 条规定之罪的,刑罚升至 10 年监禁并科 300,000 欧元罚金。

第 323 – 4 – 2 条 若第 323 – 1 条至第 323 – 3 – 1 条规定之犯罪的后果,是置他人于死亡、可致人残肢或永久残疾之伤害的直接风险,或是阻挠旨在使面临紧迫危险之人脱险或者旨在抗击危及人们安全之灾难的救助行为,则刑罚升至 10 年监禁并科 300,000 欧元罚金。

第 323 – 5 条 自然人犯本章规定之轻罪的,还可处下列附加刑:

(1)依据第 131 – 26 条之限制性规定,最长 5 年内禁止公民权、民事权和家庭权;

(2)最长 5 年内禁止担任公职或从事实施犯罪时所从事的或借机实施了犯罪的那种职业或社会活动;

(3)没收用于实施或旨在用于实施犯罪之物或者犯罪所得之物,但可归还他人之物除外;

(4)最长 5 年内关闭企业机构或者其中曾用于实施犯罪行为的一个或数个机构;

(5)最长 5 年内排除参与公共合同;

(6)最长 5 年内禁止签发支票,但出票人从受票人处提取资金的支票或保付支票除外;

(7)依照第 131 – 35 条规定之条件,张贴或发布已宣告的判决。

第 323 – 6 条 依据第 121 – 2 条的规定被宣布对本章规定之罪承担刑事责任的法人,除按照第 131 – 38 条之限制性规定当处罚金外,还可处第 131 – 39 条规定之刑罚。

第 131 – 39 条第 2 项规定之禁止,涉及实施犯罪时所从事的或借机实施了犯罪的那种活动。

第 323 – 7 条 第 323 – 1 条至第 323 – 3 – 1 条规定之轻罪的未遂,处相同

刑罚。

第 323－8 条　经总理决议在《国内安全法典》第 L811－2 条提及的专门情报部门中指定的国家部门授权人员，为了在共和国领域之外保障该法典第 L811－3 条提及的国家基本利益而采取的措施，不适用本章的规定。

第四章　洗　钱　罪

第一节　普通洗钱罪与情节加重之洗钱罪

第 324－1 条　洗钱罪是指通过各种手段，为从重罪或轻罪中获得直接或间接收益的犯罪人提供便利，虚假证明其财产或收入来源的行为。

为重罪或轻罪的直接或间接所得之投资、隐匿或兑换操作提供帮助的行为，亦构成洗钱罪。

洗钱罪，处 5 年监禁并科 375,000 欧元罚金。

第 324－1－1 条　为了适用第 324－1 条，当财产或收入的投资、隐匿或兑换手续之具体条件、法律条件或财务条件，除了能够证实隐匿该财产或收入的来源或实际受益人外而无其他理由时，该财产或收入被认定为重罪或轻罪的直接或间接所得。

第 324－2 条　犯洗钱罪，在下列情况下，处 10 年监禁并科 750,000 欧元罚金：

(1) 经常性从事洗钱，或者利用职业活动之便利洗钱；

(2) 通过有组织团伙形式洗钱。

第 324－3 条　第 324－1 条与第 324－2 条规定之罚金，可增至洗钱活动所涉及财产或资金价值的一半。

第 324－4 条　犯洗钱罪，若洗钱活动涉及的财产或资金的源头重罪或轻罪所处的剥夺自由刑超过第 324－1 条或第 324－2 条规定的监禁刑刑期，则处犯罪人明知的该重罪或轻罪的相关刑罚，并且若该犯罪伴有加重情节，仅处其明知的加重情节的相关刑罚。

第324-5条 从累犯的角度，洗钱罪视同借该犯罪之机实施了洗钱活动的那个犯罪。

第324-6条 本节规定之轻罪的未遂，处相同刑罚。

第324-6-1条 企图实施本节规定之罪的任何人，如果已通知行政或司法机关，从而避免犯罪发生，并且在必要时能够识别其他正犯或共犯，则免除刑罚。

本节规定之罪的正犯或共犯，如果已通知行政或司法机关，从而使犯罪终止，或在必要时能够识别其他正犯或共犯，则其法定的剥夺自由刑予以减半。

第二节 自然人适用的附加刑及法人的刑事责任

第324-7条 自然人犯第324-1条和第324-2条规定之罪的，还可处下列附加刑：

(1)依据第131-27条之限制性规定，禁止担任公职或从事实施犯罪时所从事的或借机实施了犯罪的那种职业或社会活动，且在第324-2条规定之情况下，该禁止为临时性或永久性，在第324-1条规定之情况下，该禁止期限最长为5年，或者禁止从事工商业职业或以任何名义，为了本人或他人利益，直接或间接领导、管理、经营或监督某工商业企业或商业公司。上述从业禁止可以同时宣告。

(2)最长5年内禁止持有或携带须经许可的武器。

(3)最长5年内禁止签发支票和使用信用卡支付，但出票人从受票人处提取资金的支票或保付支票除外。

(4)最长5年内暂扣驾驶执照，且该暂扣执照可以仅限于驾驶职业活动之外的车辆。

(5)吊销驾驶执照，并且最长5年内禁止申请颁发新执照。

(6)没收属于被判刑人的一辆或数辆车辆。

(7)没收归被判刑人所有或自由处分的一件或数件武器。

(8)没收用于实施或旨在用于实施犯罪之物或者犯罪所得之物，但可归还他人之物除外。

(9)依据第 131 -26 条和第 131 -26 -1 条之限制性规定,禁止公民权、民事权和家庭权。

(10)依据第 131 -31 条之限制性规定,禁止居留。

(11)最长 5 年内禁止离开共和国领域。

(12)没收被判刑人的全部或部分财产,或者在保留善意所有人权利的情况下,没收被判刑人可自由处分的全部或部分财产,无论该财产的性质如何,属于动产或不动产,已分割还是未分割。

第 324 -8 条　对于犯第 324 -1 条和第 324 -2 条规定之罪的任何外国人,可以依照第 131 -30 条规定的条件,宣告永久性或者最长 10 年内禁止进入法国。

第 324 -9 条　依据第 121 -2 条的规定被宣布对第 324 -1 条和第 324 -2 条规定之罪承担刑事责任的法人,除按照第 131 -38 条之限制性规定当处罚金外,还可处第 131 -39 条规定之刑罚,以及没收其全部或部分财产;或者在保留善意所有人权利的情况下,没收其可自由处分的全部或部分财产,无论财产的性质如何,属于动产或不动产,已分割还是未分割。

第 131 -39 条第 2 项规定之禁止,涉及实施犯罪时所从事的或借机实施了犯罪的那种活动。

第四卷　危害民族、国家及公共安宁之重罪与轻罪

第一编　危害国家基本利益罪

第 410－1 条　本编中的国家基本利益是指国家独立、领土完整、国家安全、各种制度之共和体制、国防和外交手段、法国人口的国内外保护、国家自然界与生态环境平衡、国家科学与经济潜能之基本要素以及文化遗产。

第一章　叛国罪与间谍罪

第 411－1 条　第 411－2 条至第 411－11 条定义的行为，若由法国人或为在法国服役的军人实施，构成叛国罪；若由其他任何人实施，构成间谍罪。

第一节　向外国交付全部或部分国家领域、武装力量或物资罪

第 411－2 条　将法国军事力量所属部队、全部或部分法国领域交予外国国家、外国组织或受外国控制之组织、外国工作人员的行为，处终身刑事拘押并科 750,000 欧元罚金。

第 131－39 条第 2 项规定之禁止，涉及实施犯罪时所从事的或借机实施了犯罪的那种活动。

第 411－3 条　将用于国防之物资、建筑、设备、设施或仪器交予外国国家、外国企业或组织或受外国控制之企业或组织、外国工作人员的行为，处 30 年刑

事拘押并科450,000欧元罚金。

第二节　与外国通谋罪

第411-4条　与外国国家、外国企业或组织或受外国控制之企业或组织、外国工作人员通谋,旨在挑起敌视或侵犯法国行动的行为,处30年刑事拘押并科450,000欧元罚金。

向外国国家、外国企业或组织或受外国控制之企业或组织、外国工作人员提供采取敌视或侵犯法国行动之手段的行为,处相同刑罚。

第411-5条　若与外国国家、外国企业或组织或受外国控制之企业或组织、外国工作人员之间的通谋行为足以危害国家基本利益,处10年监禁并科150,000欧元罚金。

第三节　向外国提供情报罪

第411-6条　向外国国家、外国企业或组织或受外国控制之企业或组织、外国工作人员提供或使其获取如被使用、泄露或收集足以危害国家基本利益之情报、方法、物品、资料、信息数据或文件的行为,处15年刑事拘押并科225,000欧元罚金。

第411-7条　收集或集中其使用、泄露或收集足以危害国家基本利益之情报、方法、物品、资料、信息数据或文件,旨在将其交予外国国家、外国企业或组织或受外国控制之企业或组织、外国工作人员的行为,处10年监禁并科150,000欧元罚金。

第411-8条　为外国国家、外国企业或组织或受外国控制之企业或组织、外国工作人员的利益,从事活动以获取或交付其使用、泄露或收集足以危害国家基本利益之设施、情报、方法、物品、资料、信息数据或文件的行为,处10年监禁并科150,000欧元罚金。

第四节　破　坏　罪

第411-9条　毁坏、损坏或挪用任何文档、材料、建筑、设备、设施、仪器、技术装置或信息自动处理系统，或者对其加以仿制之行为，足以危害国家基本利益的，处15年刑事拘押并科225,000欧元罚金。

若实施上述行为之目的在于服务外国国家、外国企业或组织或受外国控制之企业或组织，则处20年刑事拘押并科300,000欧元罚金。

第五节　提供虚假情报罪

第411-10条　为了为外国国家、外国企业或组织或受外国控制之企业或组织的利益服务，向法国民事或军事机关提供能够诱使其出错并危害国家基本利益的虚假情报的行为，处7年监禁并科100,000欧元罚金。

第六节　教唆实施本章重罪之罪

第411-11条　通过许诺、赠送、施压、威胁或暴力手段，直接教唆实施本章规定之任一重罪的，若因犯罪人意志以外的情形致使教唆未产生结果，处7年监禁并科100,000欧元罚金。

第二章　其他危害共和国制度或国家领域完整罪

第一节　谋反罪与策划谋反罪

第412-1条　实施一项或多项足以危及共和国制度或危害国家领域完整的暴力行为的，构成谋反罪。

谋反罪，处30年刑事拘押并科450,000欧元罚金。

若行使公安司法权力的人员实施谋反罪，刑罚升至终身刑事拘押，并科750,000欧元罚金。

第132-23条前两款有关囚禁期的规定，适用于本条规定之犯罪。

第412-2条　多人之间商定实施谋反行为，并以一项或多项具体行动落实该决定的，构成策划谋反罪。

策划谋反罪，处10年监禁并科150,000欧元罚金。

若行使公安司法权力的人员实施策划谋反罪,刑罚升至 20 年刑事拘押,并科 300,000 欧元罚金。

第二节　暴　动　罪

第 412－3 条　任何危及共和国制度或危害国家领土完整的集体性暴力行为,构成暴动罪。

第 412－4 条　参加暴动并有下列行为的,处 15 年刑事拘押并科 225,000 欧元罚金:

(1)修筑街垒或防御工事,建造任何旨在阻止或妨碍治安力量采取行动之工事;

(2)公然使用暴力或诡计占据、毁坏任何建筑或设施;

(3)为暴动者提供交通、给养或通信保障;

(4)采取任何手段,煽动暴动者集会;

(5)本人携带武器;

(6)取代合法当局。

第 412－5 条　参加暴动并有下列行为的,处 20 年刑事拘押并科 300,000 欧元罚金:

(1)借助暴力、威胁、抢夺或解除治安力量武装手段,夺取武器、弹药、爆炸品*、危险品或任何物资;

(2)使暴动者获取武器、弹药、爆炸品或危险品。

第 412－6 条　领导或组织暴动的行为,处终身刑事拘押并科 750,000 欧元罚金。

第三节　篡夺指挥权、招募武装力量和煽动非法武装罪

第 412－7 条　下列行为,处 30 年刑事拘押并科 450,000 欧元罚金:

---

* 弹药(munitions),是指配备于武器发射的弹药;爆炸品(substances explosives),系可爆炸的物质,如炸药等。——译者注

(1)无权或未经允许,夺取或控制任何军事指挥权,以对抗合法当局之命令;

(2)无合法当局之命令或允许,招募武装力量。

第412-8条 煽动武装反抗国家政权或对抗部分人民群众的行为,处5年监禁并科75,000欧元罚金。

若煽动产生效果,刑罚升至30年刑事拘押,并科450,000欧元罚金。

若通过报刊或视听媒介途径进行煽动,在确定责任人时,适用相关方面管理法之特别规定。

第三章 其他危害国防罪

第一节 危害武装力量安全及国防相关保护区域罪

第413-1条 为了危害国防而煽动法国武装力量的军事人员转为外国服务的行为,处10年监禁并科150,000欧元罚金。

第413-2条 为了危害国防而妨害军事装备正常运行的行为,处5年监禁并科75,000欧元罚金。

为了危害国防而阻碍军事人员或军事装备调动的行为,处相同刑罚。

第413-3条 为了危害国防而以任何手段煽动军人或任何形式服兵役的人员不服从命令的行为,处5年监禁并科75,000欧元罚金。

若通过报刊或视听媒介途径进行煽动,在确定责任人时,适用相关方面管理法之特别规定。

第413-4条 为了危害国防而参与打击军队士气之活动的行为,处5年监禁并科75,000欧元罚金。

若通过报刊或视听媒介途径实施犯罪,在确定责任人时,适用相关方面管理法之特别规定。

第413-5条 未经主管机关批准,私自进入军事机关专用或受其控制的任何地带、港口、建筑、装备或仪器的行为,处1年监禁并科15,000欧元罚金。

第 413 – 6 条　为了危害国防而妨碍国防相关的公立或私营部门、机构或企业正常运行的行为，处 3 年监禁并科 45,000 欧元罚金。

第 413 – 7 条　在国防相关的公立或私营之部门、机构或企业内部，未经批准，擅自进入为保护设施、仪器或研究、设计、制造之秘密而划定并禁止自由通行的封闭区域或场所的行为，处 6 个月监禁并科 7500 欧元罚金。

经最高行政法院提出资政意见后颁布的政令，确定划定前款所指区域或场所之条件，以及进入该区域或场所的批准条件。

第 413 – 8 条　第 413 – 2 条、第 413 – 5 条至第 413 – 7 条规定之轻罪的未遂，处相同刑罚。

第二节　危害国防机密罪

第 413 – 9 条　国防相关的方法、物品、资料、情报、信息技术网络、信息数据或文件，受到限制传播或限制公开的分类措施保护的，具有本节所称的国防机密性质。

若方法、物品、资料、情报、信息技术网络、信息数据或文件的泄露或获取足以危害国防或致使暴露国防机密，则可以受到上述分类措施的保护。

具有国防机密性质的方法、物品、资料、情报、信息技术网络、信息数据或文件的分类等级，以及负责规定对其保护方式的机关，均由最高行政法院提出资政意见后颁布之政令予以确定。

第 413 – 10 条　由于身份、职业、临时性或长期性职责或任务的原因，掌握具有国防机密性质的方法、物品、资料、情报、信息技术网络、信息数据或文件的任何人，将其毁坏、挪用、窃取、复制或者使无资格人员获取或者将其告知公众或无资格人员的行为，处 7 年监禁并科 100,000 欧元罚金。

上述掌握机密的人放任他人获取、损毁、挪用、窃取、复制或泄露前款所指方法、物品、资料、情报、信息技术网络、信息数据或文件的行为，处相同惩罚。

若掌握机密的人因轻率不慎或疏忽大意而犯本罪，处 3 年监禁并科 45,000 欧元罚金。

第 413 – 11 条　第 413 – 10 条所指人员之外的任何人，具有下列行为的，处5年监禁并科75,000欧元罚金：

(1)擅自占有、获取或了解具有国防机密性质的方法、物品、资料、情报、信息技术网络、信息数据或文件；

(2)无论以何种方式损毁、窃取或复制此类方法、物品、资料、情报、信息技术网络、信息数据或文件；

(3)将此类方法、物品、资料、情报、信息技术网络、信息数据或文件告知公众或无资格人员。

第413-12条 犯第413-10条第1款及第413-11条规定之犯罪的未遂，处相同刑罚。

第三节 危害某些特殊部门或单位罪

第413-13条 泄露任何信息，可能直接或间接导致《国内安全法典》第L811-2条所指部门的工作人员或该法典第L811-4条规定的最高行政法院提出资政意见后颁布之政令指定部门的工作人员，依据《国内安全法典》第L861-2条使用假借身份、伪造身份或真实身份的暴露或者其与上述部门之隶属关系的暴露的，处5年监禁并科75,000欧元罚金。

若该泄露导致上述部门工作人员、其配偶、与其签署紧密关系民事契约的伴侣或者其直系尊、卑亲属的身体或心理受到侵害，刑罚升至7年监禁并科100,000欧元罚金。

若该泄露导致上述部门工作人员、其配偶、与其签署紧密关系民事契约的伴侣或者其直系尊、卑亲属死亡，刑罚升至10年监禁并科150,000欧元罚金，但在必要时，不影响第二卷第二编第一章的适用。

由于身份、职业、临时性或长期性职责或任务的原因而掌握信息的人，因轻率不慎或疏忽大意而泄露第1款提及的信息的，处3年监禁并科45,000欧元罚金。

泄露任何信息，可能直接或间接导致本条第1款所指部门的消息来源者或合作者之身份受到切实或可能的暴露的，适用本条规定。

第413-14条 无论以何种方式泄露或揭露任何信息，可能直接或间接导致国防部部长决议任命的特别军事部队或内务部部长决议任命的反恐斗争特别行动部队之成员身份的暴露的，处5年监禁并科75,000欧元罚金。

第413－13条第2款至倒数第2款的规定，适用于上述泄露或揭露行为。

第四章　特殊条款

第414－1条　在政府宣告戒严、紧急状态或决定总动员、警戒的情况下，犯第413－1条至第413－3条规定的犯罪的，处30年刑事拘押并科450,000欧元罚金；犯第413－6条规定的犯罪的，处7年监禁并科100,000欧元罚金。

在前款所指之情况下，为了危害国防而煽动实施第413－2条规定之罪的行为，处10年监禁并科150,000欧元罚金，煽动实施第413－6条规定之罪的行为，处5年监禁并科75,000欧元罚金。

第414－2条　企图实施第411－2条、第411－3条、第411－6条、第411－9条和第412－1条规定之罪的任何人，如果已通知行政或司法机关，从而避免犯罪发生，并在必要时能够识别其他犯罪人，则免除刑罚。

第414－3条　参与第412－2条规定的策划谋反罪的任何人，若在被追诉之前已向主管机关揭发谋反阴谋并能够识别其他参与人员，则免除刑罚。

第414－4条　第411－4条、第411－5条、第411－7条、第411－8条和第412－6条规定之罪的正犯或共犯，如果已通知行政或司法机关，从而使犯罪行为终止或者避免犯罪致人死亡或永久伤残，并在必要时能够识别其他犯罪人，则其法定的剥夺自由刑予以减半。

如果法定刑为终身刑事拘押，则缩减至20年徒刑。

第414－5条　自然人犯本编规定之重罪和轻罪的，还可处下列附加刑：

(1)依据第131－26条之限制性规定，剥夺公民权、民事权及家庭权。

(2)依据第131－27条之限制性规定，禁止担任公职或从事实施犯罪时所从事的或借机实施了犯罪的那种职业或社会活动，或者对于第411－2条、第411－3条、第411－4条、第411－6条、第411－9条、第412－1条、第412－2条最后一款、第412－4条、第412－5条、第412－6条、第412－7条、第412－8

条第 2 款和第 414 –1 条第 1 款规定之重罪，禁止从事工商业职业或以任何名义，为了本人或他人利益，直接或间接领导、管理、经营或监督某工商业企业或商业公司。上述从业禁止可以同时宣告。

(3)没收用于实施或旨在用于实施犯罪之物或者犯罪所得之物，但可归还他人之物除外。

(4)依据第 131 –31 条之限制性规定，禁止居留。

第 414 –6 条 对于犯本编第一章、第二章和第四章及第 413 –1 条至第 413 –4 条、第 413 –10 条和第 413 –11 条规定之罪的任何外国人，可以依照第 131 –30 条规定的条件，宣告永久性或者最长 10 年内禁止进入法国。

第 414 –7 条 依据第 121 –2 条的规定被宣布对本编规定之罪承担刑事责任的法人，除按照第 131 –38 条之限制性规定当处罚金外，还可处第 131 –39 条规定之刑罚。

第 131 –39 条第 2 项规定之禁止，涉及实施犯罪时所从事的或借机实施了犯罪的那种活动。

第 414 –8 条 实施第 411 –1 条至第 411 –11 条以及第 413 –1 条至第 413 –12 条规定的犯罪有损于下列对象的，则适用这些条款的规定：

(1)北大西洋公约签署国；

(2)北大西洋公约组织。

第 414 –9 条 第 411 –6 条至第 411 –11 条以及第 413 –9 条至第 413 –12 条之规定适用于：

(1)根据法国与外国或与国际组织签订的、经正式批准并公布的关于分类信息安全保护协议而交换的情报信息；

(2)法国与欧盟机构或机关根据《欧盟公报》已公布的各项欧盟安全条例交换的情报信息。

第二编 恐怖主义罪

第一章 恐怖主义行为罪

第 421-1 条 下列犯罪,若与采取恐吓或恐怖手段、以严重扰乱公共秩序为目的的个人或集体行为有故意联系,则构成恐怖主义行为罪:

(1)本法典第二卷规定的故意侵害生命罪、故意侵害人之身体罪、绑架罪、非法拘禁罪以及劫持航天器、船只或其他交通工具罪;

(2)本法典第三卷规定的盗窃罪、勒索罪、毁坏罪、破坏罪、损坏罪以及信息技术方面的犯罪;

(3)第 431-13 条至第 431-17 条规定的武装集团和被解散的运动罪和第 434-6 条和第 441-2 条至第 441-5 条规定的犯罪;

(4)本法典第 222-52 条至第 222-54 条、第 322-6-1 条和第 322-11-1 条规定的,《国防法典》第 L1333-9 条之Ⅰ、第 L1333-11 条和第 L1333-13-2 条、第 L1333-13-3 条之Ⅱ和第 L1333-13-4 条、第 L1333-13-6 条、第 L2339-2 条、第 L2339-14 条、第 L2339-16 条、第 L2341-1 条、第 L2341-4 条、第 L2341-5 条、第 L2342-57 条至第 L2342-62 条、第 L2353-4 条、第 L2353-5 条第 1 项和第 L2353-13 条规定的,以及《国内安全法典》第 L317-7 条和第 L317-8 条规定的除最高行政法院提出资政意见后颁布之政令规定的 D 类武器以外的武器、爆炸物、核物质类犯罪;

(5)窝藏上述第 1 项至第 4 项规定之任一犯罪的所得;

(6)本法典第三卷第二编第四章规定的洗钱罪;

(7)《货币与金融法典》第 L465-1 条至第 L465-3 条规定的知情投机罪。

第 421-2 条 向空气、地面、地下、食物、食品成分、水域包括领海投放危害人类、动物健康或自然环境之物质的行为,若与采取恐吓或恐怖手段、以严重扰乱公共秩序为目的的个人或集体行为有故意联系,亦构成恐怖主义行为罪。

第421－2－1条 参加组建的集团或已达成的串通，并以一项或多项实际行动表明准备实施前述条款所指之任一恐怖主义行为的，亦构成恐怖主义行为罪。

第421－2－2条 为了使资金、有价证券或财产用于或明知其将全部或部分用于实施本章规定之任一恐怖主义行为，而通过提供、汇集或管理资金、有价证券或任何财产或者为此目的通过提出相关建议来资助恐怖主义行动的行为，无论该恐怖主义行为是否实施，亦构成恐怖主义行为罪。

第421－2－3条 与一名或多名实施第421－1条至第421－2－2条所指行为之人保持经常联系，却不能证明与本人生活水平相符的收入来源的，处7年监禁并科100,000欧元罚金。

第421－2－4条 为了使人参与第421－2－1条规定的集团或串通或实施第421－1条和第421－2条所指之任一恐怖主义行为，而向某人作出提供或许诺，建议给予赠送、礼品或任何好处，做出威胁或施加压力的行为，即使行为未果，仍处10年监禁并科150,000欧元罚金。

第421－2－4－1条 对未成年人享有权威之人，让该未成年人参加组建的集团或已达成的串通，且该集团或串通以一项或多项实际行动表明准备实施第421－1条和第421－2条所指之任一恐怖主义行为的，处15年监禁并科225,000欧元罚金。

若对未成年人享有亲权的人实施上述行为，审判法院将依据《民法典》第378条和第379－1条，决定撤回全部或部分亲权或者撤回行使该亲权。对该人的其他未成年子女，法院还可以裁定撤回亲权或撤回行使该亲权。若由重罪法院进行追诉，法院对该问题作出裁定，不需要陪审员参与。

第421－2－5条 直接煽动实施恐怖主义行为或者公开颂扬恐怖主义行为的，处5年监禁并科75,000欧元罚金。

若使用公共在线通信服务实施上述行为，刑罚升至7年监禁并科100,000欧元罚金。

若通过报刊、视听媒介或者公共在线通信途径实施上述行为，在确定责任人时，适用相关方面管理法之特别规定。

第421-2-5-1条　故意摘抄、复制、传播公开颂扬恐怖主义行为的数据或者直接煽动实施恐怖主义行为，以便在明知的情况下，妨碍2004年6月21日第2004-575号《数字经济信任法》第6-1条或《刑事诉讼法典》第706-23条规定之程序效率的行为，处5年监禁并科75,000欧元罚金。

第421-2-6条

Ⅰ.预备实施Ⅱ所指之任一犯罪，若该犯罪的预备行为与采取恐吓或恐怖手段、以严重扰乱公共秩序为目的的个人行动有故意联系，并且体现为下列行为，则构成恐怖主义行为罪：

(1)持有、获得、企图获得或者制造能够对他人造成危险的物品或者物质。

(2)下列其他客观行为：

①收集某地或某人的情报，以便能够在该地采取行动或对该人实施侵害或对该地和该人进行监控；

②练习或学习掌握武器、各种形式的格斗，练习或学习制造或使用爆炸物、可燃物、核物质、放射物、生物物质、化学物质，或者练习或学习驾驶飞行器或船只；

③经常浏览一项或多项公共在线通信服务或者持有直接煽动实施或颂扬恐怖主义行为的资料；

④曾在国外的恐怖主义组织战区居留。

Ⅱ.Ⅰ之规定，适用于预备实施下列犯罪：

(1)第421-1条第1项规定的任一恐怖主义行为；

(2)第421-1条第2项规定的任一恐怖主义行为，若预备行为是指通过爆炸物或可燃物实施的毁坏、破坏或损坏，并且实施的时间或地点可能造成一人或多人人身伤害；

(3)第421-2条规定的任一恐怖主义行为，若预备行为可能造成一人或多人人身伤害。

第421-3条　第421-1条提及之罪，若构成恐怖主义行为罪，则法定剥夺自由刑之最高刑期升至如下：

(1)若犯罪当处30年徒刑，升至无期徒刑；

(2)若犯罪当处20年徒刑,升至30年徒刑;

(3)若犯罪当处15年徒刑,升至20年徒刑;

(4)若犯罪当处10年监禁刑,升至15年徒刑;

(5)若犯罪当处7年监禁刑,升至10年监禁刑;

(6)若犯罪当处5年监禁刑,升至7年监禁刑;

(7)若犯罪最高当处3年监禁刑,升至刑罚加倍。

第421-4条 第421-2条规定之恐怖主义行为罪,处20年徒刑并科350,000欧元罚金。

若该恐怖主义行为导致一人或数人死亡,处无期徒刑并科750,000欧元罚金。

第421-5条 第421-2-1条和第421-2-2条规定之恐怖主义行为,处10年监禁并科225,000欧元罚金。

领导或组织第421-2-1条规定之集团或串通的行为,处30年徒刑并科500,000欧元罚金。

第421-2-2条规定之轻罪的未遂,处相同刑罚。

第421-2-6条规定之恐怖主义行为,处10年监禁并科150,000欧元罚金。

第421-6条 若第421-2-1条所指之集团或串通的目标是准备实施下列行为,刑罚升至30年徒刑并科450,000欧元罚金:

(1)第421-1条第1项所指的一项或数项侵害人身之重罪。

(2)第421-1条第2项所指的通过爆炸物或可燃物造成的一种或多种破坏行为,并且实施的时间或地点可能造成一人或多人死亡。

(3)第421-2条规定之恐怖主义行为,并且可能造成一人或多人死亡。

领导或组织此类集团或串通的行为,处无期徒刑并科500,000欧元罚金。

第421-7条 第132-23条前两款有关囚禁期的规定,适用于本章规定之重罪以及当处10年监禁之轻罪。但是,若本章规定之重罪当处无期徒刑,重罪法院可以通过特别决定,将囚禁期升至30年,或者若重罪法院宣告无期徒刑,则可以决定不得给被判刑人施以第132-23条列举的任何措施。在减刑的情况下,除非特赦令另作规定,囚禁期等于特赦措施后剩余的刑期。

第 421－8 条　对于犯第 421－1 条至第 421－6 条规定之罪的人,依据第 131－36－1 条至第 131－36－13 条规定的方式,处社会司法跟踪监督。

但是,鉴于犯罪情节和犯罪人人格,法院可以通过专门说明理由的判决,决定不宣布上述刑罚。

第二章　特殊条款

第 422－1 条　企图实施恐怖主义行为的任何人,如果已通知行政或司法机关,从而避免犯罪发生,并在必要时能够识别其他犯罪人,则免除刑罚。

第 422－2 条　恐怖主义行为罪的正犯或共犯,如果已通知行政或司法机关,从而使犯罪行为终止或避免犯罪致人死亡或永久伤残,并在必要时能够识别其他犯罪人,则其法定的剥夺自由刑予以减半。如果法定刑为无期徒刑,则减至 20 年徒刑。

第 422－3 条　自然人犯本编规定之任一犯罪的,还可处下列附加刑:

(1)依据第 131－26 条之限制性规定,禁止公民权、民事权及家庭权。但是禁止的最长期限,对于重罪升至 15 年,对于轻罪升至 10 年。

(2)依据第 131－27 条之限制性规定,禁止担任公职或从事实施犯罪时所从事的或借机实施了犯罪的那种职业或社会活动,并且临时性禁止的最长期限为 10 年,或者对于第 421－3 条第 1 项至第 4 项、第 421－4 条、第 421－5 条第 2 款和第 421－6 条规定之重罪,禁止从事工商业职业或以任何名义,为了本人或他人利益,直接或间接领导、管理、经营或监督某工商业企业或商业公司。上述从业禁止可以同时宣告。

(3)依据第 131－31 条之限制性规定,禁止居留。但是,禁止的最长期限,对于重罪升至 15 年,对于轻罪升至 10 年。

第 422－4 条　对于犯本编规定之罪的任何外国人,审判法院可以依照第 131－30 条规定的条件,宣告永久性或者最长 10 年内禁止进入法国。

但是,鉴于犯罪情节和犯罪人人格,法院可以通过专门说明理由的判决,决定不宣布上述刑罚。

第 422 –5 条 依据第 121 –2 条的规定被宣布对本编规定之罪承担刑事责任的法人,除按照第 131 –38 条之限制性规定当处罚金外,还可处第 131 –39 条规定之刑罚。

第 131 –39 条第 2 项规定之禁止,涉及实施犯罪时所从事的或借机实施了犯罪的那种活动。

第 422 –6 条 被判犯恐怖主义行为罪的自然人或法人,在保留善意所有权人权利的情况下,还可处没收归其所有或者自由处分的全部或部分财产之附加刑,无论这些财产的性质如何,属于动产还是不动产,已分割还是未分割。

第 422 –7 条 被判犯恐怖主义行为罪之人宣告的经济刑或财产刑之所得,将划拨至恐怖主义行为罪及其他犯罪被害人之保障基金。

第三编 危害国家权威罪

第一章 危害公共安宁罪

第一节 妨碍言论、劳动、结社、集会或示威游行自由罪

第 431 –1 条 相互串通并借助威胁手段,妨碍言论、劳动、结社、集会或示威游行之自由的行为,或者妨碍议会讨论或者地方行政区域议事机构讨论的行为,处 1 年监禁并科 15,000 欧元罚金。

相互串通并借助威胁手段,妨碍艺术创作自由或艺术创作传播自由的行为,处 1 年监禁并科 15,000 欧元罚金。

相互串通并借助威胁手段,妨碍履行教学职能的行为,处 1 年监禁并科 15,000 欧元罚金。

相互串通并借助殴打、暴力、粗暴行为、本法典所指之破坏、损毁手段,妨碍上述条款所指的任一项自由的行为,处 3 年监禁并科 45,000 欧元罚金。

第 431 –2 条 自然人犯第 431 –1 条规定的任一犯罪的,还可处下列附

加刑：

(1)依据第 131 –26 条之限制性规定，禁止公民权、民事权及家庭权；

(2)依据第 131 –27 条之限制性规定，禁止担任公职或从事实施犯罪时所从事的或借机实施了犯罪的那种职业或社会活动；

(3)最长 5 年内禁止持有或携带须经许可的武器。

第二节　违法参与聚众罪

第 431 –3 条　在公共道路或公共场所进行任何可能扰乱公共秩序的人员聚集的，构成聚众罪。

按照《国内安全法典》第 L211 –9 条规定之条件和方式，两次催告聚集人员自行解散无果后，可通过治安力量驱散聚众。

第 431 –4 条　未持有武器者，在催告后，仍自愿继续参与聚众的行为，处 1 年监禁并科 15,000 欧元罚金。

第 1 款所指之罪的犯罪人，若故意全部或部分遮住面孔以便不被识别，处 3 年监禁并科 45,000 欧元罚金。

第 431 –5 条　持有武器参与聚众的行为，处 3 年监禁并科 45,000 欧元罚金。

如果持有武器者，在催告后，仍自愿继续参与聚众，刑罚升至 5 年监禁并科 75,000 欧元罚金。

如果持有武器者故意全部或部分遮住面孔以便不被识别，刑罚升至 5 年监禁并科 75,000 欧元罚金。

第 431 –6 条　通过公开叫喊或公众演讲、张贴或散发文字材料或者其他任何传播文字、话语或图像的手段，直接煽动武装聚众的行为，处 1 年监禁并科 15,000 欧元罚金。

若煽动引起效果，刑罚升至 7 年监禁并科 100,000 欧元罚金。

第 431 –7 条

Ⅰ. 自然人犯第 431 –5 条和第 431 –6 条规定之罪的，还可处下列附加刑：

(1)依据第131－26条之限制性规定,禁止公民权、民事权和家庭权;

(2)和(3)(被废除);

(4)依据第131－31条之限制性规定,禁止居留。

Ⅱ.因犯第431－5条和第431－6条规定之罪被判刑的情况下,必须宣告下列附加刑:

(1)最长5年内禁止持有或携带须经许可的武器;

(2)没收归被判刑人所有或自由处分的一件或数件武器。

但是,鉴于犯罪情节和犯罪人人格,法院可以通过专门说明理由的判决,决定不宣布上述刑罚。

第431－8条　对于犯第431－5条和第431－6条规定之罪的任何外国人,可以依照第131－30条规定的条件,宣告永久性或者最长10年内禁止进入法国。

第431－8－1条　《刑事诉讼法典》第393条至第397－7条和第495－7条至第495－15－1条,适用于本节规定之轻罪。

第三节　非法示威游行罪及违法参与示威或公共集会罪

第431－9条　下列行为,处6个月监禁并科7500欧元罚金:

(1)未按照法律规定作出提前声明,在公共道路上组织示威游行;

(2)在公共道路上组织法律规定禁止的示威游行;

(3)作出不完整或不属实的声明,足以使人对拟定的示威游行之目的或条件产生误解。

第431－9－1条　公共道路示威游行的内部或邻近四周的人,在过程中或之后发生或有可能发生的扰乱公共秩序时,无正当理由故意全部或部分遮住面孔以便不被识别的行为,处1年监禁并科15,000欧元罚金。

第431－10条　携带武器参加示威游行或公共集会的行为,处3年监禁并科45,000欧元罚金。

第431－11条

Ⅰ.自然人犯本节规定之罪的,还可处下列附加刑:

(1)依据第131－26条之限制性规定，禁止公民权、民事权及家庭权；

(2)依据第131－32－1条规定之条件，禁止参加公共道路示威游行；

(3)(被废除)；

(4)依据第131－31条之限制性规定，禁止居留。

Ⅱ.因犯本节规定之罪被判刑的情况下，必须宣告下列附加刑：

(1)最长5年内禁止持有或携带须经许可的武器；

(2)没收归被判刑人所有或自由处分的一件或数件武器。

但是，鉴于犯罪情节和犯罪人人格，法院可以通过专门说明理由的判决，决定不宣布上述刑罚。

第431－12条　对于犯第431－10条规定之罪的任何外国人，可以依照第131－30条规定的条件，宣告永久性或者最长10年内禁止进入法国。

第四节　武装集团及被解散的运动罪

第431－13条　在法律规定的情形外，持有武器或能够获得武器的、具有等级制度组织的、足以扰乱公共秩序的任何人员团伙，均构成武装集团。

第431－14条　加入武装集团的行为，处3年监禁并科45,000欧元罚金。

第431－15条　公开或暗中参与维持或重建依据《国内安全法典》第L212－1条予以解散的社团或组织的行为，处3年监禁并科45,000欧元罚金。

若维持或重建的社团或组织是第431－14条意义上的武装集团，刑罚升至5年监禁并科75,000欧元罚金。

第431－16条　组织武装集团的行为，处5年监禁并科75,000欧元罚金。

第431－17条　公开或暗中筹划维持或筹划重建依照1936年1月10日法律予以解散的武装集团的行为，处7年监禁并科100,000欧元罚金。

第431－18条　自然人犯本节规定之罪的，还可处下列附加刑：

(1)依据第131－26条之限制性规定，禁止公民权、民事权及家庭权；

(1乙)自判刑生效之日起，最长3年内禁止领导或管理社团；

(2)在第221－10条规定的条件下，全部或部分发布法院判决或公告，告知公众法院判决之理由和主文；

(3)依据第131－31条之限制性规定,禁止居留。

第431－19条 对于犯本节规定之罪的任何外国人,可以依照第131－30条规定的条件,宣告永久性或者最长10年内禁止进入法国。

第431－20条 依据第121－2条的规定被宣布对本节规定之罪承担刑事责任的法人,除按照第131－38条之限制性规定当处罚金外,还可处第131－39条规定之刑罚。

第131－39条第2项规定之禁止,涉及实施犯罪时所从事的或借机实施了犯罪的那种活动。

第431－21条 自然人或法人犯本节规定之罪的,还可处下列刑罚:

(1)没收归武装集团、现有或重组的社团或集团所有或者使用的动产或不动产财产;

(2)没收武装集团、现有或重组的社团或集团使用或者旨在使用的制服、证章、标志、武器及任何装备。

第五节 擅入学校教育机构罪

第431－22条 为了破坏机构的安宁或扰乱其正常秩序,未经法律、条例规定授权或管辖机关批准,进入或滞留在学校教育机构内部的行为,处1年监禁并科7500欧元罚金。

依据《刑事诉讼法典》第495－17条至第495－25条的规定,若一次性支付500欧元罚金,则可以取消公诉。一次性罚金的总额可降低至400欧元,一次性罚金的总额可增加至1000欧元。

《刑事诉讼法典》第495－20条和第495－21条有关一次性罚金要求预先寄存的规定,不予适用。

第431－23条 聚众实施第431－22条规定之轻罪的,刑罚升至3年监禁并科45,000欧元罚金。

第431－24条 若第431－22条规定之轻罪由携带武器的人实施,刑罚升至3年监禁并科45,000欧元罚金。

第431－25条 若第431－22条规定之轻罪由携带武器之人聚众实施,则刑罚升至5年监禁并科75,000欧元罚金。

第431－26条

Ⅰ.自然人犯本节规定之罪的,还可处下列附加刑:

(1)依据第131－26条之限制性规定,禁止公民权、民事权及家庭权;

(2)最长5年内禁止持有或携带须经许可的武器;

(3)公益劳动刑;

(4)没收归被判刑人所有或自由处分的一件或数件武器;

(5)依据第131－31条之限制性规定,禁止居留。

Ⅱ.因第431－24条和第431－25条规定之轻罪被判刑的情况下,必须宣告Ⅰ之第2项至第4项宣告的附加刑,禁止期限最长升至10年。

但是,鉴于犯罪情节和犯罪人人格,法院可以通过专门说明理由的判决,决定不宣布上述刑罚。

第431－27条　对于犯第431－25条规定之罪的任何外国人,可以在第131－30条规定的条件下,宣告永久性或者最长10年内,禁止进入法国。

第六节　在学校持械罪

第431－28条　(被废除)

第七节　在公共道路上为广告目的散发钱币罪

第431－29条　在公共道路上,为了广告目的,散发法定流通的硬币或纸币,处6个月监禁并科30,000欧元罚金。

以任何方式,公开宣布将在公共道路上为了广告目的散发法定流通的硬币或纸币的行为,处3个月监禁并科15,000欧元罚金。

在第1款规定的情况下,罚金可升至已散发数额的两倍。

第431－30条　依据第121－2条的规定被宣布对本节规定之罪承担刑事责任的法人,除按照第131－38条之限制性规定当处罚金外,还可处张贴或者通过报刊或任何电子大众传媒手段发布已宣告的判决之刑罚。

第二章　公职人员危害公共行政管理罪

第一节　对政府部门滥用权威罪

第432-1条　行使公安司法权力的人,在行使职责时,采取阻挠法律执行之措施的行为,处5年监禁并科75,000欧元罚金。

第432-2条　若第432-1条规定之犯罪产生后果,处10年监禁并科150,000欧元罚金。

第432-3条　行使公安司法权力、承担公用事业任务或经公共选举担任职务的人,在正式通知其停职的决定或事由后,仍继续行使职务的行为,处2年监禁并科30,000欧元罚金。

第二节　对个人滥用权威罪

第一小节　妨害个人自由罪

第432-4条　行使公安司法权力或承担公用事业任务的人,在履行职责或任务之中或借履行之机,随意命令或实施侵害个人自由的行为,处7年监禁并科100,000欧元罚金。

若侵害行为包括7日以上的拘押或扣留,刑罚升至30年徒刑并科450,000欧元罚金。

第432-5条　行使公安司法权力或承担公用事业任务的人,在履行职责或任务之中或借履行之机,明知存在非法剥夺自由的行为,若其有权终止而故意不予终止,或者在无权终止的情况下故意不提请主管机关予以干预的,处3年监禁并科45,000欧元罚金。

前款规定之人,在履行职责或任务之中或借履行之机,明知有剥夺自由的行为被告发为非法,若其有权作出必要审查而故意不予审查,或者在无权审查的情况下,故意不将审查请求转达给主管机关,从而使被认定为非法的剥夺自由行为继续的,处1年监禁并科15,000欧元罚金。

第432-6条　监狱管理人员在没有依法作出凭证、判决或收监令之情况下,接收、扣留某人或者非法延长羁押期限的行为,处2年监禁并科30,000欧元罚金。

第二小节　歧　视　罪

第432-7条　行使公安司法权力或承担公用事业任务的人,在履行职责或任务之中或借履行之机,对自然人或法人实行了第225-1条和第225-1-1条规定的歧视行为,若具有下列情形,处5年监禁并科75,000欧元罚金:

(1)拒绝其享受法律赋予的某项权利;

(2)妨碍其正常从事任一经济活动。

第三小节　妨害住宅不受侵犯罪

第432-8条　行使公安司法权力或承担公用事业任务之人,在履行职责或任务中或借履行之机,于法律规定情形之外,违背他人意愿,擅自进入或试图进入他人住宅的行为,处2年监禁并科30,000欧元罚金。

第四小节　侵犯通信秘密罪

第432-9条　行使公安司法权力或承担公用事业任务之人,在履行职责或任务之中或借履行之机,于法律规定情形之外,命令、自行实施或帮助实施隐匿、销毁、拆看信件或透露其内容的行为,处3年监禁并科45,000欧元罚金。

前款所指之人或公共电子通信网络运营商或电信服务供应商的工作人员,在履行职务中,于法律规定情形之外,命令、自行实施或帮助实施截取或隐匿通过电信途径发送、传送或接收的通信,使用或泄露其内容的行为,处相同刑罚。

第三节　违反廉洁义务罪

第一小节　贪　污　罪

第432-10条　行使公安司法权力或承担公用事业任务之人,以税费或分摊额、公共捐税或定价的名义,收受、要求或命令征收其明知不属于欠款或超出欠款数额之款项的行为,处 5 年监禁并科 500,000 欧元罚金,罚金数额可升至犯罪所得的两倍。

行使公安司法权力或承担公用事业任务之人,违反法律条例的规定,以任何形式和任何理由对税费或分摊额、公共捐税或定价予以减免或免除的行为,处相同刑罚。

犯本条规定之轻罪的未遂,处相同刑罚。

第二小节 公职人员受贿和影响力交易罪

第 432-11 条 行使公安司法权力、承担公用事业任务或经公共选举委任职务之人,在任何时间,为了本人或他人利益,无权但直接或间接地索取或者接受提供、许诺、赠送、礼品或任何好处,以期实现下列目的的行为,处 10 年监禁并科 1,000,000 欧元罚金,罚金数额可升至犯罪所得的两倍:

(1)为了完成或已经完成、为了放弃完成或已经放弃完成属于其职务、任务或委任权限之行为,或者由其职责、任务或委任权限提供便利之行为;

(2)为了滥用或已经滥用其现实影响或预计影响,以便从公权机关或政府部门获得优待、职位、市场或其他任何有利的决定。

若本条规定之罪以有组织团伙形式实施,则罚金刑升至 2,000,000 欧元,或者在超出该总额的情况下,升至犯罪所得之两倍。

第 432-11-1 条 犯第 432-11 条规定之罪的正犯或共犯,如果已通知行政或司法机关,从而使犯罪终止,或在必要时能够识别其他正犯或共犯,其法定的剥夺自由刑予以减半。

第三小节 非法获取利益罪

第 432-12 条 行使公安司法权力、承担公用事业任务或经公共选举委任职务之人,履行职责时,在其全部或部分负责的监督、行政管理、清算或支付的事务或业务中,直接或间接获取、收受或保有任何能够影响其公正性、独立性或客观性的利益的行为,处 5 年监禁并科 500,000 欧元罚金,罚金数额可升至犯罪所得的两倍。

但是,在居民人数在3500人以下的市镇内,市长、市长助理、授权行使或代行市长之职的市参议员,可以与他们当选的市镇进行转让动产或不动产或提供服务之交易,年交易额以16,000欧元为限。

此外,在上述市镇内,市长、市长助理、授权行使或代行市长之职的市参议员可以获得市镇宅基地块,供其建造私人住宅,或者与市镇签订自己住所的租赁合同。这些契约应当在地产部门对所涉及的财产作出评估后,由市镇议会审核批准,并说明理由。

在上述市镇内,上述民选官员可以取得一项属于市镇的财产,用来开创或发展其职业活动。财产之价格不得低于地产部门的估价。不论所涉及财产的价值如何,契约均应由市镇议会审议批准,并说明理由。

为了执行前三款之规定,市镇方面按照《地方行政区域总法典》第L2122-26条规定之条件派出代表,相关的市长、市长助理或市参议员应当回避参与与合同订立或批准有关的市镇议会的审议活动。此外,作为《地方行政区域总法典》第L2121-18条第2款的例外,市镇议会不得决定秘密召开审议会议。

第432-12-1条 法官或任何行使审判职能的人员,在其负责作出司法决定或审判决定的事务或业务中,直接或间接获取、收受或保有任何能够影响其决定时的公正性、独立性或客观性的利益的行为,构成非法获取利益罪,处第432-12条规定的刑罚。

第432-13条 在曾经实际履行职责的范围内,负责对私人企业进行监督或控制,与私人企业订立任何形式的合同或对此类合同提出意见,或者就私人企业业务直接向主管部门建议决策或对此类决策提出意见的政府成员、独立行政机关或独立公权机关的成员、地方行政职务的任职人员、公务员、军人或公共行政机关的官员,在其停止上述任职后未满3年内,即以工作、建议或资金的形式在上述任一企业投资参股或接受参股股份,处3年监禁并科200,000欧元罚金,罚金数额可以升至犯罪所得的两倍。

在至少持有30%共同资本的私人企业内,或在与第1款所指私企签订包含法律上或事实上排他性条款合同的私人企业内,以工作、建议或资金进行任何参股的，处相同刑罚。

为了适用前两款规定，在竞争行业中按照私法规则从事业务的任何公有企业，均被视为私人企业。

公立机构、公有企业、国家或公共团体直接或间接持有50%以上资本的混合经济公司的工作人员，以及1990年7月2日第90－568号《关于法国邮政与电信公用事业组织法》规定的公营部门的工作人员，适用上述规定。

仅在证券交易所挂牌上市的公司参股或者通过继承转归而收受资本的，不构成犯罪。

第四小节 妨害公共合同和特许权合同之候选人的参与自由及平等罪

第432－14条 行使公安司法权力、承担公用事业任务或经公共选举委任职务之人，或者担任国家、地方行政区域、公立公益机构、承担公用事业任务的国家利益混合经济公司或地方混合经济公司之代表、管理人员或工作人员职务之人，或者为以上人员利益行动之任何人，违反保障公共合同和特许权合同之候选人的参与自由及平等的法律或条例规定，为他人获取或试图获取不正当利益的行为，处2年监禁并科200,000欧元罚金，罚金数额可升至犯罪所得的两倍。

第五小节 窃取和侵吞财产罪

第432－15条 行使公安司法权力或承担公用事业任务之人、公共财务会计人员、公共财产保管人员或其下属，毁灭、挪用或窃取文书、凭证、公共或私人资金、票据、文件、替代性凭证或者因职务或任务而交予其的其他任何物品的行为，处10年监禁并科1,000,000欧元罚金，罚金数额可升至犯罪所得的两倍。

若犯罪以有组织团伙形式实施，则刑罚升至200,000欧元罚金，或在超出该总额的情况下，升至犯罪所得的两倍。

犯前款所指之轻罪的未遂，处相同刑罚。

第432－16条 因行使公安司法权力或承担公用事业任务之人、公共财务会计人员、公共财产保管人员疏忽大意,致使第三人毁灭、挪用或窃取第432-15条所指之物品的,处1年监禁并科15,000欧元罚金。

第四节 附 加 刑

第432-17条 在本章规定之情况下,可以以附加刑的名义,宣告下列刑罚:

(1)依据第131-26条之限制性规定,禁止公民权、民事权及家庭权。

(2)依据第131-27条之限制性规定,禁止担任公职或从事实施犯罪时所从事的或借机实施了犯罪的那种职业或社会活动,或者对于第432-4条第2款和第432-11条、第432-15条和第432-16条规定之罪,禁止从事工商业职业或以任何名义,为了本人或他人利益,直接或间接领导、管理、经营或监督某工商业企业或商业公司。上述从业禁止可以同时宣告。

(3)依据第131-21条之限制性规定,没收犯罪人非法收取的钱款或物品,但可归还他人之物除外。

(4)在第432-7条、第432-10条、第432-11条和第432-12条至第432-16条规定之情况下,按照第131-35条规定之条件,张贴或发布已宣告的判决。

第三章 个人妨害公共行政管理罪

第一节 个人行贿罪和影响力交易罪

第433-1条 任何人,在任何时候,无权但直接或间接向使行使公安司法权力、承担公用事业任务或经公共选举委任职务之人,建议给予其本人或他人提供、许诺、赠送、礼品或任何好处,系基于下列原因的,处10年监禁并科1,000,000欧元罚金,且罚金总额可升至犯罪所得的两倍:

(1)为了使其完成、放弃完成,或者因为已经完成、已经放弃完成,其职务、任务或委托职责范围内的行为,或由其职务、任务或委托职责提供便利的行为;

(2)为了使其滥用,或者因为已经滥用,其实际或预计的影响力,以便从公权机关或政府部门获得优待、职位、市场或其他任何有利的决定。

顺从行使公安司法权力、承担公用事业任务或经公共选举委任职务之人,在任何时候,为了本人或他人的利益,无权但直接或间接地索要提供、许诺、赠送、礼品或任何好处,以便完成或者已经完成,放弃完成或已经放弃完成第 1 项所指行为,或为了在第 2 项所指的条件下滥用或已经滥用其影响力的,处相同刑罚。

若本条规定之罪以有组织团伙形式实施,则刑罚升至 200,000 欧元罚金,或在超出该总额的情况下,升至犯罪所得的两倍。

第 433 -2 条 任何人,在任何时候,为本人或他人利益,直接或间接索要或接受提供、许诺、赠送、礼品或任何好处,以便滥用或因为已经滥用其实际或预计的影响力,从而从公权机关或政府部门获得优待、职位、市场或其他任何有利决定的,处 5 年监禁并科 500,000 欧元罚金,且罚金总额可升至犯罪所得的两倍。

顺从第 1 款之索要的行为,或者于任何时候,无权但直接或间接向某人建议给予其本人或他人提供、许诺、赠送、礼品或任何好处,以使其滥用或者因为其已经滥用其实际或预计的影响力,从公权机关或政府部门获得优待、职位、市场或其他有利决定的,处相同刑罚。

第 433 -2 -1 条 本节规定之罪的正犯或共犯,如果已通知行政或司法机关,从而使犯罪终止,或在必要时能够识别其他正犯或共犯,则剥夺自由刑予以减半。

第二节 威胁和恐吓公职人员罪

第 433 -3 条 针对经公共选举委任职务之人,司法官,陪审员,律师,公务助理人员或司法助理人员,国家宪兵军职人员,国家警察机关、海关、劳动监察部门、监狱管理部门的公务人员或者其他任何行使公安司法权力者,消防队员或抢险队员,已宣誓的建筑或建筑群看管人员,或者按照《国内安全法典》第 L127 -1 条的规定为出租人之利益看管或监视用于居住的建筑的人员,在其履行职务中或者因其职务，以对其人身或财产实行重罪或轻罪大声恐吓的，且被害人身份明显或者为犯罪人所明知时，处 3 年监禁并科 45,000 欧元罚金。

针对客运公共交通网经营单位的工作人员、教师或者任何学校教育机构的工作人员、其他任何承担公用事业任务之人以及卫生职业人员，在其履行职务中，以对其人身或财产实行重罪或轻罪大声恐吓的，且被害人身份明显或者为犯罪人所明知时，处相同刑罚。

针对《国内安全法典》第 L611－1 条或第 L621－1 条提及的从事私人安保活动的人员，在其履行职务中，以对其人身或财产实行重罪或轻罪大声威胁的，且被害人身份明显或者为犯罪人所明知时，处相同刑罚。

针对前三款所指人员之配偶、直系尊亲属或卑亲属，或者其他任何惯常居住于这些人员住所的人，因这些人员职务的原因而大声恐吓的，适用相同刑罚。

如果涉及死亡威胁或者危及人身的侵害财产威胁，刑罚升至 5 年监禁并科 75,000 欧元罚金。

使用威胁、暴力或者实施其他任何恐吓行为，为了使前三款所指之人完成或放弃完成其职责、任务或委托职责所包含或提供便利之行为，或者使该人滥用其实际或预计的影响力，以便从公权机关或政府部门获得优待、职位、市场或其他任何有利决定的，处 10 年监禁并科 150,000 欧元罚金。第 1 款不适用于第 433－3－1 条提及的行为。

第 433－3－1 条　针对任何执行公用事业任务的参与人，使用威胁、暴力或者实施其他任何恐吓行为，以便为自己或为他人获得免除该部门全部或部分运行管理规定的适用或者获得优待适用的，处 5 年监禁并科 75,000 欧元罚金。

若行政机关的代表或被委托公用事业任务的公共法人或私法法人的代表知悉可能构成第一款规定之罪的行为，则由其提出控告。

第三节　窃取及挪用公共保管库之财物罪

第 433－4 条　毁灭、挪用或窃取因行使公安司法权力或承担公用事业任务之人、公共财务会计人员、公共保管员或其下属之职务原因而向其交付的文书、凭证、公共或私人资金、票据、文件或替代性凭证或者其他任何物品的行为，处7年监禁并科100,000欧元罚金。

若第1款规定的犯罪系以有组织团伙形式实施,则罚金刑升至750,000欧元。

本条各前款规定之轻罪的未遂,处相同刑罚。

第四节 侮 辱 罪

第433-5条 针对承担公用事业任务之人,在其履行任务中或借其履行任务之机,使用言语、动作、威胁、未公开的任何性质的文字或图像,或者寄送任何物品,足以损害其尊严或对其所任职务应有之尊重的,构成侮辱罪,处7500欧元罚金。

若针对行使公安司法权力之人、消防队员或抢险队员,在其履行任务中或借其履行任务之机进行侮辱,处1个月监禁并科15,000欧元罚金。

若针对承担公用事业任务之人的侮辱,发生在学校或教育机构内部,或在学生出入之际发生在上述机构周边的,处6个月监禁并科7500欧元罚金。

聚众实施第1款所指之侮辱罪的,处6个月监禁并科7500欧元罚金;聚众实施第2款所指之侮辱罪的,处2年监禁并科30,000欧元罚金。

第433-5-1条 在公权机关组织或管理的集会活动中,公开侮辱国歌或国旗的行为,处7500欧元罚金。

聚众实施前款侮辱罪的,处6个月监禁并科7500欧元罚金。

第五节 暴力抗拒执法罪

第433-6条 在行使公安司法权力或承担公用事业任务的人履行职务之际,暴力反抗其执行法律、公权机关命令、司法判决或传票的行为,构成暴力抗拒执法罪。

第433-7条 暴力抗拒执法罪,处2年监禁并科30,000欧元罚金。

聚众暴力抗拒执法的,处3年监禁并科45,000欧元罚金。

第433-8条 武装暴力抗拒执法的,处5年监禁并科75,000欧元罚金。

聚众武装暴力抗拒执法的,处10年监禁并科150,000欧元罚金。

第433－9条　如果暴力抗拒执法者是在押被判刑人，对暴力抗拒执法轻罪宣告的刑罚与在服的刑罚或致其羁押之罪的宣告刑罚并科执行，不得混同，且第132－2条至第132－5条不予适用。

第433－10条　通过叫喊或公开演说、张贴或散发文字材料，或者通过其他任何传播文字、言语或图像的手段，直接煽动暴力抗拒执法的，处2个月监禁并科7500欧元罚金。

若前款规定之轻罪通过报刊或视听媒介途径实施，在确定责任人时，适用相关方面管理法之特别规定。

第六节　反对实施公共工程罪

第433－11条　通过粗暴行为或暴力行径，反对实施公共工程或公用工程的行为，处1年监禁并科15,000欧元罚金。

第七节　僭越职权罪

第433－12条　任何人，没有职衔却插手履行公职活动，完成仅能由担任此公职者完成之行为的，处3年监禁并科45,000欧元罚金。

第433－13条　任何人，在下列情况下，处1年监禁并科15,000欧元罚金：

(1)所从事的活动足以在公众思想上造成与履行公职或者仅能由公务助理人员或司法助理人员从事的活动相混淆；

(2)使用的文件或文字与司法文书、非诉讼文书或行政材料具有相似性，足以在公众思想上引发误解。

第八节　盗用公权机关专用标记罪

第433－14条　任何人，无权但公开实施下列行为的，处1年监禁并科15,000欧元罚金：

(1)穿戴公权机关规定的服装、制服、勋章；

(2)使用能够证明职业身份的文件或者公权机关规定的徽章；

(3)使用外部标记与国家警察官员或军人用车相同的车辆;

(4)使用1949年8月12日于日内瓦签署的公约及其附加议定书规定之特殊标记中的标记或名称。

第433-15条 任何人公开穿着的服装、制服,使用的车辆、徽章或文件,与国家警察官员或军人专用的特殊服装、制服、车辆、徽章或文件具有相似性,足以在公众思想上引发误解的行为,处6个月监禁并科7500欧元罚金。

任何人,公开使用与1949年8月12日于日内瓦签署的公约及其附加议定书规定的特殊标记具有相似性的标志或名称,足以在公众思想上引起误解的,处相同刑罚。

第433-16条 若实施第433-14条和第433-15条规定之罪的目的是准备或方便实施重罪或轻罪,则处3年监禁并科45,000欧元罚金。

第九节 盗用职衔罪

第433-17条 无权而使用公权机关规定的职业头衔或由公权机关确定颁发条件的官方证书或身份的行为,处1年监禁并科15,000欧元罚金。

犯本节规定之轻罪的自然人或法人,还可处下列附加刑:5年内禁止从事《劳动法典》第L6313-1条规定的职业继续培训服务活动。

第十节 违规使用身份罪

第433-18条 以营利为目的之企业的法律上或事实上的创建人或领导人,指使或任凭在其创建或领导的企业的广告中载入下列内容的行为,处6个月监禁并科7500欧元罚金:

(1)政府、议会、欧洲议会、地方行政区域议会、宪法委员会、最高行政法院、经济社会环境委员会、最高司法委员会,最高法院、审计法院、法国研究院、法兰西银行管理委员会、法律赋予监管或顾问任务的集体性机构的现任或原任成员之姓名并注明其身份;

(2)现任或原任法官、现任或原任公务员、公务助理人员或司法助理人员之姓名,并注明其职务;

(3)某人姓名，并注明其获得由公权力机关授予的勋章。

银行家或证券推销员使用前款所指之广告的行为，处相同刑罚。

第十一节　侵害个人户籍罪

第433－18－1条　目睹分娩的人，未在《民法典》第55条规定的期限内作出该法典第56条规定的申报的，处6个月监禁并科3750欧元罚金。

第433－19条　在公文、公证文件或者在提交给公权力机关的行政文件内出现下述情形的，除非现行管理规定允许将上述文书或文件登记在借用身份名下，处6个月监禁及7500欧元罚金：

(1)使用户籍指定姓名以外的姓名或姓名附称；

(2)更换、篡改或修改户籍指定的姓名或姓名附称。

第433－20条　已缔结婚姻关系的人，在解除先前婚姻关系前，另行缔结婚姻的行为，处1年监禁并科45,000欧元罚金。

明知先前婚姻存在，却还庆祝婚礼的公务助理人员，处相同刑罚。

第433－21条　任何牧师，经常性地在未向其提供户籍官员事先认可的结婚证书的情况下即主持宗教婚礼仪式的，处1年监禁并科7500欧元罚金。

第433－21－1条　任何人，在明知死者意愿或司法决定的情况下，使葬礼具有违反死者意愿或司法决定之特征的，处6个月监禁并科7500欧元罚金。

第433－21－2条　对于犯第433－21条规定之罪的任何外国人，可以依照第131－30条规定的条件，宣告永久性或最长10年内禁止进入法国。

第十二节　附加刑及法人责任

第433－22条　自然人犯本章规定的任一之罪，还可处下列附加刑：

(1)依据第131－26条之限制性规定，禁止公民权、民事权和家庭权。

(2)依照第131－27条之限制性规定，禁止担任公职或从事实施犯罪时所从事的或借机实施了犯罪的那种职业或社会活动，且临时性禁止的最长期限升至10年，或者对于第433－1条、第433－2条和第433－4条规定之罪，禁止从事工商业职业或以任何名义，为了本人或他人利益，直接或间接领导、管理、经营或监督某工商业企业或商业公司。上述从业禁止可以同时宣告。

(3)依照第131－35条规定之条件,张贴或发布已宣告的判决。

第433－23条 在第433－1条、第433－2条和第433－4条规定的情况下,还可以宣告没收犯罪人非法获得之款额或物品,但可归还他人之物品除外。

第433－23－1条 对于犯第433－3－1条规定之罪的任何外国人,可以依照第131－30条规定的条件,宣告永久性或最长10年内禁止进入法国。

第433－24条 因第433－8条规定之罪被判刑的情况下,必须宣告下列附加刑:

(1)最长10年内禁止持有或携带须经许可的武器;

(2)没收归被判刑人所有或自由处分的一件或数件武器;

(3)收回打猎执照,并且最长3年内禁止申请颁发新执照。

但是,鉴于犯罪情节和犯罪人人格,法院可以通过专门说明理由的判决,决定不宣告上述刑罚。

第433－25条 依据第121－2条的规定被宣布对本章第一节、第六节、第七节、第九节和第十节规定之罪承担刑事责任的法人,除按照第131－38条之限制性规定当处罚金外,还可处下列刑罚:

(1)(被废除);

(2)最长5年内,第131－39条第2项、第3项、第4项、第5项、第6项和第7项规定之刑罚;

(3)第131－21条规定的没收;

(4)依照第131－35条规定之条件,张贴或发布已宣告的判决。

第131－39条第2项规定之禁止,涉及实施犯罪时所从事的或借机实施了犯罪的那种活动。

第433－26条 依据第121－2条的规定被认定对第433－1条和第433－2条规定之罪负有刑事责任的法人,还可处第131－39－2条规定之刑罚。

第四章 妨害司法罪

第一节 阻挠法院受案罪

第 434－1 条 任何人明知某一重罪，且尚有可能防止其发生或限制其后果，或该重罪的犯罪人有可能实施可被阻止的新的重罪，却未告知司法机关或行政机关的，处 3 年监禁并科 45,000 欧元罚金。

除非对不满 15 岁之未成年人实施上述重罪，下列人员不适用前款之规定：

(1)重罪之正犯或共犯的直系亲属及其配偶、兄弟姐妹及其配偶；

(2)重罪之正犯或共犯的配偶，或者众所周知与其同居的人。

按照第 226－13 条规定之条件保守秘密的人，也不适用第 1 款之规定。

第 434－2 条 若第 434－1 条第 1 款所指重罪，构成本卷第一编规定的危害国家基本利益罪，或构成本卷第二编规定的恐怖主义罪，刑罚升至 5 年监禁并科 75,000 欧元罚金。第 434－1 条第 2 款、第 3 款和倒数第 2 款的规定，不予适用。

第 434－3 条 任何人，明知针对未成年人或因年龄、疾病、残疾、身体或精神虚弱、怀孕原因而无自我保护能力之人，存在剥夺衣食所需、虐待、性侵犯或性侵害，却不报告司法或行政机关或者只要这些犯罪未停止就继续不报告上述机关的，处 3 年监禁刑并科 45,000 欧元罚金。

若未报告的犯罪涉及针对 15 岁以下未成年人实施第一款提及的犯罪，则刑罚升至 5 年监禁刑并科 75,000 欧元罚金。

除非法律另有规定，按照第 226－13 条规定之条件保守秘密的人，也不适用前款之规定。

第 434－4 条 为了阻碍查明事实真相，实施下列行为的，处 3 年监禁并科 4500 欧元罚金：

(1)通过改变、伪造、清除痕迹或线索，或增加、移动或消除任何物品，来改变重罪或轻罪现场；

(2)破坏,隐匿、窝藏或篡改有助于发现重罪或轻罪、收集证据或惩处犯罪人的公私文件或物品;

若本条规定的行为由因职务要求而协助查明真相的个人所实施,则刑罚升至5年监禁并科75,000欧元罚金。

第434-4-1条 任何人,为了阻碍或拖延实施《刑事诉讼法典》第74-1条规定之调查程序,明知15岁以下的未成年人失踪,却未报告司法机关或行政机关的,处2年监禁并科30,000欧元罚金。

第434-4-2条 第434-4条之规定,适用于国际刑事法院对司法管理的妨害行为。

第434-5条 为了使重罪或轻罪的被害人不控告或撤销控告,而对任何人实施任何威胁或其他任何恐吓的,处3年监禁并科45,000欧元罚金。

第434-6条 为重罪或者当处至少10年监禁之恐怖主义行为罪的正犯或共犯提供住所、隐僻场所、经费、生活手段或其他任何逃避调查、拘捕之手段的,处3年监禁并科45,000欧元罚金。若经常实施此种犯罪,刑罚升至5年监禁并科75,000欧元罚金。

下列人员,不适用上述规定:

(1)重罪或恐怖主义行为罪之正犯或共犯的直系亲属及其配偶、兄弟姐妹及其配偶;

(2)重罪或恐怖主义行为罪之主犯或共犯的配偶,或众所周知与其同居的人。

第434-7条 窝藏或隐匿杀人罪被害人的尸体或暴力致死者的尸体的,处2年监禁并科30,000欧元罚金。

第二节 妨碍司法活动罪

第434-7-1条 司法官、裁判组织中其他任何列席人员或者任何行政机关,在接到裁判请求后拒绝作出裁判,或者在其上级发出警告或命令后仍拒绝作出裁判的,处7500欧元罚金,并在5年至20年内禁止担任公职。

第434-7-2条 在不妨碍嫌疑人、被追诉人的辩护权或被害人的权利的前提下，任何人，按照《刑事诉讼法典》的规定，基于职务原因而获知正在进行的有关重罪或轻罪的调查或预审之信息，并故意将此信息泄露给第三人的，处3年监禁并科45,000欧元罚金。

在不妨碍嫌疑人、被追诉人的辩护权或被害人的权利的前提下，若第一款提及之人向其明知可能涉嫌实施这些犯罪的正犯、共同正犯、共犯或窝藏犯作出上述泄露，且泄露的目的是妨碍调查进展或查明真相，则刑罚升至5年监禁并科75,000欧元罚金。

在本条第2款规定的情况下，如果调查或预审涉及重罪或《刑事诉讼法典》第706－73条提及的当处10年监禁之轻罪，则刑罚升至7年监禁刑并科100,000欧元罚金。

第434－8条　针对司法官、陪审员或裁判组织中其他任何列席人员、仲裁员、翻译、专家或一方当事人的律师做出任何威胁或恐吓行为，以便影响其履行职责之态度的，处3年监禁并科45,000欧元罚金。

第434－9条　下列人员实施的下列行为，处10年监禁并科1,000,000欧元罚金，且罚金总额可以升至犯罪所得的两倍：

(1)司法官、陪审员或裁判组织中其他任何列席人员；

(2)法院书记室的公务员；

(3)由法院或各方当事人任命的专家；

(4)由司法机关或行政法院指派负责进行调解或和解工作的人；

(5)依照国家仲裁法履行仲裁职能的仲裁员。

为了完成或因为已经完成、为了放弃或因为已经放弃完成其职务行为或者为其职务提供便利的行为，于任何时候，为了本人或他人利益，无权但直接或间接地索要或接受提供、许诺、赠送、礼品或任何好处的行为。

顺从上述第1项至第5项所指之人的索要的行为，或者无权但在任何时候，直接或间接向该人建议给予其本人或他人提供、许诺、赠送、礼品或任何好处，以使其完成或放弃完成，或者因为其已经完成或者已经放弃完成其职务行为或者为其职务提供便利之行为的行为，处相同刑罚。若司法官为了有利于或有损于被刑事追诉之人的利益，犯第1款至第7款规定之罪，刑罚升至15年徒刑并科 225,000 欧元罚金。

第 434－9－1 条 任何人,为了滥用或因为已经滥用其真实或预计的影响力,以便从第 434－9 条所指之人处获得任何有利的决定或意见,于任何时候,为了本人或他人利益,直接或间接索要或接受提供、许诺、赠送、礼品或任何好处的行为,处 5 年监禁并科 500,000 欧元罚金,且罚金总额可升至犯罪所得的两倍。

任何人,在任何时候,顺从第 1 款规定的索要的行为,或者无权但直接或间接向某人建议给予其本人或他人提供、许诺、赠送、礼品或任何好处,以使其滥用或因为其已经滥用其真实或预计的影响力,从而从第 434－9 条所指之人处获得有利的决定或意见的行为,处相同刑罚。

第 434－9－2 条 第 434－9 条至第 434－9－1 条规定之罪的正犯或共犯,如果已通知行政或司法机关,从而使犯罪终止,或在必要时能够识别其他正犯或共犯,则法定的剥夺自由刑予以减半。

第 434－10 条 任何驾驶陆路、内河或海洋运输工具或机械的人员,明知自己刚引起或造成事故,仍不停止前进并试图逃避其可能承担的刑事或民事责任的行为,处 3 年监禁并科 75,000 欧元罚金。

在应当适用第 221－6 条至第 222－19 条规定的情形下,上述条款规定之刑罚予以加倍,但第 221－6－1 条、第 222－19－1 条和第 222－20－1 条规定之情形除外。

第 434－11 条 任何人,明知被临时羁押或因重罪或轻罪被判刑之人无罪的证据,故意不立即向司法或行政机关提供证明的,处 3 年监禁并科 45,000 欧元罚金。

但是,对于虽然拖延但主动提供证明之人,免除处罚。

对于下列人员,不适用第 1 款之规定:

(1)被追诉之犯罪的正犯或共犯,其直系亲属及其配偶,其兄弟姐妹及其配偶;

(2)被追诉之犯罪的正犯或共犯的配偶,或众所周知与其同居之人。

按照第 226－13 条规定的条件保守秘密之人,也不适用第 1 款之规定。

第434-12条　公开承认认识重罪或轻罪之正犯的任何人，拒绝回答法官就此提出的问题的，处1年监禁并科15,000欧元罚金。

第434-13条　向任何法院或接受另一法院委托查案件的任何司法警察官员宣誓作伪证的，处5年监禁并科75,000欧元罚金。

但是，若在预审法院或审判法院作出结束诉讼的判决前，主动撤销伪证，则免除处罚。

第434-14条　在下列情况下，作伪证的，处7年监禁并科100,000欧元罚金：

(1)因收受礼物或任何形式的酬劳而作伪证；

(2)伪证有利于或不利于之人当受重罪之刑的惩处。

第434-15条　在诉讼程序中或者为了某项诉讼请求或诉讼辩护，采用许诺、供给、赠予、施压、威胁、粗暴行为、操纵或诡计手段，以促使他人作出或提交伪证、虚假声明或虚假证明，或者促使他人放弃作出或提交证词、声明或证明，即使收买未产生效果的，处3年监禁并科45,000欧元罚金。

第434-15-1条　接到预审法官或接受另一法院委托调查案件的司法警察官员传唤出庭作证之人，既无理由也无证明，不出庭、不宣誓或者不作证的，处3750欧元罚金。

第434-15-2条　任何人，明知某密码形式的破译密文可能已用于预备、方便实施或实施重罪或轻罪，拒绝将此密文交予司法机关，或者拒绝按照司法机关依据《刑事诉讼法典》第一卷第二编和第三编提出的请求启用此密文的，处3年监禁并科270,000欧元罚金。

若交出密文或启用密文能够避免发生重罪或轻罪或者限制犯罪后果，却拒绝交出或启用此密文，则刑罚升至5年监禁并科450,000欧元罚金。

第434-16条　在法院作出最终判决之前，为了影响证人证言或者预审法院或审判法院的决定而发表试图施加压力的评论的，处6个月监禁并科7500欧元罚金。

若通过报刊或视听媒介途径实施本罪，在确定责任人时，适用相关方面管理法之特别规定。

第 434 -17 条 民事方面的虚假宣誓，处 3 年监禁并科 45,000 欧元罚金。

第 434 -18 条 翻译人员，在任何案件中，歪曲所译讲话或文件要点的，依照第 434 -13 条及第 434 -14 条所区分的情形，分别处 5 年监禁并科 75,000 欧元罚金，或者处 7 年监禁并科 100,000 欧元罚金。

第 434 -19 条 收买翻译人员的行为，按照第 434 -15 条规定之条件处罚。

第 434 -20 条 专家，在任何案件中，在其书面报告或口头陈述中伪造数据或鉴定结果的行为，依照第 434 -13 条和第 434 -14 条所区分的情形，分别处 5 年监禁并科 75,000 欧元罚金，或者处 7 年监禁并科 100,000 欧元罚金。

第 434 -21 条 收买专家的行为，按照第 434 -15 条规定之条件处罚。

第 434 -22 条 撕毁由公权机关加封的封签的行为，处 2 年监禁并科 30,000 欧元罚金。撕毁封签的未遂，处相同刑罚。

隐匿被查封或交至法院之任何物品的行为，处相同刑罚。

第 434 -23 条 使用第三人姓名，致使该人已经受到或可能受到刑事追诉的，处 5 年监禁并科 75,000 欧元罚金。

尽管有第 132 -2 条至第 132 -5 条之规定，对此种轻罪宣告之刑罚与盗用他人姓名实施犯罪的宣告刑并科执行，不得发生混同。

对个人户籍作虚假申报，致使第三人已经受到或可能受到刑事追诉的，处第 1 款规定之刑罚。

第 434 -23 -1 条 第 434 -8 条、第 434 -9 条、第 434 -13 条至第 434 -15 条同样适用于国际刑事法院对司法管理的妨害行为。

第三节 危害司法权威罪

第一小节 侵犯对司法应有之尊重罪

第 434 -24 条 在司法官、陪审员或裁判组织中其他任何列席人员履行职责之时或借其履行职责之机，以言语、动作、威胁、各种未公开的文字或形象或者寄送任何物品对其进行侮辱，旨在侵犯其尊严或所任职责应有之尊重的，处

1 年监禁并科 15,000 欧元罚金。

如果侮辱行为发生在法院、法庭或裁判组织开庭审理之时,刑罚升至 2 年监禁并科 30,000 欧元罚金。

第 434－25 条　以行为、言语、各种性质的文字或图像,竭力公开散布对司法文书或决定的不信任,足以危害司法权威或司法独立的,处 6 个月监禁并科 7500 欧元罚金。

前款规定不适用于技术性评论,也不适用于旨在变更、撤销或复核某一司法判决而发表的各种文书、言论、文字或形象。

若通过报刊或视听媒介途径实施本罪,在确定责任人时,适用相关方面管理法之特别规定。

第 434－26 条　向司法机关或行政机关谎报构成重罪或轻罪事实,导致司法机关进行徒劳之调查活动的,处 6 个月监禁并科 7500 欧元罚金。

第二小节　脱　逃　罪

第 434－27 条　在押人员摆脱对其管束的看守行为,构成可处罚的脱逃罪。

脱逃罪,处 3 年监禁并科 45,000 欧元罚金。

通过暴力、破门而入或贿赂手段脱逃,即使由第三人与在押人员串通实施,刑罚升至 5 年监禁并科 75,000 欧元罚金。

第 434－28 条　为了适用本小节的规定,下列各类人员视为在押人员:

(1)被拘留之人;

(2)拘留后案件正在审理中或正待提交司法机关的人或被执行传票或逮捕令的人;

(3)已接到仍然有效的拘留证或逮捕证的人;

(4)剥夺自由刑的服刑犯人或者为执行自由刑而被逮捕的人;

(5)被置于引渡管制的人。

第 434－29 条　下列行为,亦构成脱逃罪,并处相同刑罚:

(1)置于医疗或住院机构的在押人员摆脱其受到的监管;

(2)任何被判刑人,在被决定予以监外执行或电子监督下的居家监禁的情况下,或者在其享受半释放或允许外出的制度时,摆脱对其的监管;

(3)任何被判刑人,在享受监禁刑暂停或分割执行、监外执行、半释放或者允许出监后,没有返回监狱;

(4)被置于电子监控下的任何被判刑人,采用任何手段阻碍对其在刑罚执行法官指定地点的出现或缺席进行远程监测。

第 434 - 30 条 以使用武器、爆炸物、易燃物或有毒物质相威胁,实施第 434 - 27 条及第 434 - 29 条第 1 项规定之罪的,处 7 年监禁并科 100,000 欧元罚金。

使用武器、爆炸物,易燃物或有毒物质或者以有组织团伙形式实施本罪的,无论该团伙成员是否是在押人员,刑罚升至 10 年监禁并科 150,000 欧元罚金。

第 434 - 31 条 尽管有第 132 - 2 条至第 132 - 5 条之规定,对脱逃轻罪宣告的刑罚与脱逃人员所服的刑罚或者该在押人员所犯之罪的宣告刑,并科执行,不得发生混同。

第 434 - 32 条 任何人,为在押人员提供能使其摆脱看管的任何手段的,处 3 年监禁并科 45,000 欧元罚金。

若上述提供的帮助伴有暴力、破门而入或贿赂行为,处 5 年监禁并科 75,000 欧元罚金。

若该帮助包括提供或使用武器、爆炸物、易燃物或有毒物质,处 7 年监禁并科 100,000 欧元罚金。

第 434 - 33 条 负责监视在押人员的任何人,为在押人员脱逃提供方便或准备的行为,包括通过故意不作为的形式,处 10 年监禁并科 150,000 欧元罚金。

对于因职责授权进入监狱机构或以任何名义接近在押人犯的任何人,同样适用此规定。

在本条规定的情况下,若提供的帮助包括提供或使用武器、爆炸物、易燃物或有毒物质,处 15 年徒刑并科 225,000 欧元罚金。

第 434 - 34 条 对于第 434 - 32 条和第 434 - 33 条所指之人,可以判处连带承担损害赔偿的责任，且被害人通过对在押人员所犯之罪提起民事诉讼有权获得该损害赔偿。

第 434－35 条　在条例允许的情形之外，向在押人员交付、使其得到或从其手中获得或转交钱款、书信、物品或任何物质的行为，无论上述行为发生于何地，处 1 年监禁并科 15,000 欧元罚金。

监狱机构、被授权接待在押人员的医疗机构以外的任何人，在《刑事诉讼法典》第 145－4 条或《监狱法典》第 L345－1 条至第 L345－6 条规定的允许通信且按照监狱管理机关允许的方式通信的情形外，与这些机构中的在押人员通信的，包括通过电子通信途径，处相同刑罚。

如果犯罪人负责监视在押人员或者因职责授权进入监狱机关或以任何名义接近在押人员，则刑罚升至 3 年监禁并科 45,000 欧元罚金。

第 434－35－1 条　未获得立法或条例规定的授权或主管机关的许可，进入监狱机关或翻越监狱围墙的行为，处 1 年监禁并科 15,000 欧元罚金。

第 434－36 条　本小节规定之轻罪的未遂，处相同刑罚。

第 434－37 条　任何人，以正犯或共犯形式，企图实行本小节规定之任一犯罪，若已告知司法或监狱管理机关，从而得以避免脱逃得逞，则免于刑罚。

第三小节　其他妨害刑事司法权威罪

第 434－38 条　被禁止居留之人，出现在其被禁止出现之场所的，处 2 年监禁并科 30,000 欧元罚金。

被禁止拘留之人，逃脱法官规定之监管的，处相同刑罚。

第 434－38－1 条　被判处禁止参加公共道路示威游行之人，无视禁令参加示威游行的，处 1 年监禁并科 15,000 欧元罚金。

第 434－39 条　判决中作出命令张贴判决之判刑的情形下，删除、遮盖或撕毁全部或部分张贴之判决的，处 6 个月监禁并科 7500 欧元罚金。

法院将重新命令作出张贴，费用由被判刑人承担。

第 434－40 条　当第 131－27 条第 1 款、第 131－28 条和第 131－29 条规定之禁止从事职业、社会活动或公共职务被宣告为刑罚时，任何违反此禁止的行为,处2年监禁并科30,000欧元罚金。

第434-40-1条 当第131-27条第2款规定的禁止从事工商业职业或以任何名义,为了本人或他人利益,直接或间接领导、管理、经营或监督工商业企业或商业公司被宣告为刑罚时,任何违反此禁止的行为,处2年监禁并科375,000欧元罚金。

第434-41条 当被判刑人违反下列刑罚规定的义务或禁止事项时,处2年监禁并科30,000欧元罚金:(1)依据第131-5-1条、第131-6条、第131-10条、第131-14条、第131-16条或者第131-17条宣告的暂扣或吊销驾驶执照,禁止驾驶某些陆用机动车辆,禁止出现在某些特定场所或者与特定人见面,完成实习之义务,禁止持有或携带武器,收回打猎执照,禁止饲养动物,禁止签发支票或使用信用卡付款,关闭机构或排除参与公共合同;(2)《知识产权法典》第L335-7条轻罪附加刑规定的禁止签署新的公共在线通信服务订购合同;(3)本法典第225-26条Ⅰ之第2项和《建筑及居住法典》第L511-22条Ⅲ之第3项之附加刑规定的禁止购买不动产、全部或部分用于接待公众留宿的机构的营业资产。

毁坏、隐匿或者试图毁坏、隐匿依据第131-6条、第131-10条、第131-14条、第131-16条、第131-21条或第131-39条被查封的车辆或者被没收的车辆、武器、其他任何有形或者无形的财产或动物的,处相同刑罚。

根据上述条款被判处暂扣或吊销驾驶执照,收回打猎执照,没收车辆、武器、其他任何有形或无形财产或者动物的人,在收到判决通知后,拒绝向此判决的执行人员交出被暂扣、吊销或者收回的执照、被没收的财产或者动物的,亦处相同刑罚。

第434-42条 被判刑人违反作为主刑或附加刑宣告的公益劳动刑之附随义务的,处2年监禁并科30,000欧元罚金。

第434-42-1条 释放与拘押法官按照《刑事诉讼法典》第696-102条规定的欧洲保护决定命令要求遵守一项或多项义务或禁止之相对人,不遵守上述任一项义务或禁止的,处2年监禁并科30,000欧元罚金。

第434-43条 若对法人已经宣告第131-39条规定的任一刑罚,自然人违反由此产生的义务的，处 2 年监禁并科 30,000 欧元罚金。

任何自然人，公开或隐蔽地参与维持或重建依据第 131－39 条第 1 项已被宣告解散之法人的，处 3 年监禁并科 45,000 欧元罚金。

如果对累犯犯罪或对前款规定之罪而已宣告解散，则刑罚升至 5 年监禁并科 75,000 欧元罚金。

第 434－43－1 条　法人之机关或代表被判处第 131－39－2 条规定的刑罚后，不采取必要的措施或者阻碍正常履行刑罚所产生的义务的，处 2 年监禁并科 50,000 欧元罚金。

法人被宣告对本条第 1 款规定之轻罪负刑事责任的罚金总额，可以升至法人被判刑之轻罪的法定罚金总额，且该轻罪已导致宣告第 131－39－2 条规定的刑罚。被宣布负刑事责任的法人，还可处法人被判刑之轻罪的其他所有法定刑，且该轻罪已导致宣告第 131－39－2 条规定的刑罚。

对于被宣布负刑事责任的自然人和法人，还可处按照第 131－35 条规定的条件张贴或发布已宣告的判决之附加刑。

第四节　附加刑和法人责任

第 434－44 条　自然人犯第 434－4 条至第 434－9－1 条、第 434－11 条、第 434－13 条至第 434－15 条、第 434－17 条至第 434－23 条、第 434－27 条、第 434－29 条、第 434－30 条、第 434－32 条、第 434－33 条、第 434－35 条、第 434－36 条、第 434－40 条至第 434－43 条规定的任一轻罪的，依据第 131－26 条之限制性规定，还可处剥夺公民权、民事权和家庭权。

在第 434－9 条、第 434－9－1 条、第 434－16 条和第 434－25 条规定之情形下，依据第 131－35 条规定之条件，还可命令张贴或发布已宣告的判决。

犯第 434－9 条第 3 款、第 434－33 条和第 434－35 条最后一款规定之罪的自然人，根据第 131－27 条之限制性规定，还可处以下附加刑：禁止担任公职或从事实施犯罪时所从事的或借机实施了犯罪的那种职业或社会活动，或者对于第 434－9 条最后一款和第 434－33 条最后一款规定之罪，禁止从事工商业职业或以任何名义，为了本人或他人利益，直接或间接领导、管理、经营或监督某工商业企业或商业公司。上述从业禁止可以同时宣告。

在本章规定之任何情况下，还可处没收用于实施或旨在用于实施犯罪之物，但可归还他人之物除外。

第434-45条 自然人犯第434-10条规定之轻罪的，还可处最长5年内暂扣驾驶执照，且该暂扣执照不得限于驾驶职业活动之外的车辆。

第434-46条 对于犯第434-9条第8款、第434-9-1条、第434-30条、第434-32条最后一款和第434-33条规定之罪的任何外国人，可以依照第131-30条规定的条件，宣告永久性或者最长10年内禁止进入法国。

第434-47条 依据第121-2条的规定被宣布对于第434-9条第8款、第434-9-1条第2款、第434-39条和第434-43条规定之罪承担刑事责任的法人，可处下列刑罚：

(1)按照第131-38条之限制性规定，处罚金刑；

(2)最长5年内，处第131-39条第2项、第3项、第4项、第5项、第6项和第7项规定之刑罚；

(3)第131-21条规定的没收刑；

(4)依照第131-35条规定之条件，张贴或发布已宣告的判决；

(5)对于第434-43条第2款和第3款规定之罪，处第131-39条第1项规定的解散刑。

第131-39条第2项规定之禁止，涉及实施犯罪时所从事的或借机实施了犯罪的那种活动。

第434-48条 依据第121-2条的规定被认定对第434-9条倒数第2款和第434-9-1条第2款规定之罪负有刑事责任的法人，还可处第131-39-2条规定之刑罚。

第五章　妨害欧洲共同体、欧盟成员国、其他外国与国际公共组织之公共管理和司法诉讼罪

第一节　妨害公共管理罪

第一分节　受贿罪和被动影响力交易罪

第 435－1 条　为了完成或因为已经完成，或者为了放弃完成或因为已经放弃完成其职责、任务或委任职责的行为或由其职责、任务或委任职责提供便利的行为，在外国或者国际公共组织内行使公安司法权力、履行公用事业职能或者担任公共选举委任职务的人，于任何时候，为了本人或他人利益，无权但直接或间接地索要或接受提供、许诺、赠送、礼品或任何好处的，处 10 年监禁并科 1,000,000 欧元罚金，罚金总额可升至犯罪所得的两倍。

若本条规定之罪以有组织团伙形式实施，罚金刑升至 2,000,000 欧元，或者在超出该数额的情况下，升至犯罪所得的两倍。

第 435－2 条　任何人，为了滥用或因为已经滥用其实际的或预计的影响力，以便从外国或国际公共组织内行使公安司法权力、履行公用事业职能或者担任公共选举委任职务之人处获得特殊礼遇、职位、市场或任何其他有利决定，于任何时候，为了本人或他人利益，直接或间接地索要或接受提供、许诺、赠送、礼品或任何好处的，处 5 年监禁并科 500,000 欧元罚金，罚金总额可升至犯罪所得的两倍。

第二分节　行贿罪及主动影响力交易罪

第 435－3 条　任何人，于任何时候，无权而直接或间接地，向外国或国际公共组织内行使公安司法权力、履行公用事业职能或者担任公共选举委任职务之人建议给予其本人或他人提供、许诺、赠送、礼品或任何好处，从而使这些人员完成或放弃完成或者因为其已完成或已经放弃完成其职责、任务或委任职责的行为或由其职责、任务或委任职责提供便利的行为，处 10 年监禁并科

1, 000, 000 欧元罚金,罚金总额可升至犯罪所得的两倍。

任何人,顺从于第 1 款所指之人为了完成或因为已经完成或者为了放弃完成或已经放弃完成前款所指行为,于任何时候,为了本人或他人利益,无权但直接或间接地索要提供、许诺、赠送、礼品或任何好处的要求的,处相同刑罚。

若本条规定之罪以有组织团伙形式实施,罚金刑升至 2, 000, 000 欧元,或者在超出该数额的情况下,升至犯罪所得的两倍。

第 435 –4 条 任何人,于任何时候,无权而直接或间接地向某人建议给予其本人或他人提供、许诺、赠送、礼品或任何好处,以使其滥用或因为其已经滥用其实际或预计的影响力,旨在从外国或国际公共组织内行使公安司法权力、履行公用事业职能或者担任公共选举委任职务之人处取得特殊礼遇、职位、市场或任何其他有利决定的,处 5 年监禁并科 500, 000 欧元罚金,罚金总额可升至犯罪所得的两倍。

任何人,顺从于任何时候,为了本人或他人利益直接或间接地索要提供、许诺、赠送、礼品或任何好处之人的要求,以使其滥用或因为其已经滥用其实际或预计的影响力,从而从第 1 款所指之人处取得特殊礼遇、职位、市场或其他任何有利决定的,处相同刑罚。

第三分节 共同规定

第 435 –5 条 为了适用本节之规定,按照欧盟公约建立的机构视为国际公共组织。

第 435 –6 条 (被废除)

第 435 –6 –1 条 第 435 –1 条至第 435 –4 条规定之罪的正犯或共犯,如果已通知行政或司法机关,从而使犯罪终止或在必要时能够识别其他正犯或共犯,则法定剥夺自由刑予以减半。

第 435 –6 –2 条 若第 435 –1 条至第 435 –4 条规定之罪,由法国人或在法国领域内惯常居住或者从事全部或部分经济活动之人在国外实施,作为第 113 –6 条第 2 款的例外,在任何情况下均适用法国法律,但第 113 –8 条的规定不予适用。

为了追诉位于法国领域内的、在国外实施第 435－1 条至第 435－4 条规定之罪的共犯的罪责,第 113－5 条规定的由外国法院最终判决证实犯罪的条件,不予适用。

第二节 妨害司法诉讼罪

第一分节 受贿罪及被动影响力交易罪

第 435－7 条 下列人员的下列行为,处 10 年监禁并科 1,000,000 欧元罚金,且罚金总额可升至犯罪所得的两倍:

(1)在外国法院、国际法院内或为国际法院承担审判职责的任何人;

(2)外国法院或者国际法院书记室的任何公务员;

(3)上述法院、法庭或者当事人任命的任何专家;

(4)上述法院、法庭任命的承担协调或调解任务的任何人;

(5)按照外国仲裁法履行仲裁职能的任何仲裁员,

为了完成或因为已经完成,为了放弃或者因为已经放弃完成其职务行为或为其职务提供便利的行为,于任何时候,为了本人或他人利益,无权而直接或间接地索要或接受提供、许诺、赠送、礼品或任何好处的行为。

第 435－8 条 任何人,于任何时候,为了本人或他人利益,直接或间接地索要或接受提供、许诺、赠送、礼品或任何好处,以便滥用或因为已经滥用其实际或预计的影响力,从而从第 435－7 条规定之人处获得任何有利的决定或意见的,若该人在国际法院内或为国际法院工作,或者受到国际法院的任命,则处 5 年监禁并科 500,000 欧元罚金,且罚金总额可升至犯罪所得的两倍。

第二分节 行贿罪及主动影响力交易罪

第 435－9 条 任何人,于任何时候,无权而直接或间接向下列人员建议下列内容的行为的,处 10 年监禁并科 1,000,000 欧元罚金,且罚金总额可升至犯罪所得的两倍:

(1)在外国法院、国际法院内或为国际法院承担审判职责的任何人;

(2)外国法院或者国际法院书记室的任何公务员;

(3)上述法院、法庭或者当事人任命的任何专家;

(4)上述法院、法庭任命的承担协调或调解任务的任何人;

(5)按照外国仲裁法履行仲裁职能的任何仲裁员。

为了使上述人员完成或放弃完成,或者因为其已经完成或已经放弃完成其职务行为或由其职务提供便利的行为,建议给予其本人或他人提供、许诺、赠送、礼品或任何好处的行为。

任何人,顺从于第1项至第5项所指之人于任何时候,为了本人或他人利益,无权而直接或间接地索要提供、许诺、赠送、礼品或任何好处的要求,以便完成或放弃完成或者因为已经完成或已经放弃完成其职务行为或其职务提供便利之行为的,处相同刑罚。

第435-10条 任何人,于任何时候,无权但直接或间接地向某人建议给予其本人或他人提供、许诺、赠送、礼品或任何好处,以使其滥用或因为其已经滥用其实际或预计的影响力,旨在从第435-9条所指之人处获得任何有利的决定或意见,若第435-9条所指之人在国际法院内或为国际法院工作,或者受到国际法院的任命,处5年监禁并科500,000欧元罚金,罚金总额可升至犯罪所得的两倍。

任何人,顺从于任何时候,为了本人或他人利益直接或间接地索要提供、许诺、赠送、礼品或任何好处之人的要求,为了使其滥用或因为已经滥用其实际或预计的影响力,以便从第1款所指之人处获得任何有利的决定或意见,处相同刑罚。

第三分节 共同规定

第435-11条 (被废除)

第435-11-1条 第435-7条至第435-10条规定之罪的正犯或共犯,如果已通知行政或司法机关,从而使犯罪终止,或在必要时能够识别其他正犯或共犯,则法定剥夺自由刑予以减半。

第435-11-2条 若第435-7条至第435-10条规定之罪,由法国人或在法国领域内惯常居住或者从事全部或部分经济活动之人在国外实施，作为第113－6条第2款的例外，在任何情况下均适用法国法律，但第113－8条的规定不予适用。

为了追诉位于法国领域内的、在国外实施第435－7条至第435－10条规定之罪的共犯的罪责，第113－5条规定的由外国法院最终判决证实犯罪的条件，不予适用。

第四分节　其他妨害司法活动罪

第435－12条　为了使他人决心提供虚假的证词、声明或证明，或者拒绝提供证词、声明或证明，任何人，在外国或者国际法院进行的某项程序中或者为了某项诉讼请求或诉讼辩护，使用许诺、奉送、赠礼、施压、威胁、粗暴行为、操纵或诡计手段的，即便收买之举未发生效果，仍处3年监禁并科45,000欧元罚金。

第435－13条　任何人，使用威胁、暴力或者其他任何威吓行为，以使法官、陪审员、任何在审判组织列席之人、参与司法公共服务之人或者外国、国际法院之侦查或惩治犯罪部门的工作人员，完成或放弃完成其职务或任务行为或由其职务或任务提供便利之行为的，处10年监禁并科150,000欧元罚金。

第三节　附加刑和法人责任

第435－14条　自然人犯本章规定之罪，还可处下列附加刑：

(1)依据第131－26条之限制性规定，禁止公民权、民事权和家庭权；

(2)最长5年内禁止担任公职或从事实施犯罪时所从事的或借机实施了犯罪的那种职业或社会活动；

(3)依照第131－35条规定之条件，张贴或发布已宣告的判决；

(4)依据第131－21条之限制性规定，没收用于实施或旨在用于实施犯罪之物或者犯罪所得之物。

对于犯本章规定之任一犯罪的任何外国人，还可以依照第131－30条至第131－30－2条规定之条件，宣告永久性或最长10年内禁止进入法国。

第 435 -15 条 依据第 121 -2 条的规定被宣布对第 435 -3 条、第 435 -4 条、第 435 -9 条和第 435 -10 条规定之罪承担刑事责任的法人,可处下列刑罚:

(1)按照第 131 -38 条之限制性规定,处罚金刑;

(2)最长 5 年内,处第 131 -39 条第 2 项至第 7 项规定之刑罚;

(3)依据第 131 -21 条之限制性规定,处没收用于实施或旨在用于实施犯罪之物或者犯罪所得之物;

(4)依照第 131 -35 条规定之条件,张贴或发布已宣告的判决;

(5)第 131 -39 -2 条规定的刑罚。

第六章　参加雇佣活动罪

第 436 -1 条 下列行为,处 5 年监禁并科 75,000 欧元罚金:

(1)任何人,既非武装冲突任何一方国家的侨民,亦非任何一方国家武装力量的成员,也未由冲突方以外的国家派遣作为该国家武装力量成员参与冲突,便被专门征召为武装冲突战斗,且本人直接参与或试图直接参与敌对冲突,以获取个人利益,或者为了取得明显高于其应效力的武装部队中类似等级或职位的战士之所得或应得的报酬;

(2)任何人,既非暴力行动针对之国家的侨民,亦非该国武装力量成员,也未经某国派遣,便被专门征召参与旨在颠覆该国国家制度或破坏该国领土完整的暴力协同行动,且本人参与或试图参与此行动,以获取个人利益或巨额酬金。

第 436 -2 条 领导或组织集团,旨在对第 436 -1 条所指的人员进行招募、雇用、酬报、装备或军事训练的,处 7 年监禁并科 100,000 欧元罚金。

第 436 -3 条 若本章所指行为由法国人或者惯常居住于法国领域之人在国外实施,尽管有第 113 -6 条第 2 款之规定,仍适用法国法律,但第 113 -8 条第 2 句的规定不予适用。

第 436 -4 条 自然人犯本章规定之罪的,还可处下列附加刑:

(1)依照第 131 -26 条之限制性规定,禁止公民权、民事权和家庭权;

(2)依照第131－35条规定之条件,全部或部分发布法院判决或公告,告知公众法院判决之理由和主文;

(3)依据第131－31条之限制性规定,禁止居留。

第436－5条　依据第121－2条的规定被宣告对第436－2条规定之罪承担刑事责任的法人,除按照第131－38条之限制性规定当处罚金外,还可处第131－39条规定之刑罚。

第131－39条第2项规定之禁止,涉及实施犯罪时所从事的或借机实施了犯罪的那种活动。

第四编　妨害公共信任罪

第一章　伪造文书罪

第441－1条　在具有证明某项权利或某个事实具有法律后果之目的或效果的文字上或其他任何表达思想的载体上,采用任何手段,实施任何弄虚作假、篡改真相、足以造成损害的行为的,均构成伪造文书罪。

伪造文书和使用伪造文书的,处3年监禁并科45,000欧元罚金。

第441－2条　在由政府部门签发的,确认某项权利、身份或资格或者批准某项事务的文件中,犯伪造文书罪的,处5年监禁并科75,000欧元罚金。

使用前款所指之伪造文书的,处相同刑罚。

在下列情况下,犯伪造文书罪或使用伪造文书罪的,刑罚升至7年监禁并科100,000欧元罚金:

(1)行使公安司法权力的人或者承担公用事业任务的人,在履行职责中实施;

(2)习惯性地实施本罪;

(3)实施意图是为犯重罪提供便利,或者使犯罪人免受惩处。

第441－3条　弄虚作假、持有第441－2条所指之任一种伪造文书的,处2

年监禁并科 30,000 欧元罚金。

弄虚作假、持有多种伪造文书的，刑罚升至 5 年监禁并科 75,000 欧元罚金。

第 441－4 条 在公文或公证文书中，或者在公权机关命令的登记中，实施伪造文书罪的，处 10 年监禁并科 150,000 欧元罚金。

使用前款所指之伪造文书的，处相同刑罚。

行使公安司法权力的人或者承担公用事业任务的人，在履行职责或任务中犯伪造文书罪或者使用伪造文书罪的，刑罚升至 15 年徒刑并科 225,000 欧元罚金。

第 441－5 条 弄虚作假，为他人获取由政府部门签发的、确认权利、身份或资格或者给予许可的文件的，处 5 年监禁并科 75,000 欧元罚金。

在下列情况下实施本罪的，处 7 年监禁并科 100,000 欧元罚金：

(1)行使公安司法权力的人或者承担公用事业任务的人，在其履行职责中实施；

(2)习惯性地实施本罪；

(3)实施意图是为犯重罪提供便利，或者使犯罪人免受惩处。

第 441－6 条 采用任何欺诈手段使政府部门或承担公用事业任务的机构错误地出具确认权利、身份或资格或者给予许可的文件的，处 2 年监禁并科 30,000 欧元罚金。

故意提供虚假申报或不完整的申报，以便从公共机构、社会保障机构或承担公用事业任务的机构获取或试图获取，或者使他人获取或试图使他人获取津贴、补贴或不应得的支付或利益的，处相同刑罚。

第 441－7 条 在本章规定之情况外，有下列行为的，处 1 年监禁并科 15,000 欧元罚金：

(1)出具反映不确切事实的证明或证书；

(2)篡改原本真实的证明或证书；

(3)使用不确切或经篡改的证明或证书。

若为了损害国库或他人财产，或者为了获得居留证或防止远离的保护而实施本罪,刑罚升至 3 年监禁并科 45,000 欧元罚金。

第 441－8 条　经第三人同意或未经其同意,使用属于该第三人的身份证或旅行证、居留证或《外国人入境、居留与庇护权法典》第 L431－3 条提及的任何临时文书,以便进入法国领域,在法国领域内通行或居留,或者以便非法地获得凭证、资格、身份或好处的,处 5 年监禁并科 75,000 欧元罚金。

身份证或旅行证、居留证或上述第 L431－3 条提及的任何临时文书的持有人,故意为实施第 1 款所指之犯罪提供便利的,处相同刑罚。

若习惯性地实施这些犯罪,则刑罚升至 7 年监禁并科 100,000 欧元罚金。

第 441－9 条　第 441－1 条、第 441－2 条、第 441－4 条至第 441－8 条规定之轻罪的未遂,处相同刑罚。

第 441－10 条　自然人犯本章规定之重罪和轻罪的,还可处下列刑罚:

(1)依照第 131－26 条之限制性规定,禁止公民权、民事权和家庭权。

(2)依照第 131－27 条之限制性规定,禁止担任公职或从事实施犯罪时所从事的或借机实施了犯罪的那种职业或社会活动,或者禁止从事工商业职业或以任何名义,为了本人或他人利益,直接或间接领导、管理、经营或监督某工商业企业或商业公司。本条规定之从业禁止可以同时宣告。

(3)排除参与公共合同。

(4)没收用于实施或旨在用于实施犯罪之物或者犯罪所得之物,但可归还他人之物除外。

第 441－11 条　对于犯本章所指之任一犯罪的任何外国人,可以依照第 131－30 条规定之条件,宣告永久性或最长 10 年内禁止进入法国。

第 441－12 条　依据第 121－2 条的规定被宣告对本章规定之罪承担刑事责任的法人,除按照第 131－38 条之限制性规定当处罚金外,还可处第 131－39 条所指刑罚。

第 131－39 条第 2 项规定之禁止,涉及实施犯罪时所从事的或借机实施了犯罪的那种活动。

第二章 伪造货币罪

第442-1条 伪造或变造在法国法定流通或者由外国或国际被授权机构发行的法定流通之硬币或纸币的,处30年徒刑并科450,000欧元罚金。

违反被授权发行上述货币符号之机构确定的条件且未经此类机构的同意,借助经批准用于此用途的设备或器材制造前款所指之硬币及纸币的,处相同刑罚。

第132-23条前两款有关囚禁期的规定,适用于本条规定之犯罪。

第442-2条 运输、投入流通或者为投入流通而持有第442-1条第1款所指之伪造或变造的货币符号,或者该条第2款所指之非法制造的货币符号的,处10年监禁并科150,000欧元罚金。

若前款之犯罪行为以有组织团伙形式实施,则处30年徒刑并科450,000欧元罚金。

第132-23条前两款有关囚禁期的规定,适用于本条规定之犯罪。

第442-3条 伪造或变造已不再为法定流通或者不再被准许用于法定流通的法国或外国硬币或纸币的,处5年监禁并科75,000欧元罚金。

第442-4条 将任何未经批准的货币符号投入流通,旨在取代在法国法定流通之硬币或纸币的,处5年监禁并科75,000欧元罚金。

第442-5条 未经准许,制造、使用或持有专门用于制造、防伪造或防变造纸币或硬币之材料、工具、信息程序或其他任何零件的,处2年监禁并科30,000欧元罚金。

第442-6条 制造、出售或发行与第442-1条所指的货币符号相似的物品、印刷品或样票,足以使人按其伪造之价值接受该物品、印刷品或样票的,处1年监禁并科15,000欧元罚金。

第442-7条 将第442-1条所指之伪造或变造的货币符号视为正品接受的人,在发现其系伪造之后,仍将其再投入流通的,处7500欧元罚金。

第442-8条 第442-2条第1款和第442-3条至第442-7条规定之

轻罪的未遂,处相同刑罚。

第442－9条　企图实施本章规定之任一犯罪的任何人,如果已通知行政或司法机关,从而避免犯罪发生,并在必要时能够识别其他犯罪人,则免除刑罚。

第442－10条　第442－1条至第442－4条规定之罪的正犯或共犯,如果已通知行政或司法机关,从而使犯罪终止,并且在必要时能够识别其他犯罪人,则其法定的剥夺自由刑予以减半。

第442－11条　自然人犯第442－1条至第442－6条规定之重罪和轻罪的,还可处下列刑罚:

(1)依照第131－26条之限制性规定,禁止公民权、民事权和家庭权。

(2)依照第131－27条之限制性规定,禁止担任公职或从事实施犯罪时所从事的或借机实施了犯罪的那种职业或社会活动,或者禁止从事工商业职业或以任何名义,为了本人或他人利益,直接或间接领导、管理、经营或监督某工商业企业或商业公司。本条规定之从业禁止可以同时宣告。

(3)依照第131－31条之限制性规定,禁止居留。

第442－12条　对于犯第442－1条至第442－4条规定之罪的任何外国人,可以依照第131－30条规定之条件,宣告永久性或最长10年内禁止进入法国。

第442－13条　在本章规定的各种情况下,也可以宣告没收用于或旨在用于实行犯罪之物或犯罪所得之物,但可予归还之物除外。

伪造或变造的硬币或纸币以及用于其制造的材料和工具,必须予以没收。

根据伪造或变造行为针对的硬币或纸币之不同情况,伪造或变造的货币符号上交给巴黎造币厂或者交给法兰西银行,以备销毁。巴黎造币厂或法兰西银行指定没收的材料及工具,亦交予其以备销毁。

第442－6条所指之物品、印刷品及样票,亦必须予以没收。依据前款规定之区别,没收之物交给巴黎造币厂或法兰西银行,以备销毁。

第442－14条　依据第121－2条的规定被宣告对本章规定之罪承担刑事责任的法人,除按照第131－38条之限制性规定当处罚金外,还可处下列刑罚:

(1)(被废除);

(2)第131－39条所指刑罚;

(3)按照第442－13条规定之方式,予以没收。

第131－39条第2项规定之禁止,涉及实施犯罪时所从事的或借机实施了犯罪的那种活动。

第442－15条 对于虽将投入流通,但尚未由被授权机构发行并且尚未进入法定流通的纸币和硬币,仍适用第442－1条、第442－2条、第442－5条至第442－14条之规定。

第442－16条 犯第442－1条至第442－3条规定之重罪或轻罪的自然人或法人,还可处没收财产之附加刑,没收归其所有的全部或部分财产或者在保留善意所有人权利情况下,没收归其自由处分的全部或部分财产,无论其性质如何,属于动产或不动产,已分割还是未分割。

第三章 伪造公权机关发行的证券或其他信用证券罪

第443－1条 伪造或变造本国国库或他国国库发行的带有自身印花或标记的有价证券的,以及使用和运输这类伪造和变造的有价证券的,处7年监禁并科100,000欧元罚金。

第443－2条 伪造或变造邮票、其他邮政信用证券以及财政金融管理部门发行的印花税票,出售、运输、发行或使用此类伪造或变造的邮票、税票或证券的,处5年监禁并科75,000欧元罚金。

第443－3条 制造、出售、运输或发行与国家、地方行政区域、公立公益机构及1990年7月2日第90－568号《关于邮政和电信公共服务组织法》规定的公立经营部门发行的证券或其他信用证券相似的任何产品、印刷品或样票,足以使人依其伪造之价值接受该产品、印刷品或样票的,处1年监禁并科15,000欧元罚金。

第443－4条 伪造或变造外国邮票或外国邮政部门发行的其他邮政有价证券,以及买卖、运输、发行或使用此类伪造或变造的邮票或票券的,处6个月监禁并科 7500 欧元罚金。

第 443－5 条　本章规定之轻罪的未遂，处相同刑罚。

第 443－6 条　自然人犯本章规定之轻罪的，还可处下列刑罚：

（1）依照第 131－26 条之限制性规定，禁止公民权、民事权和家庭权。

（2）依照第 131－27 条之限制性规定，禁止担任公职或从事实施犯罪时所从事的或借机实施了犯罪的那种职业或社会活动，或者禁止从事工商业职业或以任何名义，为了本人或他人利益，直接或间接领导、管理、经营或监督某工商业企业或商业公司。本条规定之从业禁止可以同时宣告。

（3）没收用于实施或旨在用于实施犯罪之物或者犯罪所得之物，但可归还他人之物除外。

在所有情况下，必须没收犯罪物品。没收之物将交予政府部门，以备销毁。

第 443－7 条　对于犯第 443－1 条和第 443－2 条规定之罪的任何外国人，可以依照第 131－30 条规定之条件，宣告永久性或最长 10 年内禁止进入法国。

第 443－8 条　依据第 121－2 条的规定被宣告对本章规定之罪承担刑事责任的法人，除按照第 131－38 条之限制性规定当处罚金外，还可处下列刑罚：

（1）（被废除）；

（2）第 131－39 条所指刑罚；

（3）依据第 443－6 条规定之方式，处以没收刑。

第 131－39 条第 2 项规定之禁止，涉及实施犯罪时所从事的或借机实施了犯罪的那种活动。

第四章　伪造权力机关标志罪

第 444－1 条　伪造或变造国玺、国家印章或者用于标记金、银及铂金材料之钢印的，或者使用此类伪造和变造的国玺、印章和钢印的，处 10 年监禁并科 150，000 欧元罚金。

第 444－2 条　冒用国玺、国家印章或用于标记金、银及铂金材料之钢印的，处 7 年监禁并科 100,000 欧元罚金。

第 444 –3 条 下列行为，处 5 年监禁并科 75,000 欧元罚金：

(1)伪造或变造公权机关的官印、印章或标记，或者使用此类伪造或变造的官印、公章或标记；

(2)伪造或变造依宪法设立的议会、政府部门或司法部门使用的有笺头的纸张或官方印刷品以及买卖、发行和使用此类伪造或变造的纸张或印刷品；

(3)伪造或变造证明法国或外国检查部门或卫生监督部门已检验的验讫章或标记。

第 444 –4 条 冒用第 444 –3 条所指的官印、标记、印章、笺头纸张、印刷品或者证明检查部门或卫生监督部门已检验的验讫章或标记的，处 3 年监禁并科 45,000 欧元罚金。

第 444 –5 条 制造、出售、发行或使用与依宪法设立的议会、政府部门或司法部门使用的带有笺头的纸张或印刷品相似的印刷品，足以在公众思想上引发误解的，处 1 年监禁并科 15,000 欧元罚金。

第 444 –6 条 本章规定之轻罪的未遂，处相同刑罚。

第 444 –7 条 自然人犯本章规定之重罪和轻罪的，还可处下列刑罚：

(1)依照第 131 –26 条之限制性规定，禁止公民权、民事权和家庭权。

(2)依照第 131 –27 条之限制性规定，禁止担任公职或从事实施犯罪时所从事的或借机实施了犯罪的那种职业或社会活动，或者禁止从事工商业职业或以任何名义，为了本人或他人利益，直接或间接领导、管理、经营或监督某工商业企业或商业公司。本条规定之从业禁止可以同时宣告。

(3)排除参与公共合同。

(4)没收用于实施或旨在用于实施犯罪之物或者犯罪所得之物，但可归还他人之物除外。

在所有情况下，必须没收犯罪物品。没收之物将交予政府部门，以备销毁。

第 444 –8 条 对于犯本章规定之罪的任何外国人，可依照第 131 –30 条规定之条件，宣告永久性或最长 10 年内禁止进入法国。

第 444 –9 条 依据第 121 –2 条的规定被宣告对本章规定之罪承担刑事

责任的法人，除按照第131－38条之限制性规定当处罚金外，还可处下列刑罚：

(1)(被废除)；

(2)第131－39条所指刑罚；

(3)依据第444－7条规定之方式，处以没收刑。

第131－39条第2项规定之禁止，涉及实施犯罪时所从事的或借机实施了犯罪的那种活动。

第五章　贿赂非公职人员罪

第一节　非公职人员受贿与行贿罪

第445－1条　任何人，于任何时候，无权但直接或间接地，向非行使公安司法权力之人，也非承担公用事业任务之人或经公共选举*委任职务之人，而只是在职业或社会活动中为某自然人、法人或任何组织行使领导职责或从事工作的人员，建议给予其本人或他人提供、许诺、赠送、礼品或任何好处，以使其完成或放弃完成或者因为已经完成或已经放弃完成其业务或职务行为，或者由其业务或职务提供便利的行为，且该行为违反其法定义务、合同义务或职业义务的，处5年监禁并科500,000欧元罚金，罚金总额可升至犯罪所得的两倍。

任何人，顺从于第1款所指之人，于任何时候，为了本人或他人利益直接或间接索要提供、许诺、赠送、礼物或任何好处的要求，以便完成或放弃完成或者因为其已完成或已经放弃完成前款所指行为，且此行为违反该人的法定义务、合同义务或职业义务的，处相同刑罚。

第445－1－1条　任何人，于任何时候，无权但直接或间接地，向可被下赌注的体育比赛或赛马的运动员，建议给予其本人或他人提供、许诺、礼品、赠送或任何好处，以使该运动员通过行动或放弃行动来改变该体育活动或竞赛之正常和公平的进展，或者因为该运动员已经通过行动或放弃行动改变了该体育活

* 法国法区分公法和私法，公共选举指公法上的选举。——译者注

动或竞赛之正常和公平的进展的，处5年监禁并科500,000欧元罚金，且罚金总额可升至犯罪所得的两倍。

第445－2条 既非行使公安司法权力之人，也非承担公用事业任务之人或经公共选举委任职务之人，而是在职业或社会活动中为某自然人、法人或任何组织行使领导职责或从事工作的人员，于任何时候，为了自己或他人利益，无权但直接或间接地索要或接受提供、许诺、赠送、礼品或任何好处，以便行使或放弃行使或者因为已经行使或已经放弃行使其业务或职务行为或由其业务或职务提供便利的行为，且该行为违反其法定义务、合同义务或职业义务的，处5年监禁并科500,000欧元罚金，且罚金总额可升至犯罪所得的2倍。

第445－2－1条 可被下赌注的任何体育比赛或赛马的运动员，为了本人或他人利益，无权但直接或间地接向任何人索要或接受任何人的提供、许诺、礼品、赠送或任何好处，以便通过行动或放弃行动来改变或者因为已经通过行动或放弃行动改变了该体育活动或竞赛之正常和公平的进展的，处5年监禁并科500,000欧元罚金，且罚金总额可升至犯罪所得的2倍。

第二节 自然人适用的附加刑和法人刑事责任

第445－3条 自然人犯第445－1条、第445－1－1条、第445－2条和第445－2－1条规定之罪的，还可处下列附加刑：

(1)依照第131－26条之限制性规定，禁止公民权、民事权和家庭权。

(2)依照第131－27条之限制性规定，禁止担任公职或从事实施犯罪时所从事的或借机实施了犯罪的那种职业或社会活动，或者禁止从事工商业职业或以任何名义，为了本人或他人利益，直接或间接领导、管理、经营或监督某工商业企业或商业公司。本条规定之从业禁止可以同时宣告。

(3)按照第131－21条之限制性规定，没收用于实施或旨在用于实施犯罪之物或者犯罪所得之物，但可归还他人之物除外。

(4)依照第131－35条规定之条件，张贴或发布已宣告的判决。

第445－4条 依据第121－2条的规定被宣告对第445－1条、第445－1－1条、第445－2条和第445－2－1条规定之罪承担刑事责任的法人，除按照第

131－38 条之限制性规定当处罚金外，还可处下列刑罚：

（1）（被废除）。

（2）最长 5 年内，处第 131－39 条第 2 项、第 3 项、第 4 项、第 5 项、第 6 项和第 7 项所指刑罚。

第 131－39 条第 2 项规定之禁止，涉及实施犯罪时所从事的或借机实施了犯罪的那种活动。

（3）按照第 131－21 条之限制性规定，没收用于实施或旨在用于实施犯罪之物或者犯罪所得之物，但可归还他人之物除外。

（4）依照第 131－35 条规定之条件，张贴或发布宣告的判决。

（5）第 131－39－2 条规定的刑罚。

第六章　违反公共场所营业管理规定罪

第 446－1 条　无照流动贩卖罪，是指未经许可或未作出合法声明的情况下，违反公共场所治安管理规定，在公共场所提供、销售、展示预售财物或从事其他任何职业的行为。

无照流动贩卖罪，处 6 个月监禁并科 3750 欧元罚金。

对于本条第 1 款规定之轻罪，包括累犯情形在内，若按照《刑事诉讼法典》第 495－17 条至第 495－25 条的规定一次性支付 300 欧元罚金，则可以取消公诉。一次性罚金的总额可降低至 250 欧元，一次性罚金总额可增加至 600 欧元。

本罪的犯罪人，还可处本法典第 446－3 条规定的附加刑。

第 446－2 条　若犯无照流动贩卖罪，伴随粗暴或威胁行为，或者以聚众形式实施，刑罚升至 1 年监禁并科 15,000 欧元罚金。

依据《刑事诉讼法典》第 495－17 条至第 495－25 条的规定，包括在累犯的情况下，若一次性支付 500 欧元罚金，则可以取消公诉。一次性罚金的总额可降低至 400 欧元，一次性罚金的总额可增加至 1000 欧元。

第 446－3 条　自然人犯本章规定之轻罪的，还可处下列附加刑：

(1)没收用于实施或旨在用于实施犯罪之物或者犯罪所得之物；

(2)销毁用于实施或旨在用于实施犯罪之物或者犯罪所得之物。

第446－4条 依据第121－2条的规定被宣告对本章规定之罪承担刑事责任的法人，除按照第131－38条之限制性规定当处罚金外，还可处第131－39条规定之刑罚。

第131－39条第2项规定之禁止，涉及实施犯罪时所从事的或借机实施了犯罪的那种活动。

第五编 参加犯罪团伙罪

第450－1条 以一项或者多项实际行动，为准备实行一项或多项重罪或者一项或多项当处至少5年监禁之轻罪而组成的任何集团或达成的串通的，构成犯罪团伙。

如果准备实行的犯罪是重罪或者处刑10年监禁之轻罪，参加犯罪团伙的，处10年监禁并科150,000欧元罚金。

如果准备实行的犯罪是当处至少5年监禁之轻罪，参加犯罪团伙的，处5年监禁并科75,000欧元罚金。

第450－2条 参加第450－1条所指的集团或串通的任何人，如果在受到任何追诉前，已向主管机关揭发此集团或串通，并能够辨别其他参与者，则免除刑罚。

第450－3条 自然人犯第450－1条规定之罪的，还可处下列附加刑：

(1)依照第131－26条之限制性规定，禁止公民权、民事权和家庭权。

(2)依照第131－27条之限制性规定，禁止担任公职或从事实施犯罪时所从事的或借机实施了犯罪的那种职业或社会活动，或者禁止从事工商业职业或以任何名义，为了本人或他人利益，直接或间接领导、管理、经营或监督某工商业企业或商业公司。本条规定之从业禁止可以同时宣告。

(3)依照第131－31条之限制性规定，禁止居留。

对于这些自然人,还可宣告上述集团或串通准备实行的重罪或轻罪可处的其他附加刑。

第450－4条 依据第121－2条的规定被宣告对第450－1条规定之罪承担刑事责任的法人,除按照第131－38条之限制性规定当处罚金外,还可处第131－39条规定之刑罚。

第131－39条第2项规定之禁止,涉及实施犯罪时所从事的或借机实施了犯罪的那种活动。

第450－5条 犯第450－1条第2款和第321－6－1条规定之罪的自然人和法人,还可处没收之附加刑,没收归其所有的全部或部分财产或者在保留善意所有人权利情况下,没收归其自由处分的全部或部分财产,无论其性质如何,属于动产或不动产,已分割还是未分割。

第四副卷　战争之重罪和轻罪

第一章　各类战争重罪和轻罪

第一节　战争重罪和轻罪之定义

第 461－1 条　违反了武装冲突所适用的战争法律和惯例或者国际条约，在发生国际武装冲突或非国际武装冲突时，针对第 461－2 条至第 461－31 条所保护的个人和财产实施与此冲突有关的本卷规定之罪的，构成战争重罪或轻罪。

第二节　国际武装冲突与非国际武装冲突共有的战争重罪和轻罪

第一分节　国际或非国际武装冲突中实施的侵犯人身罪

第一小节　侵害人之生命和身体或精神罪

第 461－2 条　针对依据战争法律和惯例及国际人权法而受到国际武装冲突法保护的个人，实施本法典第二卷规定之故意侵害人之生命、故意侵害人之身体或精神的完好性以及绑架和非法拘禁的，处第 462－1 条规定之刑罚的加重刑。

第 461－3 条　使敌方人员肢体残缺，或者对该人员进行既无治疗理由也对其无益的医学或科学实验，并致其死亡或严重侵害其身体健康、身体或精神完好性的，处无期徒刑。

第461－4条　强迫受国际武装冲突法保护之人卖淫，迫使其非自愿怀孕，违反其意志将其绝育，或者对其实施其他严重程度类似的任何形式性暴力的，处无期徒刑。

第461－5条　对敌方人员采取不人道和有辱人格的待遇，并严重侵害其身体或精神完好性的，处15年徒刑。

第二小节　侵害个人自由罪

第461－6条　在国际条约允许之情形外，对受国际武装冲突法保护的个人实施第432－4条规定之侵犯个人自由罪的，处第462－1条规定之刑罚的加重刑。

第三小节　武装冲突中侵犯未成年人权利罪

第461－7条　征兵或招募不满18岁的未成年人进入武装军队或者武装团体，或者使其积极参与敌对冲突的，处20年徒刑。此规定不适用于已满15岁之未成年人自愿入伍的情形。

第二分节　与敌对行为相关的战争重罪和轻罪

第一小节　被禁止的战争手段和方法

第461－8条　命令不留活口或者以此来威胁敌方的，处无期徒刑。

第461－9条　向平民民众或者并未直接参与敌对冲突的平民蓄意发动进攻的，处无期徒刑。

第461－10条　导致已经缴械投降或者无防卫能力而投降的敌方战士，受到严重侵害其身体完好性的伤害的，处20年徒刑。

如果伤害导致被害人肢体残缺、永久性残疾，或者虽无致死故意但导致被害人死亡，刑罚升至30年徒刑。

在第1款所指的情形下，故意致被害人死亡的，处无期徒刑。

第461－11条　因背叛变节，致使属于本国或敌方军队的某人或敌方战士受到严重侵害其身体完好性的伤害的,处 20 年徒刑。

如果伤害导致被害人肢体残缺、永久性残疾,或者虽无致死故意但导致被害人死亡,刑罚升至 30 年徒刑。

在第 1 款所指情形下,故意致使被害人死亡的,处无期徒刑。

第 461 –12 条 下列行为,处 20 年徒刑:

(1)蓄意攻击依据国际法带有 1949 年 8 月 12 日《日内瓦公约》或其附加议定书规定之醒目标志的人员、建筑、设备、部队、卫生运输工具;

(2)蓄意攻击依据《联合国宪章》执行人道主义援助任务或者维和任务的人员、设施、器材、部队或者车辆,只要上述被攻击对象有权享有国际武装冲突法给予平民及平民财产之保护。

若第 1 项和第 2 项所指之犯罪,使上述人员受伤并导致肢体残缺或者永久伤残,刑罚升至 30 年徒刑。

若上述犯罪引起相关人员死亡的后果,刑罚升至无期徒刑。

第 461 –13 条 蓄意攻击用于宗教、教育、艺术、科学、慈善行动的建筑以及历史古迹、医院或者伤病人员集中的场所,只要上述建筑并未被用于军事用途的,处 20 年徒刑。

第 461 –14 条 蓄意攻击不构成军事目标之平民财产的,处 15 年徒刑。

第二小节 武装冲突中的侵害财产罪

第 461 –15 条 使用武器或者公开使用武力,抢劫一个城市或地区的,即使是已被攻占的城市或地区,处 15 年徒刑。

第 461 –16 条 针对国际武装冲突法保护之人,实施下列犯罪的,除非出自军事需要,仍构成战争重罪或轻罪,处第 462 –1 条规定之刑罚的加重刑:

(1)盗窃、诈取以及摧毁、损毁、毁坏本法典第三卷规定之财物;

(2)窝藏本条第 1 项规定之任一犯罪之所得。

第 461 –17 条 第 461 –16 条第 1 项规定之轻罪的未遂,适用相同的刑罚加重之理由。

第三分节 为准备实施战争重罪或轻罪而组建集团或达成串通罪

第461-18条 参与组建的集团或者达成的串通,通过一项或多项实际行动,旨在预备实施本章规定之任一战争重罪或轻罪的,处10年监禁并科225,000欧元罚金。

第三节 国际武装冲突特有的战争重罪和轻罪

第一分节 国际武装冲突中的侵犯人身自由和权利罪

第461-19条 利用受国际武装冲突法保护之人,避免某军事点、区域或军队成为军事打击目标的,处20年徒刑。

第461-20条 为了某交战国的利益,实施下列行为的,处20年徒刑:

(1)强迫受国际武装冲突法保护之人在其军队中服役;

(2)强迫敌方国民参与针对其本国的战争,包括敌方国民在战争开始前已经服务于该交战国之情形。

第461-21条 阻挠受国际武装冲突法保护之人,根据可适用的国际条约的规定,行使接受合法和公平审判的权利的,处20年徒刑。

若本罪致使被判刑之人受到处决,刑罚升至无期徒刑。

第461-22条 基于诉讼请求人国籍的原因,而宣布敌方国民的权利和诉讼在司法上无法受理、予以取消或者中止的,处15年徒刑。

第二分节 国际武装冲突中被禁止的战争手段和方法

第461-23条 下列行为,处无期徒刑:

(1)使用毒药或者有毒武器;

(2)使用窒息瓦斯、有毒气体或者类似气体,以及所有类似的液体、物质或方法;

(3)使用在人体内极易变形的子弹;

(4)使用被普遍禁止并在法国认可的《国际刑事法院规章》附录中记载的武器、发射物、设备或者战争方法。

第461-24条 无论通过何种方式,攻击、轰炸无防卫且不是军事目标的城市、乡村、住宅或建筑的,处无期徒刑。

第461-25条 作为战争方法,使平民挨饿,蓄意剥夺其生存不可或缺的财物,包括蓄意阻止向其输送1949年8月12日《日内瓦公约》及其附加议定书规定之救援物资的,处无期徒刑。

第461-26条 通过某占领国,直接或间接参与将本国部分平民人口转移至占领国领土;或者参与将全部或部分被占领领土的平民流放或转移至该领土之内或之外的,处无期徒刑。

第461-27条 明知攻击会附带地导致平民丧失生命或者受伤,且该结果之重明显与整个攻击预计的具体直接的军事利益不相称,而蓄意发动攻击的,处无期徒刑。

第461-28条 明知攻击会附带地导致以下结果,而蓄意发动攻击的,处20年徒刑:

(1)造成平民财产损失,且损失之大明显与整个攻击预计的具体直接的军事利益不相称;

(2)造成自然环境广泛、持久、严重的损害,且损害之大与整个攻击预计的具体直接的军事利益不相称。

第461-29条 非法使用议会旗帜、军事旗帜或标志、敌方或者联合国组织的制服以及1949年8月12日《日内瓦公约》及其附加议定书规定的特殊记号,并通过此举致使敌方战士受到严重侵害其身体完好性的伤害的,处20年徒刑。

如果第1款规定之罪导致上述战士受伤,造成其肢体残缺或永久残疾,刑罚升至30年徒刑。

如果本罪导致被害人死亡的后果,刑罚升至无期徒刑。

第四节 非国际武装冲突特有的战争重罪和轻罪

第461－30条 除非出于保护平民安全的需要或军事的迫切需要,命令与冲突有关的平民迁移的,处无期徒刑。

第461－31条 事先未经合法组成的、能够提供1949年8月12日《日内瓦公约》及其附加议定书规定之司法保障的法庭的审判,就宣告判刑和行刑的,处20年徒刑。

若第1款规定之罪,导致被判刑人被处决,刑罚升至无期徒刑。

第二章 特别规定

第462－1条 若第461－2条、第461－6条、第461－16条和第461－17条规定之罪,构成战争重罪或轻罪,其法定的剥夺自由刑之最高限度按下列方式予以提升:

(1)若犯罪当处30年徒刑,升至无期徒刑;

(2)若犯罪当处20年徒刑,升至30年徒刑;

(3)若犯罪当处15年徒刑,升至20年徒刑;

(4)若犯罪当处10年监禁刑,升至15年徒刑;

(5)若犯罪当处7年监禁刑,升至10年监禁刑;

(6)若犯罪当处5年监禁刑,升至7年监禁刑;

(7)若犯罪最高当处3年监禁刑,升至刑罚加倍。

第462－2条 第132－23条前两款有关囚禁期的规定,适用于本卷规定之重罪以及当处10年监禁之轻罪。

第462－3条 犯本卷规定之罪的自然人,还可处以下刑罚:

(1)依照第131－26条之限制性规定,禁止公民权、民事权和家庭权。但是,对于重罪,禁止的最长期限升至15年,对于轻罪,禁止的最长期限升至10年。

(2)依照第131－27条之限制性规定,禁止担任公职或从事实施犯罪时所从事的或借机实施了犯罪的那种职业或社会活动。但是,临时禁止的最长期限升至10年。

(3)依照第131－31条之限制性规定,禁止居留。但是,对于重罪,禁止的最长期限升至15年;对于轻罪,禁止的最长期限升至10年。

第462－4条 对于犯本卷规定之罪的任何外国人,可依照第131－30条规定之条件,宣告永久性或最长10年内禁止进入法国。

第462－5条 依据第121－2条的规定被宣告对本卷规定之战争重罪或轻罪承担刑事责任的法人,除按照第131－38条之限制性规定当处罚金外,还可处第131－39条规定之刑罚。

第131－39条第2项规定之禁止,涉及实施犯罪时所从事的或借机实施了犯罪的那种活动。

第462－6条 犯本卷规定之战争重罪或轻罪的自然人和法人,还可处没收之附加刑,没收归其所有的全部或部分财产或者在保留善意所有人权利情况下,没收归其自由处分的全部或部分财产。

第462－7条 在不影响适用第121－7条规定的情况下,军事首领或者担任该职务之人,明知或根据情况本应知道其领导和实际控制的下属实施或将要实施本卷规定之战争重罪或轻罪,却不采取其能采取的任何必要合理的措施予以阻止,惩处其实施的犯罪,或移交主管机关予以调查或追诉的,视为其下属所犯之战争重罪或轻罪的共犯。

在不影响适用第121－7条规定的情况下,无军事首领职务的上级领导人,明知其领导或实际控制的下属实施或将要实施本卷规定之战争重罪或轻罪,或者蓄意不考虑明显显示该犯罪的信息,也不采取其能够采取的任何必要合理措施予以阻止,惩处其实施的犯罪,或移交主管机关予以调查或追诉,而前述重罪或轻罪与该上级领导人负责或实际控制的活动有关的,亦视为其下属所犯之战争重罪或轻罪的共犯。

第462－8条 本卷所指之战争重罪或轻罪的正犯或共犯,不得仅因为实施了法律或条例规定或授权的行为,或者合法机关要求的行为,就被免除刑事责任。但是,法院在确定刑罚和刑罚数额时,将考虑此情节。

另外，如果上述正犯或共犯不知道合法机关的命令为非法，或者该命令并不明显显示为非法，则不承担刑事责任。

第 462－9 条　为了保护自身或者他人生存所必需之财物，或者为了保护完成军事任务抵抗紧迫的非法武装行动所必需之财物，而采取合理行动之人，对于本卷规定之战争重罪或轻罪不承担刑事责任，除非所采用的防卫手段与所冒危险的严重程度不成比例。

第 462－10 条　（被废除）

第 462－11 条　为了实施法国履行自身正当防卫权所必需的行为，而使用核武器或者法国加入的任何国际公约未予禁止的其他任何武器的，不构成本卷规定之犯罪。

第五卷　其他重罪和轻罪

第一编　公共卫生领域之犯罪

第一章　生物医学伦理领域之犯罪

第一节　保护人之种类

第511-1条　为了诞生一名与另一活人或死人基因相同的婴儿，同意提取细胞或者配子*的，处10年监禁并科150,000欧元罚金。

第511-1-1条　法国人或惯常居住于法国领域的人在国外实施第511-1条规定之轻罪的，尽管有第113-6条第2款之规定，仍适用法国刑法，但第113-8条第2句之规定不予适用。

第511-1-2条　为了诞生一名与另一活人或死人基因相同的婴儿，通过赠礼、许诺、威胁、命令、滥用权威或权力，唆使他人同意提取细胞或者配子的，处3年监禁并科45,000欧元罚金。

无论以何种方式，进行优生学或克隆繁殖之宣传或广告的，处相同刑罚。

第二节　保护人之身体

第511-2条　付款从某人身上取得器官之行为，无论形式如何，处7年监禁并科100,000欧元罚金。

---

* 配子即生殖细胞。——译者注

为了便于付款取得人体器官而从中斡旋,或者有偿转让他人人体器官的,处相同刑罚。

若第1款规定之条件下取得的器官来自国外,适用相同刑罚。

第511-3条 未依照《公共卫生法典》第L1231-1条Ⅲ规定之条件征得本人的同意,或者未获得该第L1231-1条Ⅰ第2款和Ⅳ第2款规定之许可,便在成年活人身上摘取器官的,包括以治疗为目的的情形,处7年监禁并科100,000欧元罚金。

在《公共卫生法典》第L1241-3条和第L1241-4条规定之情形外,从未成年活人身上或者从享有人身代理法律保护措施的成年活人身上摘取器官、组织、细胞或者收集人体捐献之物的,处相同刑罚。

第511-4条 付款从他人身上摘取组织、细胞或人体所生之物的,无论形式如何,处5年监禁并科75,000欧元罚金。

无论以何种形式,为了便于付款取得人之组织、细胞或者人体所生之物而从中斡旋,或者有偿转让他人人体组织、细胞或者人体所生之物的,处相同刑罚。

第511-5条 未经本人依照《公共卫生法典》第L1241-1条最后3款规定之条件表示同意,在成年活人身上摘取组织、细胞或收集人体所生之物的,处5年监禁并科75,000欧元罚金。

根据不同情况,不遵守《公共卫生法典》第L1241-3条或第L1241-4条规定之条件,从未成年活人身上或者从享有人身代理法律保护措施的成年活人身上摘取骨髓造血组织的,无论从骨头还是从周边血液中摘取,处7年监禁并科100,000欧元罚金。

第511-5-1条 为了科学目的,在未移交《公共卫生法典》第L1232-3条规定之规程的情况下,在死人身上进行摘取的行为,处2年监禁并科30,000欧元罚金。

执行已经被负责研究的部长暂停或禁止的规程的,处相同刑罚。

第511-5-2条

Ⅰ.下列情况下,为了科学目的包括为了基因研究目的,保存并改变人体器官、组织、细胞或血液、血液组成部分及其衍生品的，处5年监禁并科75,000欧元罚金：

（1）未依照《公共卫生法典》第L1243－3条之规定，作出事先声明；

（2）负责研究的部长已反对从事上述活动，或者已暂停或禁止上述活动。

Ⅱ.为了将其出让用于科学用途包括基因研究，而保存并改变人体器官、组织、细胞或血液、血液组成部分及其衍生品，但事先未获得《公共卫生法典》第L1243－4条规定之许可或者该许可被暂停或撤销的，处相同刑罚。

第511－6条 未经本人书面同意，从活人身上采集或者摘取配子的，处5年监禁并科75,000欧元罚金。

第511－7条 在未获得《公共卫生法典》第L1233－1条、第L1234－2条、第L1242－1条、第L1243－2条或者第L1243－6条规定的许可的机构内，或者在该许可被撤销或暂停后，开展摘取器官、移植器官，摘取组织或细胞，移植组织或提供细胞治疗标本，保存或改变组织或者细胞治疗标本的，处2年监禁并科30,000欧元罚金。

第511－8条 不遵守《公共卫生法典》第L1211－6条规定的卫生安全规则，为了捐赠而配送或转让器官、组织、治疗用途的细胞产物或者人体所生之物的，处2年监禁并科30,000欧元罚金。

第511－8－1条 违反《公共卫生法典》第L1243－2条之规定，为了治疗用途而配送或转让组织或者细胞治疗标本的，处2年监禁并科30,000欧元罚金。

第511－8－2条 违反《公共卫生法典》第L1235－1条、第L1245－5条和第L1245－5－1条的实施规定，从欧盟成员国或《欧洲经济区协定》的当事方国家获得，向其提供、进口或出口器官、组织、衍生物、人体细胞和细胞治疗标本的，处5年监禁并科75,000欧元罚金。

第511－9条 无论采取何种形式，付款获得配子的，处5年监禁并科75,000欧元罚金，但支付给配备与保存配子的机构的劳务费用除外。

无论采取何种形式，为了便于付款获得配子而从中斡旋，或者有偿向第三人转让捐赠的配子的，处相同刑罚。

第 511 –10 条　除非属于《民法典》第 16 – 8 – 1 条规定之情形，泄露能够同时识别捐赠配子的人或夫妇以及接受配子的夫妇或未婚妇女之信息的，处 2 年监禁并科 30,000 欧元罚金。

第 511 –11 条　为了提供医疗生育辅助，在事先未按照《公共卫生法典》第 L1211 –6 条的要求进行传染疾病检测的情况下，从活人身上采集或者提取配子的，处 2 年监禁并科 30,000 欧元罚金。

第 511 –12 条　违反《公共卫生法典》第 L1244 –3 条的规定，用新采集的精子或者捐赠精子的混合物，进行人工授精的，处 2 年监禁并科 30,000 欧元罚金。

第 511 –13 条　违反《公共卫生法典》第 L1244 –7 条的规定，在某人自愿为一对夫妇捐赠配子的情况下，该夫妇以其指定的另一对夫妇获得配子作为条件的，处 2 年监禁并科 30,000 欧元罚金。

第 511 –14 条　（被废除）

第三节　保护人之胚胎

第 511 –15 条　无论采取何种形式，付款获得人之胚胎的，处 7 年监禁并科 100,000 欧元罚金。

无论采取何种形式，为了便于付款获得人之胚胎而从中斡旋，或者将人之胚胎有偿转让给第三人的，处相同刑罚。

第 511 –16 条　不遵守《公共卫生法典》第 L2141 –5 条和第 L2141 –6 条规定之条件，获得人之胚胎的，处 7 年监禁并科 100,000 欧元罚金。

第 511 –17 条　为了工业或商业目的，进行试管胎儿受孕或者人体胚胎克隆繁殖的，处 7 年监禁并科 100,000 欧元罚金。

将人之胚胎用于工业或商业目的的，处相同刑罚。

第 511 –18 条　为了研究目的，进行试管胎儿受孕或者人体胚胎克隆繁殖的，处 7 年监禁并科 100,000 欧元罚金。

第 511 –18 –1 条　为了治疗目的，进行人体胚胎克隆繁殖的，处 7 年监禁并科 100,000 欧元罚金。

第 511 -19 条

Ⅰ. 在下列情况下,进行人体胚胎研究或探索的行为,处 7 年监禁并科 100,000 欧元罚金:

(1)事先未取得《公共卫生法典》第 L2151 -5 条规定的书面同意或许可,或者该许可被撤销、中止,或者同意被撤回;

(2)不符合法律和规章的规定,或者不符合上述许可的规定。

Ⅱ. 在下列情况下,进行人体胚胎干细胞研究的行为,处 2 年监禁并科 30,000 欧元罚金:

(1)事先未依照《公共卫生法典》第 L2151 -6 条的规定向生物医学局申报规程,或者生物医学局的局长已按照第 L2151 -6 条反对、暂停或者禁止该研究;

(2)不符合法律和规章的规定。

Ⅲ. 在下列情况下,进行人类多能诱导干细胞研究的行为,处 2 年监禁并科 30,000 欧元罚金:

(1)事先未按照《公共卫生法典》第 L2151 -7 条的规定向生物医学署申报规程,或者生物医学局的局长已按照第 L2151 -7 条反对、暂停或者禁止该研究;

(2)不符合法律和规章的规定。

第 511 -19 -1 条 妊娠终止后,在不符合《公共卫生法典》第 L1241 -5 条第 1 款、第 2 款、第 4 款规定的条件下或者在诊断、治疗或科研用途之外,提取、保存或者使用胚胎或胎儿的组织或细胞的,处 2 年监禁并科 30,000 欧元罚金。

第 511 -19 -2 条 在下列情况下,处 2 年监禁并科 30,000 欧元罚金:

(1)事先未取得许可或者未作出《公共卫生法典》第 L2151 -9 条规定的申报,或者该许可被撤销、中止,或者生物医学局的局长已按照第 L2151 -9 条倒数第 2 款予以暂停或者禁止的情况下,保存人体胚胎或人体胚胎干细胞的行为;

(2)在不符合《公共卫生法典》第 L2151 -9 条第 3 款或倒数第 2 款的规定

的情况下，保存人体胚胎或人体胚胎干细胞的行为；

(3)将人体胚胎或人体胚胎干细胞让与，未按照该法典第 L2151 - 6 条的规定向生物医学局申报研究计划的机构，或者未获得该法典第 L2151 - 5 条或者第 L2151 - 9 条规定的许可的机构，或者未按照前述第 L2151 - 9 条倒数第 2 款的规定申报保存人体胚胎干细胞业务的机构；

(4)事先未通知生物医学署的情况下，已转让人体胚胎或人体胚胎干细胞的行为。

第 511 - 19 - 3 条　未取得《公共卫生法典》第 L2151 - 8 条规定的许可，为了研究目的，进口或出口人体胚胎干细胞的，处 2 年监禁并科 30,000 欧元罚金。

第 511 - 20 条　未取得《公共卫生法典》第 L2131 - 1 条规定的许可，进行产前诊断的行为，处 2 年监禁并科 30,000 欧元罚金。

第 511 - 21 条　无视第 L2131 - 4 条和第 L2131 - 4 - 1 条关于移植前的诊断规定的，处 2 年监禁并科 30,000 欧元罚金。

第 511 - 22 条　未取得《公共卫生法典》第 L2142 - 1 条第 4 款规定的许可，或者不符合该许可的规定，从事医疗辅助生育活动的，处 2 年监禁并科 30,000 欧元罚金。

第 511 - 23 条　未取得《公共卫生法典》第 L2141 - 9 条规定的许可，将人体胚胎带入或带出适用该法典的领域的，处 3 年监禁并科 45,000 欧元罚金。

第 511 - 24 条　在《公共卫生法典》第 L2141 - 2 条规定之目的外，从事医疗辅助生育活动的，处 5 年监禁并科 75,000 欧元罚金。

第 511 - 25 条

Ⅰ. 在《公共卫生法典》第 L2141 - 6 条规定之条件下，从事移植人体胚胎所需活动的行为的，处 2 年监禁并 30,000 欧元罚金：

(1)事先未了解该条第 6 款要求的传染病检测结果；

(2)或者在该条第 7 款规定的被授权机构之外进行。

Ⅱ. 泄露能够同时识别已放弃胚胎的夫妇和已接收移植胚胎的夫妇之姓名信息的行为，处相同刑罚。

第511－25－1条 在下列情况下，处2年监禁并科30,000欧元罚金：

(1)未取得《公共卫生法典》第L2141－11－1条规定之许可，进口或出口配子或者生殖组织的行为；

(2)在《公共卫生法典》第L2141－11－1条提及的许可规定之用途外，进口或出口配子或者生殖组织的行为。

第四节 其他条款、自然人适用的附加刑和法人责任

第511－26条 第511－2条、第511－3条、第511－4条、第511－5条、第511－5－1条、第511－5－2条、第511－6条、第511－9条、第511－15条、第511－16条和第511－19条规定之轻罪的未遂，处相同刑罚。

第511－27条 犯本章规定之罪的自然人，还可处最长10年内，禁止从事在该活动之中或借该活动之机实施了犯罪的那种职业或社会活动之附加刑。

第511－28条 依据第121－2条的规定被宣告对本章规定之罪承担刑事责任的法人，除按照第131－38条之限制性规定当处罚金外，还可处第131－39条所指刑罚。

第131－39条第2项规定之禁止，涉及实施犯罪时所从事的或借机实施了犯罪的那种活动。

第二编 其他条款

第一章 严重虐待动物罪或对动物施以暴行罪

第521－1条 公开或者非公开地对家畜、驯养或捕获的动物实施严重虐待或者暴行的，处3年监禁并科45,000欧元罚金。

在履行公用事业任务中，工作人员对被关押动物实施上述行为的，视为第1款规定之轻罪的加重情节。

在本条规定的对家畜、驯养或捕获的动物实施严重虐待或者暴行的情况

下,作为动物的所有人或看管人的事实,视为本罪的加重情节。

若犯罪行为致动物死亡,刑罚升至5年监禁并科75,000欧元罚金。

当着未成年人的面实施第1款规定的轻罪,视为本罪的加重情节。

在动物所有人被判刑或者动物所有人不明的情况下,法院对动物的命运作出裁决,无论其在司法程序中是否已经获得安置。法院可以宣布没收动物,将其交予经认可或宣告具有公益性质的动物保护基金会或协会,由后者自由处置。

犯本章规定之罪的自然人,还可处下列永久性或非永久性禁止类附加刑:禁止饲养动物以及永久性或暂时性但最长不超过5年,禁止从事曾故意利用活动提供的便利预备或实施本罪的那种职业或社会活动。但是上述禁止不适用于履行选举委任职务或者工会责任。

依据《刑法典》第121－2条的规定被宣告承担刑事责任的法人,可处下列刑罚:

(1)按照《刑法典》第131－38条之限制性规定,处罚金刑;

(2)《刑法典》第131－39条第2项、第4项、第7项、第8项和第9项规定的刑罚。

当以不间断的地方传统作为理由时,本条规定不适用于该地方的斗牛表演。在可以证明当地有不间断的传统之地区,本条规定也不适用于该地区的斗鸡比赛。

开设任何新的斗鸡场,亦处本条规定之刑罚。

抛弃家畜、驯养或捕获的动物的,亦处相同刑罚,但是用于放归再繁殖的动物除外。

若实施本罪时具有加重情节,除非犯罪行为致动物死亡,本条所指之轻罪处4年监禁并科60,000欧元罚金。

在明知的情况下,将家畜、驯养或捕获的动物抛弃于存在立即或临近死亡风险的环境中的,视为抛弃行为的加重情节。

第521－1－1条　对家畜、驯养或捕获的动物实施性侵害的行为,处3年监禁并科45,000欧元罚金。

必要的医疗卫生护理以及人工授精的必要行为，不得视为性侵害。

若犯罪以聚众形式实施，实施时有未成年人在场或由动物所有人或看管人实施，则刑罚升至4年监禁并科60,000欧元罚金。

在动物所有人被判刑或者动物所有人不明的情况下，法院对动物的命运作出裁决，无论其在司法程序中是否已经获得安置。法院可以宣布没收动物，将其交予经认可或宣告具有公益性质的动物保护基金会或协会，由后者自由处置。

犯本章规定之罪的自然人，还可处永久性禁止饲养动物和从事曾故意利用活动提供的便利预备或实施本罪的那种职业或社会活动的附加刑。但是上述禁止不适用于履行选举委任职务或者工会责任。

依据《刑法典》第121－2条的规定被宣告承担刑事责任的法人，可处下列刑罚：

（1）按照《刑法典》第131－38条之限制性规定，处罚金刑；

（2）《刑法典》第131－39条第2项、第4项、第7项、第8项和第9项规定的刑罚。

第521－1－2条 无论以何种方式且通过何种载体，故意录制实施本款提及之犯罪的图像，构成第521－1条和第521－1－1条两条之第1款规定的针对家畜、驯养或捕获的动物的严重虐待动物罪、对动物施以暴行罪或性侵害罪的共犯行为，且处上述第521－1条和第521－1－1条规定的刑罚。无论以何种方式且通过何种载体，故意录制实施虐待动物犯罪的图像，构成虐待动物罪的共犯行为，且处第四级违警罪的罚金。

将上述图像的录像在互联网上传播的行为，处2年监禁并科30,000欧元罚金。

若录制、持有、传播或浏览上述图像的行为目的是促进公益性公共讨论或用于诉讼证据，则不适用本条规定。

第521－1－3条 无论以何种方式建议或索要实施构成第521－1－1条规定的针对动物的性侵害行为，处1年监禁并科15,000欧元罚金。

第521－2条 违反最高行政法院提出资政意见后颁布之政令的规定，在动物身上进行科学性、实验性的探索或研究的,处第 521 – 1 条规定之刑罚。

第二章 故意侵害动物生命罪

第 522 – 1 条 在非紧急情况下,且在法定活动范围外,公开或非公开地故意致家畜、驯养或捕获的动物死亡的,处 6 个月监禁并科 7500 欧元罚金。

当以不间断的地方传统作为理由时,本条规定不适用于斗牛表演。在可以证明当地有不间断的传统之地区,本条规定也不适用于该地区的斗鸡比赛。

第 522 – 2 条 犯第 522 – 1 条规定之罪的自然人,还可处以下永久性或非永久性禁止性附加刑:永久性或暂时性禁止饲养动物,并且最长 5 年内,禁止从事曾故意利用活动提供的便利预备或实施此罪的那种职业或社会活动。但是上述禁止不适用于履行选举委任职务或者工会责任。

第六卷　违　警　罪

第一编　嫖　娼　罪

第611－1条　向从事卖淫的人员，包括偶尔卖淫的人员，索要、接受或获得性关系，以报酬、报酬许诺、实物好处或此种好处的许诺作为交换的，处第五级违警罪之罚金。

自然人犯本条规定之违警罪，还可处一个或多个第131－16条和第131－17条第2款提及的附加刑。

第七卷　涉及海外行政单位与领地之规定

（略）*

* 第七卷涉及《法国刑法典》在法国海外行政单位与领地的适用规定，中文翻译予以省略。——译者注

条 例 部 分

——最高行政法院提出资政意见后颁布之政令

第一卷　总　　则

第一编　刑法

（空缺）

第二编　刑事责任

（空缺）

第三编　刑　　罚

第一章　刑罚之性质

第一节　自然人适用之刑罚

第一分节　暂扣驾驶执照，禁止驾驶特定车辆，封存车辆以及完成道路交通安全感化实习之义务

第一小节　暂扣驾驶执照

第 R131－1 条　宣告暂扣驾驶执照的法院，在将暂扣执照仅限于驾驶职业活动之外的车辆时，应在判决中说明此种职业活动的性质，并且确定行使驾

驶权应当遵守的各项条件，特别是时间和地点的条件，并在必要时，确定允许驾驶之车辆的种类。

第 R131－2 条 负责执行暂扣职业活动之外车辆驾驶执照判决的官方执行人员，在收回被暂扣执照的同时，发给被判刑人一份由法院书记员制作的证明。该证明标明下列事项：

(1)法院判决的日期，宣告判决之法院以及暂扣驾驶执照的期限；

(2)当事人的姓名、出生日期、出生地点及住所；

(3)驾驶执照的相关事项以及记载的各种指示，必要时包括其有效性的限定与限制；

(4)允许从事驾驶的职业活动，该允许应遵守的各项条件，特别是驾驶时间和地点的条件，以及必要时，允许驾驶之车辆的种类。

另外，该证明还应该包含被判刑人的一张近照，并说明依据《道路交通法典》第 R123 条，当被判刑人遵守法院确定之条件时，该证明相当于驾驶权之凭证。

暂扣期结束后，法院书记员将驾驶执照交还被判刑人，被判刑人返还上述证明。

第二小节 禁止驾驶某些车辆或者未安装酒精电子检测锁车装置之车辆

第 R131－3 条 宣告临时禁止驾驶某些车辆的法院，在判决中确定禁止驾驶车辆的类型以及禁止驾驶的期限。

第 R131－4 条 如果被判刑人有驾驶执照，则判决的官方执行人员收回该驾驶执照，并发给其一份由法院书记员制作的证明。该证明标明下列事项：

(1)法院判决的日期，宣告判决之法院以及禁止驾驶的期限；

(2)当事人的姓名、出生日期、出生地点、职业及住所；

(3)驾驶执照的相关事项以及记载的各种指示，必要时包括其有效性的限定与限制；

(4)驾驶执照停止生效的一类或多类车辆。

另外，该证明还应该包含被判刑人的一张近照，并说明依据新《道路交通法典》第 R221－1 条至第 R221－3 条，该证明相当于被判刑人驾驶权之凭证，但不适用于法院宣告禁止驾驶的一类或数类车辆。

禁止驾驶期结束后，法院书记员将驾驶执照交还被判刑人，被判刑人返还上述证明。

第 R131－4－1 条　当宣告禁止驾驶未安装须由获得官方认可的专业人士安装或者车辆自带的合规的酒精电子检测锁车装置的车辆的刑罚时，适用第 R131－4 条的规定，但第 4 项除外。

发给被判刑人的证明提示被判刑人仅被允许驾驶安装了第 1 款规定的装置的车辆。该证明还指示，被判刑人在驾驶车辆时，应当能够在公权机关提出任何要求时，出示《道路交通法典》第 R233－1 条第 5 项提及的材料。

该证明还包括《道路交通法典》第 L234－16 条和第 R234－5 条之规定的提示。

当第 1 款提及的刑罚与吊销或暂扣驾驶执照同时宣告时，只能在执行完吊销或暂扣驾驶执照之刑罚后，才能将该证明交给被判刑人。

第三小节　封存车辆

第 R131－5 条　负责执行封存车辆之司法判决的官方执行人员，是司法警察官员，或者是其指挥下的司法警察。

第 R131－6 条　官方执行人员催告被判刑人按照其确定的时间和地点交付车辆。

第 R131－7 条　车辆封存在被判刑人住所所在省内由其自由处分的场所内执行。若无此类场所，则在官方执行人员指定的场所内执行。

被判刑人将被封存车辆的登记证书交予官方执行人员。

执行当场应建立笔录，记录判决时间和宣告判决的法院，封存期限，当事人的姓名、出生日期、出生地点和住所，封存日期、具体时间和地点，车辆识别特征以及行车里程。

第 R131－8 条　刑罚执行期间，车辆被贴上封条，并在需要时，车辆将以某种技术手段封存。

第 R131－9 条 官方执行人员有权进入车辆封存地点。

官方执行人员向共和国检察官汇报执行期间发生的任何事件。

第 R131－10 条 封存结束时，被封存车辆的登记证书自刑罚结束时起交还被判刑人。

第 R131－10－1 条 如果封存车辆刑涉及已经被封存的车辆，并按照《道路交通法典》第 L325－1－1 条被存放于待领处，则依照该条已经执行的封存期限将从刑罚期限中扣除。

第 R131－11 条 封存车辆不影响司法机关命令对该车辆实施扣押或没收，也不影响在宣告判决之前将要对封存物享有物权的债权人提起诉讼。

第四小节 完成道路安全感化实习义务

第 R131－11－1 条 第 131－35－1 条第 2 项规定之道路交通安全感化实习，在《道路交通法典》第 R223－5 条至第 R223－13 条规定之条件下，由按照这些规定确定的方式获得许可的人员提供，除非此类实习按照第 R131－35 条至第 R131－44 条的规定安排进行。

第二分节 公益劳动

第 R131－12 条 法人安排公益劳动的授权方式、公益劳动名录的制定方式和公益劳动的执行方式，由《监狱法典》第 R623－1 条至第 R623－23 条确定。

第 R131－13 条至第 R131－34 条 （被废除）

第三分节 实习刑

第一小节 实习的目的与期限

第 R131－35 条 第 131－5－1 条规定的实习之内容，由本条的规定予以明确。

(1)公民资格实习的目的是提醒被判刑人遵守容忍和恪守人类尊严之共和国道德标准,使其意识到自己的刑事与民事责任以及社会生活中应遵守之义务。该实习还促进被判刑人回归社会。若涉及的被判刑人犯有第 132 - 76 条规定的加重情节之犯罪,实习中还将提醒反人类罪的存在,尤其是第二次世界大战中实施的反人类罪。

(2)道路交通安全感化实习的目的是避免驾驶员再犯驾驶危险行为。

(3)毒品使用危害性感化实习的目的是使被判刑人意识到使用毒品对人类身体和社会的危害后果。

(4)家长责任实习的目的是提醒被判刑人涉及教育子女的法律、经济、社会和道德义务。

(5)预防与反伴侣间暴力和性别歧视暴力之斗争的责任化实习的目的是提醒被判刑人男女平等的共和国原则、伴侣间或性别歧视性的任何形式暴力行为的严重性和必要时,伴侣生活中相互尊重的义务。该实习还使被判刑人意识到其所实施行为的刑事与民事责任。

(6)反购买性行为斗争的动员实习的内容应当能够提醒被判刑人卖淫的现实情况和将身体商品化的后果。该实习还使被判刑人意识到其所实施行为的刑事与民事责任。

(7)反性别歧视斗争与动员男女平等的实习的内容应当能够使被判刑人意识到任何妇女在公共、私人空间内尤其在工作环境中遭受性暴力或性别歧视暴力的后果。实习的目的是促进对禁忌的理解,强调性别歧视对被害人的歧视与贬损特征。该实习还包括妇女解放运动和共和国平等价值之历史的内容。

第 R131 - 36 条 法院在考虑到成年被判刑人的家庭、社会或职业之义务后,确定实习期限。

每天实际培训的期限不得超过 6 小时。

第二小节 实习的安排

第 R131 - 37 条 实习安排集体课程、连续课程或间断课程,包含一个或多个适合被判刑人人格及其犯罪性质的培训模块。

实习在刑罚执行地的共和国检察官之代表的监督下开展。实习还可以在监狱安置与考验事务部门的监督下开展。

实习的内容由负责监督实施的人员或部门起草方案。该方案在征得法院院长的意见后由共和国检察官批准生效。

第 R131－38 条 实习模块可以在地方行政区域和公共公益机构的帮助下制定,并且必要时,在私法法人或参与公益任务尤其是法律援助的自然人的帮助下制定。

毒品使用危害性感化实习的模块,可以在从事帮助、救助毒品使用者活动的私法法人,诸如《刑事诉讼法典》第 2－16 条规定的反毒物瘾与贩卖毒品斗争协会的协助下制定。

家长责任实习的模块,可以在《社会行动与家庭法典》第 L141－1 条规定的落实家长陪护行动的公法法人或私法法人的协助下制定。

预防与反伴侣间暴力和性别歧视暴力之斗争的责任化实习的培训模块,可以在从事帮助或救助被害人活动的公法法人或私法法人的协助下制定。

反性别歧视斗争与动员男女平等的实习的培训模块,可以在从事帮助、救助性暴力和性别歧视暴力或性骚扰被害人活动的公法法人或私法法人,诸如《刑事诉讼法典》第 2－2 条和第 2－6 条规定的协会的协助下制定。

若培训模块,在上述各款提及的公法法人或私法法人的协助下制定,应由共和国检察官以国家的名义与该人签署协议。协议中明确模块的内容、期限、指定的特殊目标、公法法人或私法法人提供服务的方式以及投入费用的资助方式。

第三小节　实习的进展

第 R131－39 条 在开展实习前,负责落实实习的人或部门接收被判刑人,向其阐述实习目标。被判刑人还被明确告知其在实习中不遵守义务的后果,诸如第 434－41 条规定的义务,或者必要时,由法院按照第 131－9 条确定的义务。

第 R131－40 条 实习结束后将向被判刑人发出证明,被判刑人将其寄送给负责监督实习实施的人或部门。

第四小节　未成年人适用的特别规定

第 R131－41 条至第 R131－44 条　（被废除）

第四分节　惩罚性赔偿刑

第 R131－45 条　自判决具有执行力起，共和国检察官或其代表告知被判处惩罚性赔偿刑之人，最迟应于确定的期限内赔偿被害人或恢复原状，并向检察官或其代表提交已经赔偿或恢复原状的证明。如果赔偿按照法院确定的方式分多次进行，则每次付款后均应提供证明，除非检察官或其代表另作决定。

如果赔偿以实物形式进行且内容为恢复原状，或者赔偿被害人发生拖延的情况下，检察官的代表可以传唤被判刑人，必要时也传唤民事当事方，以促进刑罚执行或核查刑罚执行情况。

第 R131－46 条至第 R131－49 条　（被废除）

第五分节　没收动物刑

第 R131－50 条　如果宣判第 131－21－1 条规定之没收动物刑的法院，命令将动物交给基金会或协会管理，却没有明确该法人的身份，则由共和国检察官将该刑罚交由其确定的法人执行。

第 R131－51 条　在适用《刑事诉讼法典》第 99－1 条之规定时，如果在针对非动物所有人的诉讼中对没收的动物予以安置，则法院宣告由被判刑人承担安置动物的费用。

第二节　法人适用的刑罚

第 R131－52 条　第 131－46 条规定之司法代理人，既可以从《商业法典》第 L811－2 条规定之名单上的注册人员中选定，也可以从《刑事诉讼法典》第 157 条规定之名单上的注册人员中选定。但是，在特殊情况下，法院可以通过专门说明理由的决定，指定并未在上述任何名单中注册但具有经验或者特殊资质的自然人为司法代理人。

第 R131－53 条 如果被传唤或被带至审判法院出庭的法人中有职工代表，检察院至少在开庭前 10 日，以挂号信形式通知上述代表开庭的时间和内容。

如果该法人的职工受《劳动法典》员工代表制规定的管理，第 1 款所指之通知将邮寄给企业委员会秘书，或必要时邮寄给企业中央委员会秘书，或者在未设置此类委员会的情况下，邮寄给正式职工的代表。

第二章　刑罚制度

第一节　一般规定

(空缺)

第二节　刑罚个人化方式

第一分节　(空缺)

第二分节　(空缺)

第三分节　(空缺)

第四分节　附考验期之缓刑

第 R132 - 45　若附考验期缓刑包括第 132 - 45 条第 7 项提及的义务,则适用第 R131 - 3 条至第 R131 - 4 - 1 条的规定。

若附考验期缓刑包括完成第 132 - 45 条第 15 项规定的道路交通安全感化实习的义务,则适用第 R131 - 11 - 1 条的规定。

若附考验期缓刑包括完成第 132 - 45 条第 18 项规定的公民资格实习的义务,则适用第 R131 - 36 条至第 R131 - 44 条管理公民资格实习的规定。

若附考验期缓刑包括完成第 132 - 45 条第 20 项规定的预防与反伴侣间暴力和性别歧视暴力之斗争的责任化实习的义务,则适用第 R131 - 51 - 1 条和第 R131 - 51 - 2 条的规定。

若实习非由监狱安置与考验事务部门组织安排,则完成实习后将向被判刑人出具证明,被判刑人将其寄送给监狱安置与考验事务部门。该部门将此通知给刑罚执行法官。

第三章　刑罚之消灭与判刑之消除

第二节* 特　　赦

第 R133－1 条　特赦申请，由司法部部长预审，必要时，在预审前由相关部长作出先行审查。

第 R133－2 条　特赦令由共和国总统签发，并由总理、司法部部长副署，且必要时由对申请先行审查的部长副署。

* 原文无第一节。——译者注

第二卷　侵犯人身之重罪和轻罪

第一编　反人类重罪

（空缺）

第二编　侵犯人身罪

（空缺）

第一章　侵害人之生命罪

（空缺）

第二章　侵害人之身体或精神罪

（空缺）

第三章　置人于危险罪

（空缺）

第四章 侵犯人身自由罪

（空缺）

第五章 侵犯人之尊严罪

（空缺）

第六章 侵犯人格罪

第一节 侵犯私生活罪

第 R226－1 条 第 226－3 条规定的仪器和技术设备清单由总理通过决议制定。

作为 1997 年 1 月 15 日第 97－34 号《有关具体行政行为决定权力下放的政令》第 1 条规定的例外，由国家信息系统安全局局长颁发第 R226－3 条和第 R226－7 条规定的许可。

第 R226－2 条 设置一个由总理领导的咨询委员会，由下列人员组成：

（1）国家信息系统安全局局长或其代表一名，担任主席；

（2）司法部部长的代表一名；

（3）内务部部长的代表一名；

（4）国防部部长的代表一名；

（5）海关事务部部长的代表一名；

（6）工业事务部部长的代表一名；

（7）电信事务部部长的代表一名；

（8）国家情报技术监督委员会的代表一名；

（9）国家频率管理局局长的代表一名；

(10)总理指定的、因其权能人选的两名人士。

委员会可听取各方权能人士以专家名义提出的意见。

依照第 R226－1 条及第 R226－10 条提出的决议草案,应征求委员会的意见。委员会可以提出更改这些决议的建议。

依照第 R226－3 条及第 R226－7 条提出的许可申请,也应征求委员会的意见。

国家信息系统安全局,负责委员会秘书处的工作。

第 R226－3 条　制造、进口、展出、供应、租赁或销售第 R226－1 条提及的清单上载明的所有仪器或技术设备,均应在第 R226－2 条所指之委员会出具意见后,申请许可。

第 R226－4 条　许可申请应提交给国家信息系统安全局局长。对每类仪器或技术设备,许可申请中载明下列事项:

(1)若申请者为自然人,其姓名与地址;若申请者为法人,其名称及机构地址;

(2)申请许可从事第 R226－3 条所指的一项或多项业务,且必要时,目标市场的说明;

(3)仪器或技术设备型号的内容与技术特点,并附一份技术资料;

(4)制造仪器或技术设备或从事第 R226－3 条所指其他业务的规定地点;

(5)服从必要监督的承诺,该监督涉及审核许可申请中提供事项的遵守情况。

第 R226－5 条　第 R226－3 条所指之许可的最长期限为六年。

许可中可确定开展业务的条件及相关仪器或技术设备的数量。

仪器或技术设备的制造许可,理所当然地授予给由总理决议指定的国家部门。

第 R226－6 条　制造、进口、展出、供应、租赁或销售的每台仪器或技术设备均应载明符合其许可申请的类型编号以及单机识别码。

第 R226－7 条　取得或持有第 R226－1 条提及的清单所列的任何仪器或技术设备,均应在第 R226－2 条所指之委员会出具意见后,申请许可。

第 R226 –8 条 许可申请应提交给国家信息系统安全局局长。对每类仪器或技术设备,许可申请中载明下列事项:

(1)若申请者为自然人,其姓名与地址;若申请者为法人,其名称及机构地址;

(2)申请许可持有的仪器或技术设备的类型及数量;

(3)预期用途;

(4)服从必要监督的承诺,该监督涉及审核许可申请中提供事项的遵守情况。

第 R226 –9 条 第 R226 –7 条所指之许可的最长期限为三年。

许可中可以对仪器或技术设备的使用设置避免任何滥用的条件。

仪器或技术设备的取得许可和持有许可,理所当然地授予依法被准许使用仪器或技术设备的国家部门或工作人员。

第 R226 –10 条 第 R226 –3 条所指之任一许可的持有者,只能向第 R226 –3 条、第 R226 –7 条或《邮政与电子通信法典》第 L34 –11 条所指之任一许可的持有人推荐、转让、出租或出售第 R226 –1 条规定的清单上所列的仪器或技术设备。

许可的持有人应设置登记簿,记录与这些器材有关的全部业务。该登记簿的范本,由总理在听取第 226 –2 条所指之委员会的意见后,通过决议确定。

第 R226 –11 条 在下列情形下,可以撤销第 R226 –3 条和第 R226 –7 条规定的许可:

(1)存在虚假申报或虚假信息;

(2)颁发许可的情形已发生改变;

(3)许可受益人不遵守本节的规定或不遵守该许可规定的特别义务;

(4)许可受益人停止从事已颁发许可的业务。

除非紧急情况,只有在许可持有人获准提出意见后,才能撤销许可。

若许可持有人因第 226 –1 条、第 226 –15 条或第 432 –9 条规定之任一罪获刑,许可自行终止。

第 R226 –12 条 制造、进口、持有、展出、提供、出租或销售列入第 R226 –1

条规定之清单的仪器或技术设备的人,必须遵守本节规定,自第 R226－1 条所指的决议公布之日起 3 个月内申请必要的许可。

若未获得许可,上述人员在 1 个月期限内销毁这些仪器或技术设备或将其出售或转让给已获得第 R226－3 条或第 R226－7 条或《邮政与电子通信法典》第 L34－11 条规定之任一许可的持有人。在许可期满或撤销许可的情况下,亦同。

第二节　(空缺)

第三节　(空缺)

第四节　(空缺)

第五节　(空缺)

第六节　(空缺)

第七章　侵害未成年人及家庭罪

(空缺)

第三卷　侵犯财产之重罪与轻罪

第一编　非法占有财产罪

(空缺)

第二编　其他侵犯财产罪

第一章　窝藏赃物罪及相似或相邻犯罪

第一节　(空缺)

第二节　窝藏赃物罪的相似或相邻犯罪

第一分节　销售或交换某些动产物品从业人员的规定

第 R321 -1 条　遵守第 321 -7 条第 1 款规定的义务设置动产物品登记簿的任何人,应事先向其主要机构所属的省政府或专区政府申报。在巴黎,向巴黎警察局申报。

在无对公众开放的固定机构的情况下,住所地,或者在无住所地的情况下,依照《社会行动与家庭法典》第 L264 -1 条选定的住所地,视为机构所在地。

申报事项包括:申报人姓名、出生日期及地点、国籍、惯常从事职业活动的地点、企业身份以及专用识别码。

申报后发给申报收据,该收据在警察、宪兵、税务机关、海关以及竞争、消费和反欺诈部门要求时,应予以出示。

第R321-2条 在变更主要机构所在地时,第R321-1条所指之人,应向警察分局作出申报,若无警察分局,则向迁离之地及前往之地的市政府申报。

附属机构迁址时,也应向警察局申报;若无警察局,则向其主要机构所在地的市政府申报。

申报后,应发给申报收据。

第R321-3条 第321-7条第1款所指之动产物品登记簿包括下列事项:

(1)每个出售、拿来交换或为出售而寄托一件或多件物品之人的姓名、身份和住所,以及完成此类销售、交换或寄托行为的自然人所出示之身份证件的性质、号码及颁发日期,并指明制定机关;

(2)若涉及法人,法人的名称、总部所在地,以及为法人利益行事的法人代表的姓名、身份和住所及其所出示之身份证件的信息;

(3)待销售或交换的既得或持有之物品的性质、来源及描述。

每件物品的描述,应包括其特征及其外部张贴的用于识别的名称、签名、花体缩写签名、字母、数字、系列号码、各类标记和符号。

但是,对于单价不超过掌玺官暨司法部部长、内务部部长及商务部部长之联合决议所定的金额,且不具有艺术或历史价值的物品,可予以汇总并在登记簿上作出共同的批注和描述。

第R321-4条 每件陈列出售或库存持有的物品,均应编以序号。

第R321-3条最后一款所指物品,可编以同一序号。

序号应显示在登记簿上并以显著的方式显示在每件或每批物品上。

第R321-5条 登记簿还包括下列事项:

(1)每件或每批物品的购买价格及付款方式,或者在交换、无偿取得或寄托出售的情况下,每件或每批物品的市价估值;

(2)若将物品交由动产物转卖商,必要时,《遗产法典》规定的动产物品保护措施的指示。

第 R321－6 条 登记簿上的批注应使用无法擦掉的墨水书写，不留空白、不得涂改或使用缩写。

登记簿由警察分局局长编号并画押*，若无警察分局，由对公众开放的机构所属市镇的市长编号并画押。

若第 R321－1 条所指的人员拥有多个对公众开放的机构，每个机构均应备置登记簿。

若此类人员没有固定的对公众开放的机构，登记簿由警察分局局长或市长编号并画押。

登记簿自其使用完毕之日起保存 5 年。

第 R321－6－1 条 通过个人数据自动化处理设置的登记簿，不需要另制带有编号和画押的纸质登记簿。

通过个人数据自动化处理设置的登记簿，应包含第 R321－3 条至第 R321－5 条规定的批注。

自动化处理应保证所记载数据的完整性、不可更改性及安全性。

数据保存期限，自数据在自动化处理中载入之日起为 10 年。

第 R321－7 条 若第 R321－1 条所指之人为法人，本分节规定之义务由法人的领导人承担。

第 R321－8 条 动产物品登记簿的范本，由内务部部长和商务部部长的联合决议予以确定。

第 R321－6－1 条规定的通过个人数据自动化处理设置动产物品登记簿的方式及处理时应遵守的技术义务，由内务部部长和文化部部长的联合决议予以确立。

第二分节 有关某些动产物品的销售或交换之集市的规定

第 R321－9 条 借第 321－7 条第 2 款所指的任何集市之机设置的登记簿应包括下列事项：

---

* 画押，法文 parapher，指在文件上签名，表示认可。——译者注

(1)对于制造者或交易者以外的其他人已使用或已取得的动产物品,应写明每个出售或交换之人的姓名、身份、住址及该人出示之身份证件的性质、号码及颁发日期,并注明制作机关;

(2)对于非职业参与者,提交以名誉保证其在本民用年度*中不参加其他两个同类集市的证明批注;

(3)若涉及法人,法人的名称、总部地址以及参加集市的法人代表之姓名、身份和住址及其所出示之身份证件的信息。

第 R321-10 条 登记簿应由警察分局局长编号并画押,无警察分局时,应由集市所属市镇的市长编号并画押。

在集市开放整个期间,登记簿应交由警察、宪兵、税务、海关以及竞争、消费和反欺诈的部门查验。

集市结束后并最迟在 8 日内,登记簿应提交给集市举办地的省政府或专区政府。

第 R321-11 条 若集市组织者是法人,本分节规定的义务由该法人的领导人承担。

第 R321-12 条 登记簿的范本,由内务部部长和商务部部长的联合决议予以确定。

第三节 (空缺)

第二章 破坏、毁损及毁坏罪

(空缺)

第三章 破坏自动化数据处理系统罪

(空缺)

---

* 民用年度,指公历 1 月 1 日至 12 月 31 日。——译者注

第四卷　危害民族、国家及公共安宁之重罪与轻罪

第一编　危害国家基本利益罪

第一章　叛国罪及间谍罪

（空缺）

第二章　其他危害共和国制度或国家领土完整罪

（空缺）

第三章　其他危害国防罪

第一节　危害军事力量安全罪及危害涉及国防之保护区域罪

第 R413－1 条　由第 413－7 条所指封闭区域场所或场所构成的保护区域，依本节规定之条件划定界限。

第 R413－2 条　需要保护与否，由负责具有保密性的设施、器材、研究、考察、制造项目的部长决定，该保密性亦由这一部长确定。

相关部门、机构或企业所属的机关可以接受政令的委托，确定需要保护与否。

第 R413－3 条　若部门、机构或企业的主要活动，归属于已决定保护需要的部长管辖，保护区域的建立和界限由该部长的决议予以确定。

若部门、机构或企业的主要活动归属其他部长管辖，保护区域的建立和界限由该部长与已决定保护需要的部长的联合决议予以确定。

上述部门、机构或企业所属的机关可以接受政令的委托，来作出本条规定的决议。

第 R413－4 条　建立保护区域的决议，应告知部门、机构或企业的负责人。该负责人在决定保护需要的机关的监督下，采取一切措施，使保护区域的界限及其相关的禁止措施清楚显著。

为通报情况与落实有关规定，应向内务部部长和属地管辖的省长呈送一份决议。

第 R413－5 条　进入保护区域之许可，须由部门、机构或企业的负责人根据决定保护需要的部长之指令并在其监督下颁发。

但是，如果建立保护区域是为了保护涉及国防利益应予保密的研究、考察或制造项目，进入保护区域之许可由决定保护需要的部长颁发。

任何情况下，许可均为书面形式颁发。已颁发的许可可以同样形式随时予以撤销。

第 R413－5－1 条

Ⅰ. 第 R413－1 条提到的保护区域，如果其保护需要出于防止国家科学技术潜力的主要成分出现下列紧迫情形，则称为"限制管理区域"：

(1) 被人骗取，从而削弱国家防御能力、危害国家安全或者损害国家其他基本利益；

(2) 被挪用于恐怖主义活动、大规模杀伤性武器及其运载工具的扩散或者军事武器的助长。

限制管理区域周围可以包括，因库存产品或者从前三款所指之紧迫情形的角度从事具有特殊风险的活动而显示需要加强保护的场所。

Ⅱ. 作为第 R413－5 条前两款规定之例外，因实习、博士研究、参与研究活动、接受培训、提供服务或从事职业活动需要进入限制管理区域，应经负责监督的部长同意后,若无负责监督的部长,则经按照第 R413－2 条决定保护需要的部长同意后,向部门、机构或企业的负责人申请许可。

部门、机构或企业的负责人向上款所指的部长提出征求意见的申请。若该部长在接到申请后两个月内保持沉默,视为同意。

拒绝准许进入保护区域,不需要说明理由。

Ⅲ. 获得保护国防机密授权的任何人,视为已经获得Ⅱ所指的部长的同意。

在限制管理区域内从事经常性活动、属于总理决议规定的服务类型以外的服务业从业人员,视为已经获得Ⅱ所指的部长的同意,在劳务供应合同规定的条件下,进入限制管理区域。

Ⅳ. 任何情况下,部门、机构或企业的负责人应将其有关进入许可的决定告知Ⅱ第 1 款所指的部长。

第二节 危害国防机密罪

第 R413－6 条 为了适用第 413－9 条的规定,具有国防机密性质的情报、方法、物品、资料、信息化数据或文件之分类定级以及负责确定其保护方式的机关,由《国防法典》中有关保护国防机密的第 R2311－1 条及其后文条款予以规定。

第四章 特殊规定

(空缺)

第三编* 危害国家权威罪

第一章 危害公共安宁罪

(空缺)

---

* 原文无第二编。——译者注

第一节　（空缺）

第二节　（被废除）

第三节　（空缺）

第四节　（空缺）

第二章　公职人员危害公共管理罪

（空缺）

第三章　个人妨害公共管理罪

（空缺）

第四章　妨害司法罪

（空缺）

第四编　妨害公共信任罪

（空缺）

第五编　参加犯罪团伙罪

（空缺）

第五卷　其他重罪与轻罪

第一章　严重虐待动物罪或对动物施以暴行罪

第 R511 –1 条　有关第 521 –2 条所指的在动物身上进行科学性、实验性的探索或研究的具体规定，由为了实施该条和《农村及海洋渔业法典》第 L214 –3 条第 3 款而颁布的 1987 年 10 月 19 日第 87 –848 号政令予以确定。

第六卷　违　警　罪

第一编　一般规定

第 R610－1 条　违警罪及其所属级别，由经最高行政法院提出资政意见后颁布之政令予以确定。

第 R610－2 条　第 121－3 条第 3 款和第 4 款的规定，适用于条例要求具有轻率不慎或疏忽大意过失的违警罪。

第 121－7 条第 2 款意义上的违警罪共犯，依照第 121－6 条处罚。

第 R610－3 条　五个级别违警罪当处之罚金的数额，由第 131－13 条予以规定。

第 R610－4 条　处以罚金的违警罪，并且罚金数额与犯罪之损害、赔偿或对象所对应的数额或折现价值成比例的，构成第五级违警罪，其罚金刑不得超过第 131－13 条第 5 项规定之金额。

第 R610－5 条　治安政令及决议规定的违禁行为或不履行义务行为，处第一级违警罪之罚金。

第二编 侵犯人身之违警罪

第一章 侵犯人身之第一级违警罪

第一节 非公开诽谤与侮辱罪

第 R621－1 条 非公开诽谤他人的,处第一级违警罪之罚金。

诽谤行为的真实性,可按照有关新闻自由的立法规定予以认定。

第 R621－2 条 非公开侮辱他人的,若事前未做出挑衅,处第一级违警罪之罚金。

第二章 侵犯人身之第二级违警罪

第一节 非故意侵害人之身体未引起完全丧失劳动能力罪

第 R622－1 条 在第 R625－3 条规定之情形外,依照第 121－3 条规定的条件和区分,因笨拙失误、轻率不慎、缺乏注意、疏忽大意或未履行法律或条例要求的安全或谨慎义务,侵害他人身体但未致其完全丧失劳动能力的行为,处第二级违警罪之罚金。

犯本条规定之违警罪的人,还可处没收用于实施犯罪之物的附加刑。

依据第 121－2 条的规定被宣告对本条规定之罪承担刑事责任的法人,除依据第 131－41 条之限制性规定当处罚金外,还应处没收用于实施犯罪之物的附加刑。

第二节 放任危险动物乱闯罪

第 R622－2 条 动物看管人放任有可能对他人造成危险的动物乱闯的,处第二级违警罪之罚金。

在动物所有人被判刑或者动物所有人不明的情况下,法院可以决定将动物交给经认定或申报具有公益性质的动物保护机构，由其自由处置该动物。

第三章　侵犯人身之第三级违警罪

第一节　威胁使用暴力罪

第 R623－1 条　在第 222－17 条及第 222－18 条规定之情况外，以对某人实施暴力相威胁，若反复进行此种威胁，或者通过文字、图像或其他任何物品表明此种威胁，处第三级违警罪之罚金。

第二节　辱骂性噪声、喧闹罪或深夜噪声、喧闹罪

第 R623－2 条　以侮辱性噪声、喧闹或深夜噪声、喧闹扰乱他人安宁的，处第三级违警罪之罚金。

犯本条规定之违警罪之人，还可处没收用于或旨在用于实施犯罪之物的附加刑。

故意给予帮助或协助，为预备或完成本条规定之违警罪提供便利的，处相同刑罚。

第三节　刺激危险动物罪

第 R623－3 条　当可能对人造成危险的动物攻击或追逐行人时，该动物的看管人反而刺激动物或者不加以制止的，即使未造成任何损失，仍处第三级违警罪之罚金。

在动物所有人被判刑或者动物所有人不明的情况下，法院可以决定将动物交给经认定或申报具有公益性质的动物保护机构，由其对动物自由处置。

第四节　违反可用于侵犯私生活之器材交易管理规定罪

第 R623－4 条　第 R226－3 条规定之任一许可的持有人，未依照第 R226－10 条第 2 款的规定设置登记簿的，处第三级违警罪之罚金。

第四章 侵犯人身之第四级违警罪

第一节 轻微暴力行为罪

第 R624－1 条 在第 222－13 条及第 222－14 条规定之情形外，未造成完全丧失劳动能力的故意暴力行为，处第四级违警罪之罚金。

犯本条规定之违警罪的人，还可处下列附加刑：

（1）最长 3 年内暂扣驾驶执照，且暂扣执照可仅限于驾驶职业活动之外的车辆；

（2）最长 3 年内禁止持有或携带须经许可的武器；

（3）没收归被判刑人所有或自由支配的一件或数件武器；

（4）收回打猎执照，并且最长 3 年内禁止申请颁发新执照；

（5）没收用于或旨在用于实施犯罪之物或者犯罪所得之物。

故意给予帮助或协助，为预备或完成本条规定之违警罪提供便利的，处相同刑罚。

第二节 散布有伤风化之消息罪

第 R624－2 条 在公共道路或公共场所散布有伤风化之消息的，处第四级违警罪之罚金。

在收件人未作出事先请求的情况下，向其住所寄送或分发此类消息的，处相同刑罚。

犯本条规定之违警罪的人，还可处没收用于或旨在用于实施犯罪之物或犯罪所得之物的附加刑。

故意给予帮助或协助，为预备或完成本条规定之违警罪提供便利的，处相同刑罚。

依据第 121－2 条的规定被宣告对本条规定之罪承担刑事责任的法人，除依据第 131－41 条之限制性规定当处罚金外，还可处没收用于或旨在用于实施犯罪之物或犯罪所得之物的刑罚。

第三节　带有种族主义或歧视性的非公开诽谤或辱骂罪

(被废除)

第 R624－3 条至第 R624－6 条　(被废除)

第四节　未履行学校出勤义务罪

第 R624－7 条　儿童在学校义务教育期间,儿童父母一方、行使亲权或事实上连续行使亲权之任何人,在国家教育部门学术主任受学区区长的委托发出警告,且启动《教育法典》第 R131－7 条规定的程序后,在未提出正当理由、有效辩解或提出不确切的缺勤理由的情况下,未强制儿童履行学校出勤义务的,处第四级违警罪之罚金。

故意给予帮助或协助,为完成本条规定之违警罪提供便利的,处相同刑罚。

第五章　侵犯人身之第五级违警罪

第一节　暴力行为罪

第 R625－1 条　在第 222－13 条和第 222－14 条规定之情形外,故意使用暴力致人完全丧失劳动能力少于或等于 8 日的,处第五级违警罪之罚金。

犯本条规定之违警罪的人,还可处下列附加刑:

(1)最长 3 年内暂扣驾驶执照,且暂扣执照可仅限于驾驶职业活动之外的车辆;

(2)最长 3 年内禁止持有或携带须经许可的武器;

(3)没收归被判刑人所有或自由处分的一件或数件武器;

(4)收回打猎执照,并且最长 3 年内禁止申请颁发新执照;

(5)没收用于或旨在用于实施犯罪之物或者犯罪所得之物;

(6)20～120 小时的公益劳动。

故意给予帮助或协助，为预备或完成本条规定之违警罪提供便利的，处相同刑罚。

犯本条规定之罪的累犯，按照第 132－11 条之规定惩处。

第二节 非故意侵害人身罪

第 R625－2 条 在第 222－20 条及第 222－20－1 条规定之情形外，因笨拙失误、轻率不慎、缺乏注意、疏忽大意或未履行法律或条例要求的安全或谨慎义务，导致他人完全丧失劳动能力少于或等于 3 个月的，依照第 121－3 条规定之条件及区分之情况，处第五级违警罪之罚金。

第 R625－3 条 明显蓄意违反法律或条例要求的安全或谨慎之特别义务，侵害他人身体而未致人完全丧失劳动能力的，处第五级违警罪之罚金。

第 R625－4 条 犯第 R625－2 条和第 R625－3 条规定之罪的人，除这些条款规定的罚金刑外，还可处下列附加刑：

(1)最长 3 年内暂扣驾驶执照，且暂扣执照可仅限于驾驶职业活动之外的车辆；

(2)最长 3 年内禁止持有或携带须经许可的武器；

(3)没收归被判刑人所有或自由支配的一件或数件武器；

(4)收回打猎执照，并且最长 3 年内禁止申请颁发新执照；

(5)没收用于实施犯罪之物；

(6)20～120 小时的公益劳动。

第 R625－5 条 依据第 121－2 条的规定被宣告对第 R625－2 条和第 R625－3 条规定之罪承担刑事责任的法人，除按照第 131－41 条之限制性规定当处罚金外，还可处没收用于实施犯罪之物的刑罚。

第 R625－6 条 第 R625－2 条和第 R625－3 条规定之违警罪的累犯，按照第 132－11 条和第 132－15 条的规定惩处。

第三节 带有种族主义或歧视性的非公开煽动、诽谤或辱骂罪

第 R625－7 条 因某人或某群体之出身或其确实或被推定属于或不属于

某个特定人种族、民族、所谓人种或宗教,而对其非公开地煽动歧视、仇恨或暴力的,处第五级违警罪之罚金。

因某人或某群体之性别、性取向、性别认同或残疾,而对其非公开地煽动仇恨、暴力以及第225-2条和第432-7条规定之歧视的,处相同刑罚。

第R625-8条 因某人或某群体之出身或其确实或被推定属于或不属于某个特定种族、民族、所谓人种或宗教,而对其非公开地进行诽谤的,处第五级违警罪之罚金。

因某人或某群体之性别、性取向、性别认同或残疾,而对其非公开地进行诽谤的,处相同刑罚。

第R625-8-1条 因某人或某群体之出身确实或被推定属于或不属于某个特定种族、民族、所谓人种或宗教,而对其非公开地进行辱骂的,处第五级违警罪之罚金。

因某人或某群体之性别、性取向、性别认同或残疾,而对其非公开地进行辱骂的,处相同刑罚。

第R625-8-2条 犯本节规定之违警罪的人,除了这些条款规定的罚金刑外,还可处下列附加刑:

(1)最长3年内禁止持有或携带须经许可的武器;

(2)没收归被判刑人所有或自由处分的一件或数件武器;

(3)没收用于或旨在用于实施犯罪之物或者犯罪所得之物;

(4)20~120小时的公益劳动;

(5)履行完成公民资格实习的义务*,且必要时,费用自理。

依据第121-2条的规定被宣告对本条规定之罪承担州事责任的法人,除按照第131-41条之限制性规定当处罚金外,还可处没收用于或旨在用于实施犯罪之物或犯罪所得之物的刑罚。

---

* 根据《法国刑法典》第131-5-1条,对于当处监禁刑的轻罪,法院可以替代监禁或在宣判监禁的同时,要求被判刑人在一定期限内完成某项实习,比如公民资格实习,涉及学习法兰西共和国的价值观和公民义务等内容。——译者注

本节规定之违警罪的累犯，按照第 132－11 条和第 132－15 条的规定惩处。

第四节 性别歧视侮辱和性侮辱罪

第 R625－8－3 条 在第 222－13 条、第 222－32 条、第 222－33 条、第 222－33－1－1条、第 222－33－2－2 条和第 222－33－2－3 条规定之情形外，对某人施加带有性含义或性别歧视含义的言语或动作，由于具有贬损或羞辱性质而侵害该人自尊或者给其造成恐吓、敌对或难受的处境的，处第五级违警罪之罚金。

对犯本条规定之违警罪的犯罪人，还可处下列附加刑：

（1）第 131－5－1 条第 1 项、第 4 项、第 5 项或第 7 项规定的实习刑；

（2）20～120 小时公益劳动。

第五节 违反可用于侵犯私生活之器材交易管理规定罪

第 R625－9 条 持有第 R226－3 条提及的任一许可的人，违反第 R226－10 条第 1 款的规定，推荐、转让、出租或出售第 R226－1 条规定的清单所列的仪器的，处第五级违警罪之罚金。

犯本条规定之违警罪的人，还可处没收用于或旨在用于实施犯罪之物或犯罪所得之物的附加刑。

依据第 121－2 条的规定被宣告对本条规定之罪承担刑事责任的法人，除依据第 131－41 条之限制性规定当处罚金外，还可处没收用于或旨在用于实施犯罪之物或犯罪所得之物的刑罚。

本条规定之违警罪的累犯，按照第 132－11 条和第 132－15 条的规定惩处。

第六节 信息文件或信息处理侵害人身权利罪

第 R625－10 条 当法律要求作出告知时，个人数据自动化处理之负责人的下列行为，处第五级违警罪之罚金：

(1)未向个人数据被采集的当事人告知下列信息:

①该自动化处理之负责人的身份以及必要时,其代理人的身份;

②处理个人数据的用途;

③答复的强制性或非强制性特征;

④不予答复可能对其造成的后果;

⑤数据接收人或接收人类别;

⑥当事人的反对权、询问权、查阅权和更正权;

⑦必要时,拟向非欧盟成员国作出的个人数据传送;

(2)以问卷形式收集数据时,未在问卷中列明下列信息:

①该自动化处理之负责人的身份以及必要时,其代理人的身份;

②处理个人数据的用途;

③答复的强制性或非强制性特征;

④被采集数据人的反对权、询问权、查阅权和更正权;

(3)未清晰明确地告知任何电子通信网络用户下列信息:

①任何旨在通过电子传输方式获取连接终端设备存储信息之目的,或者通过同样方式将信息录入该连接终端设备之目的;

②提出异议的途径;

(4)若个人数据非向相关当事人作出采集,且自数据录入起或者当数据拟传输给第三人时,最迟于首次数据传输时,未向相关当事人告知第1项和第2项规定的信息。

未提供1978年1月6日第78-17号《关于计算机技术、文件与自由的法律》第104条或欧洲议会和欧盟理事会2016年4月27日第2016/679号条例第13条和第14条提及的任一信息的,处相同刑罚。

第R625-11条 个人数据自动化处理之负责人,对已表明身份的自然人出于下列目的提出的请求未予答复的,处第五级违警罪之罚金:

(1)确认其个人数据是否成为该处理的对象;

(2)有关数据处理目的、被处理之个人数据种类、数据接收人、数据接收人类别的信息;

(3)必要时,拟向非欧盟成员国传输的个人数据信息;

(4)以可理解的方式,告知与该自然人相关的个人数据以及与该数据来源有关的任何可知信息;

(5)如果依据某自动化处理作出的决定对当事人已产生法律效果,获得可了解和质疑该自动化处理所依据之逻辑的信息。

在当事人提出请求并在必要时支付不超过复印费之金额的情况下,拒绝交付涉及当事人的个人数据的副本的,处相同刑罚。

对于行使欧洲议会和欧盟理事会 2016 年 4 月 27 日第 2016/679 号条例第 15 条规定的权利之请求,或行使除 1978 年 1 月 6 日第 78 - 17 号《关于计算机技术、文件与自由的法律》第 107 条规定的情形外、该法第 104 条和第 105 条规定的权利之请求,未予以答复的,处相同刑罚。

如果为了不侵犯版权,或者由于请求的数量、重复性或系统性特征明显呈现出过度,或者由于个人数据的存储方式明显排除任何侵犯当事人私生活的可能并且存储期限并未超过建立统计、科学或历史研究目的的必要期限,法律准许作出拒绝答复的,则不成立本条规定之违警罪。

第 R625 - 12 条 如果个人数据不准确、不完整、不明确、过期或者个人数据的收集、使用、传输或保存受到禁止,并且已表明身份的自然人要求对与其本人或其继承之身故者有关的数据予以更正、补充、更新、密封或清除,而个人数据自动化处理的负责人对申请人的要求未采取相应的无偿措施的,处第五级违警罪之罚金。

未采取欧洲议会和欧盟理事会 2016 年 4 月 27 日第 2016/679 号条例第 16 条至第 18 条规定的措施或未采取除 1978 年 1 月 6 日第 78 - 17 号《关于计算机技术、文件与自由的法律》第 107 条规定的情形外、该法第 106 条规定的措施的,处相同刑罚。

第 R625 - 13 条 本节规定之违警罪的累犯,按照第 132 - 11 条和第 132 - 15 条的规定惩处。

第三编　侵犯财产之违警罪

第一章　侵犯财产之第一级违警罪

单节　威胁毁坏、破坏、损坏财产仅造成轻微损害罪

第 R631－1 条　在第 322－13 条规定之情形外，威胁毁坏、破坏或损坏他人财产但仅造成轻微损害，如反复进行此种威胁或者通过文字、图像或其他任何物品具体表明此种威胁的，处第一级违警罪之罚金。

犯本条规定之违警罪的人，还可处下列附加刑：

(1)最长 3 年内禁止持有或携带须经许可的武器；

(2)没收归被判刑人所有或自由处分的一件或数件武器。

第二章　侵犯财产之第二级违警罪

单节　不遵守垃圾回收管理规定罪

第 R632－1 条　将垃圾、废物、物料或其他任何性质的物品置于行政主管机关指定的存放垃圾或存放此类垃圾之场地的集装箱、垃圾桶或翻斗车内，以便回收部门回收处理，但未遵守行政主管机关规定的条件，特别是有关适合回收的容器、回收日期与时刻或垃圾分类的条件的，处第二级违警罪之罚金。

第三章　侵犯财产之第三级违警罪

第一节　违反出售或交换动产物品管理规定罪

第 R633－1 条　第 R321－1 条所指之人，在主管机关要求时，逃避出示该条最后一款规定之申报收据的，处第三级违警罪之罚金。

第 R633 –2 条 第 R321 –1 条所指之人,未按照第 R321 –4 条的规定,在出售或存储之物品或一批物品上显著地标记相应序号的,处第三级违警罪之罚金。

第 R633 –3 条 第 R321 –1 条所指之人,未按照第 R321 –6 条的规定,在第 R321 –3 条规定之动产物品登记簿画押的,处第三级违警罪之罚金。

第 R321 –1 条所指之人,在通过自动化处理个人数据的方式设置动产物品登记簿时,未按照第 R321 –8 条第 2 款所指之决议规定的保障记录数据之完整性、不可更改性及安全性的条件设置该登记簿的,处第三级违警罪之罚金。

第 R633 –4 条 (被废除)

第二节 违反出售或交换动产物品之公共集市管理规定罪

第 R633 –5 条 第 321 –7 条第 2 款所指之人,未按照第 R321 –10 条的规定,在第 R321 –9 条规定的登记簿上画押的,处第三级违警罪之罚金。

第三节 丢弃垃圾、废物、物料或其他物品罪

第 R633 –6 条 (被废除)

第四章 侵犯财产之第四级违警罪

第一节 威胁毁坏、破坏、损坏财产未对他人构成危险罪

第 R634 –1 条 在第 322 –13 条规定之情形外,威胁毁坏、破坏或损坏他人财产但未对他人构成危险的,若反复发出此种威胁或者通过文字、图像或其他任何物品具体表明此种威胁,处第四级违警罪之罚金。

犯本条规定之违警罪的人,还可处下列附加刑:

(1)最长 3 年内禁止持有或携带须经许可的武器;

(2)没收归被判刑人所有或自由处分的一件或数件武器。

第 R634 –2 条 在第 R635 –8 条与第 R644 –2 条规定之情形外,在行政主管机关指定的专门用于存放该类垃圾的场地、集装箱、垃圾桶或翻斗车之外

的公共或私人场所,放置、丢弃、扔掷或倾倒垃圾、废物、粪便、物料、不卫生液体或其他任何性质物品,包括在公共道路上小便的,若上述行为非由场所所有人实施或未经所有人允许实施,处第四级违警罪之罚金。

第五章 侵犯财产之第五级违警罪

第一节 威胁毁坏、破坏、损坏财产仅造成轻微损害罪

第 R635 - 1 条 故意毁坏、破坏或损坏他人财产仅造成轻微损害的,处第五级违警罪之罚金。

犯本条规定之违警罪的人,还可处下列附加刑:

(1)最长 3 年内暂扣驾驶执照,且暂扣执照可仅限于驾驶职业活动之外的车辆;

(2)最长 3 年内禁止持有或携带须经许可的武器;

(3)没收归被判刑人所有或自由处分的一件或数件武器;

(4)收回打猎执照,并且最长 3 年内禁止申请颁发新执照;

(5)没收用于或旨在用于实施犯罪之物或犯罪所得之物;

(6)20 ~ 120 小时的公益劳动。

故意给予帮助或协助,为预备或完成本条规定之违警罪提供便利的,处相同刑罚。

依据第 121 - 2 条的规定被宣告对本条规定之罪承担刑事责任的法人,除依据第 131 - 41 条之限制性规定当处的罚金外,还可处没收用于或旨在用于实施犯罪之物或犯罪所得之物的刑罚。

本条规定之违警罪的累犯,按照第 132 - 11 条和第 132 - 15 条的规定惩处。

第二节 强迫邮购罪

第 R635 - 2 条 未经他人事先申请,向其邮寄任意物品,并附邮件指明该

物品可通过既定价格购买或退还发件人的，即使退还对收件人不产生费用，处第五级违警罪之罚金。

犯本条规定之违警罪之人，还可处下列附加刑：

(1)最长3年内禁止签发支票，但出票人从受票人处提取资金的支票或保付支票除外；

(2)没收用于或旨在用于实施犯罪之物或犯罪所得之物。

依据第121-2条的规定被宣告对于本条规定之罪承担刑事责任的法人，除按照第131-41条之限制性规定当处罚金外，还可处下列刑罚：

(1)最长3年内禁止签发支票，但出票人从受票人处提取资金的支票或保付支票除外；

(2)没收用于或旨在用于实施犯罪之物或犯罪所得之物。

本条规定之违警罪的累犯，按照第132-11条和第132-15条的规定惩处。

第三节 违反出售或交换动产物品管理规定罪

第R635-3条 第R321-1条所指之人，未作出该条及第R321-2条规定之申报的，处第五级违警罪之罚金。

第R635-4条 第R321-1条所指之人，未经未解除监护之未成年人的父母或监护人明确同意，从该未成年人处无偿或有偿地收取动产物品的，处第五级违警罪之罚金。

第R635-5条 第321-7条第2款所指之人，未按照第R321-10条规定之条件，将第R321-9条规定之登记簿交给主管部门的，处第五级违警罪之罚金。

第R635-6条 （被废除）

第R635-7条 第R635-3条、第R635-4条和第R635-5条规定之违警罪的累犯，按照第132-11条和第132-15条的规定惩处。

第四节　丢弃废汽车残骸或汽车运输之垃圾、废物、物料和其他物品罪

第 R635－8 条　在行政主管机关指定的专门场所外的公共或私人场所内，放置、丢弃、扔掷或倾倒废汽车残骸或汽车运输之垃圾、废物、粪便、物料、不卫生液体或其他任何性质物品的，若上述行为非由该场所所有人实施或未经所有人允许实施，处第五级违警罪之罚金。

犯本条规定之违警罪的人，还可处没收用于或旨在用于实施犯罪之物或犯罪所得之物的附加刑。

依据第 121－2 条的规定被宣告对本条规定之罪承担刑事责任的法人，除按照第 131－41 条之限制性规定当处罚金外，还可处没收用于或旨在用于实施犯罪之物或犯罪所得之物的刑罚。

本条规定之违警罪的累犯，按照第 132－11 条和第 132－15 条的规定惩处。

第四编　危害民族、国家或公共安宁之违警罪

第一章　危害民族、国家或公共安宁之第一级违警罪

单节　丢弃武器或危险物品罪

第 R641－1 条　在公共场所或向公众开放之场所，丢弃武器或任何对他人有危险的、可被用于实施重罪或轻罪之物品的，处第一级违警罪之罚金。

犯本条规定之违警罪的人，还可处没收用于实施犯罪之物的附加刑。

第二章 危害民族、国家或公共安宁之第二级违警罪

第一节 未回应司法机关或行政机关要求罪

第 R642－1 条 无正当理由,拒绝或疏于回应执行公务之法官或司法警察机关的要求的,或者在发生危害公共秩序、灾害或其他任何对他人造成危险的事件时,拒绝或疏于回应行政主管机关的要求的,处第二级违警罪之罚金。

第二节 侵犯货币罪

第 R642－2 条 接受、持有或使用任何未经许可的货币符号,以代替在法国合法流通之硬币或纸币的,处第二级违警罪之罚金。

犯本条规定之违警罪的人,还可处没收用于或旨在用于实施犯罪之物或犯罪所得之物的附加刑。

依据第 121－2 条的规定被宣告对本条规定之罪承担刑事责任的法人,除按照第 131－41 条之限制性规定当处罚金外,还可处没收用于或旨在用于实施犯罪之物或犯罪所得之物的刑罚。

依照第 131－21 条和第 131－48 条,对本条第 1 款所指之货币符号必须科处没收。

第 R642－3 条 拒绝按照流通价值收受在法国合法流通之硬币或纸币的,处第二级违警罪之罚金。

第 R642－4 条 使用在法国合法流通或国外及国际被授权机构发行之任何硬币或纸币作为任何广告载体的,处第二级违警罪之罚金。

犯本条规定之违警罪的人,还可处没收用于或旨在用于实施犯罪之物或犯罪所得之物的附加刑。

依据第 121－2 条的规定被宣告对本条规定之罪承担刑事责任的法人,除按照第 131－41 条之限制性规定当处罚金外,还可处没收用于或旨在用于实施犯罪之物或犯罪所得之物的刑罚。

依照第131－21条与第131－48条，没收本条第1款所指之货币符号为强制性刑罚。第442－13条第3款的规定予以适用。

第三章　危害民族、国家或公共安宁之第三级违警罪

第一节　僭用政府专用符号罪

第R643－1条　在第433－15条规定之情形外，公开穿着服装、制服或者使用证章、文书，与政府规定之服装、制服、证章或文书具有相似性，足以在公众思想上引起误解的，处第三级违警罪之罚金。

犯本条规定之违警罪之人，还可处没收用于或旨在用于实施犯罪之物或犯罪所得之物的附加刑。

依据第121－2条的规定被宣告对本条规定之罪承担刑事责任的法人，除按照第131－41条之限制性规定当处罚金外，还可处没收用于或旨在用于实施犯罪之物或犯罪所得之物的刑罚。

第二节　使用不同于现行法律条例规定之度量衡罪

第R643－2条　使用与现行法律条例规定之度量衡不同之度量衡的，处第三级违警罪之罚金。

犯本条规定之违警罪的人，还可处没收用于或旨在用于实施犯罪之物或犯罪所得之物的附加刑。

依据第121－2条的规定被宣告对本条规定之罪承担刑事责任的法人，除按照第131－41条之限制性规定当处罚金外，还可处没收用于或旨在用于实施犯罪之物或犯罪所得之物的刑罚。

第四章　危害民族、国家或公共安宁之第四级违警罪

第一节　未经允许进入军事领地、建筑、机器或装置罪

第 R644－1 条　在第 413－5 条规定之情形外，未经主管机关允许，进入分配给军事机关或由其控制之领地、港口、建筑、机器或任何装置，或者在其中逗留或通行的，处第四级违警罪之罚金。

若无任何明显标识提示前款所指之领地、建筑、机器或装置被分配给军事机关或由其控制，应设有专门信号装置提示禁止进入上述场所。

第二节　妨碍公共道路自由通行罪

第 R644－2 条　在公共道路放置或遗留任何不必要的物料或物品，包括垃圾或废物在内，导致妨碍或降低公共道路通行自由或安全性的，处第四级违警罪之罚金。

犯本条规定之违警罪的人，还可处没收用于或旨在用于实施犯罪之物或犯罪所得之物的附加刑。

第 R644－2－1 条　持有临时占据公共领地许可的人，不遵守有关占用空间或占用期间的许可决议的具体规定的，若该违背行为造成妨害公共道路通行自由的后果，处第四级违警罪之罚金。

第三节　购买私下销售烟草加工产品罪

第 R644－3 条　购买私下销售烟草加工产品的，处第四级违警罪之罚金。

第四节　参加禁止公共道路示威游行罪

第 R644－4 条　参加《国内安全法》第 L211－4 条规定的被禁止的公共道路示威游行的，处第四级违警罪之罚金。

第五节　违反某些治安管理措施罪

第 R644－5 条　违反和不履行主管机关依据一般治安权限、针对妨害公共安全风险的事件作出的下列政令和决议中规定的禁止和义务的，处第四级违警罪之罚金：

(1)管理公共道路上酒类消费的政令和决议；

(2)管理公共道路上使用用于娱乐的烟花的政令和决议；

(3)管理运输装载燃油容器的政令和决议。

第 R644－5－1 条　违反和不履行主管机关依据一般治安权限、针对骚乱后为防止公共安全再次受到严重危害而对人们在某时某地之到访和通行实施管理而作出的政令和决议中规定的禁止和义务的，处第四级违警罪之罚金。

第六节　损害救援设备罪

第 R644－6 条　无正当理由，打开灭火水眼，引起水流外溢的后果的，处第四级违警罪之罚金。

第五章　危害民族、国家或公共安宁之第五级违警罪

第一节　穿着或展示反映反人类重罪之组织或责任人的制服、徽章或标志罪

第 R645－1 条　除非因历史题材的电影、戏剧、展览之需要，公然穿着或展示制服、徽章或标志的，若能够反映依照 1945 年 8 月 8 日《伦敦协议》附件之《国际军事法庭规约》第 9 条被判有罪之组织的成员曾穿着或展示的制服、徽章或标志，或者被法国或国际法庭判决犯有第 211－1 条至第 212－3 条或 1964 年 12 月 26 日第 64－1326 号法律规定的一项或多项反人类罪的人曾穿着或展示的制服、徽章或标志，处第五级违警罪之罚金。

犯本条规定之违警罪的人，还可处下列附加刑：

(1)最长3年内禁止持有或携带须经许可的武器；

(2)没收归被判刑人所有或自由处分的一件或数件武器；

(3)没收用于或旨在用于实施犯罪之物或犯罪所得之物；

(4)20～120小时的公益劳动。

依据第121－2条的规定被宣告对本条规定之罪承担刑事责任的法人，除按照第131－41条之限制性规定当处罚金外，还可处没收用于或旨在用于实施犯罪之物或犯罪所得之物的刑罚。

本条规定之违警罪的累犯，按照第132－11条和第132－15条的规定惩处。

第二节 未经允许在军事机关划定的禁区内绘图、测量或录制罪

第R645－2条 在军事机关划定且设有专门信号装置的禁区内，未经该军事机关允许，进行绘图、测量或录制任何性质的图像、声音或信号的，处第五级违警罪之罚金。

犯本条规定之违警罪的人，还可处没收用于或旨在用于实施犯罪之物或犯罪所得之物的附加刑。

本条规定之违警罪的累犯，按照第132－11条的规定惩处。

第三节 侵犯个人户籍罪

第R645－3条 户籍官员或其依照《地方行政区域总法典》第R2122－10条委托的代表，在下列情况下，处第五级违警罪之罚金：

(1)违反有关户籍登记簿与户籍文书公布的管理规定；

(2)当法律规定经父母或他人同意方承认婚姻有效时，不能确认获得上述人的同意。

即使无人申请户籍文书无效或户籍文书无效之事被隐瞒，本条规定之违警罪仍然成立。

本条规定之违警罪的累犯，按照第132－11条的规定惩处。

第 R645－4 条　目睹分娩的人，未按照《民法典》第 55 条规定的期限，办理该法典第 56 条规定的申报手续的，处第五级违警罪之罚金。

第 R645－5 条　拾得新生弃婴的人，未按照《民法典》第 58 条的规定作出申报，或者在其不同意收养该弃婴时，未将弃婴交给户籍官员的，处第五级违警罪之罚金。

第 R645－6 条　在法律规定埋葬死者应事先获得批准的情况下，事先未获得公务助理人员批准，或者违反法律条例有关埋葬期限之规定，埋葬或让人埋葬死者的，处第五级违警罪之罚金。

本条规定之违警罪的累犯，按照第 132－11 条和第 132－15 条的规定惩处。

第四节　窃取提交法庭之材料罪

第 R645－7 条　在司法辩论中已提供票据、材料或备忘录的人，采用任何手段，窃取该票据、材料或备忘录的，处第五级违警罪之罚金。

本条规定之违警罪的累犯，按照第 132－11 条和第 132－15 条的规定惩处。

第五节　使用由行政机关出具的内容不完整或不准确的文书罪

第 R645－8 条　当事人使用行政机关出具的文书以证明其权利、身份、资质或取得授权的，若其所援引的文书内容不完整或不准确，处第五级违警罪之罚金。

犯本条规定之违警罪的人，还可处没收用于或旨在用于实施犯罪之物或犯罪所得之物的附加刑。

依据第 121－2 条的规定被宣告对本条规定之罪承担刑事责任的法人，除按照第 131－41 条之限制性规定当处罚金外，还可处没收用于或旨在用于实施犯罪之物或犯罪所得之物的刑罚。

本条规定之违警罪的累犯，按照第 132－11 条和第 132－15 条的规定惩处。

第五节(乙) 篡取共和国检察官的代表或者调解员之职务或称号罪

第 R645－8－1 条 行使专属于共和国检察官的代表或者调解员之职务的行为,或者未经授权或在撤销授权后滥用以上职务称号的,处第五级违警罪之罚金。

第六节 拒绝交还变造或伪造的货币符号罪

第 R645－9 条 任何人,在收到伪造或变造的在法国合法流通的硬币或纸币后,拒绝按照《货币工具与纪念章法典》第 38－2 条的规定交还或者让人交还给法兰西银行或公立公益机构巴黎铸币厂的,处第五级违警罪之罚金。

犯本条规定之违警罪的人,还可处没收用于或旨在用于实施犯罪之物或犯罪所得之物的附加刑。

依据第 121－2 条的规定被宣告对本条规定之罪承担刑事责任的法人,除按照第 131－41 条之限制性规定当处罚金外,还可处没收用于或旨在用于实施犯罪之物或犯罪所得之物的刑罚。

依照第 131－21 条和第 131－48 条的规定,对本条第 1 款所指之货币符号必须科处没收刑。第 442－13 条第 3 款的规定予以适用。

本条规定之违警罪的累犯,按照第 132－11 条和第 132－15 条的规定惩处。

第七节 篡改或伪造邮票或金融管理部门发行的印花税票罪

第 R645－10 条 篡改邮票或金融管理部门发行的印花税票,使其避免盖戳注销并可被再度使用的,处第五级违警罪之罚金。

犯本条规定之违警罪之人,还可处没收用于或旨在用于实施犯罪之物或犯罪所得之物的附加刑。

依据第 121－2 条的规定被宣告对本条规定之罪承担刑事责任的法人,除按照第 131－41 条之限制性规定当处罚金外,还可处没收用于或旨在用于实施犯罪之物或犯罪所得之物的刑罚。

依照第131-21条和第131-48条的规定，没收本条第1款所指之货币符号，为强制性刑罚。

本条规定之违警罪的累犯，按照第132-11条和第132-15条的规定惩处。

第R645-11条 伪造或变造法国或外国已经过期的邮票或其他邮政信用证券，以及使用上述伪造或变造的邮票或邮政信用证券的，处第五级违警罪之罚金。

犯本条规定之违警罪的人，还可处没收用于或旨在用于实施犯罪之物或犯罪所得之物的附加刑。

依据第121-2条的规定被宣告对本条规定之罪承担刑事责任的法人，除按照第131-41条之限制性规定当处罚金外，还可处没收用于或旨在用于实施犯罪之物或犯罪所得之物的刑罚。

依照第131-21条和第131-48条的规定，没收本条第1款所指之邮票和其他邮政信用证券，为强制性刑罚。

本条规定之违警罪的累犯，按照第132-11条和第132-15条的规定惩处。

第八节 擅入学校机构罪

第R645-12条 未按法律或条例的规定获得授权或者无主管机关的许可，进入或滞留在公立或私立学校机构内的，处第五级违警罪之罚金。

犯本条规定之违警罪的人，还可处下列附加刑：

(1)没收用于或旨在用于实施犯罪之物或犯罪所得之物；

(2)20~120小时的公益劳动。

本条规定之违警罪的累犯，按照第132-11条的规定惩处。

第九节 擅入历史文化古迹罪

第R645-13条 未按法律或条例的规定获得授权或者无主管机关或业

主的许可,进入或滞留在禁止进入或者进出明显受到管制的、由履行公益职能之公共机构或私人所有的、按照《遗产法典》第 L621－1 条和第 L621－25 条的规定被分类或登记的建筑物、法国的博物馆、向公众开放的图书馆、音像资料中心、档案馆或其附属机构内的,处第五级违警罪之罚金。

在同样条件下,进入或滞留在正在进行考古挖掘的场地的,处相同刑罚。

犯本条规定之违警罪的人,还可处下列附加刑:

(1)按照第 131－21 条的规定,没收用于实施犯罪之物;

(2)20～120 小时的公益劳动。

本条规定之违警罪的累犯,按照第 132－11 条的规定惩处。

第十节　公共道路示威游行中非法掩面罪

第 R645－14 条　任何人,在公共道路示威游行队伍之中或队伍周边,故意遮住面部,以便在有危害公共秩序之危险的情况下不被认出的,处第五级违警罪之罚金。

本条规定之违警罪的累犯,按照第 132－11 条和第 132－15 条的规定惩处。

本条规定不适用于符合地方习俗或有正当动机证明需要掩面的示威游行活动。

第十一节　侮辱国旗罪

第 R645－15 条　在第 433－5－1 条规定之情形外,任何扰乱公共秩序、蓄意侮辱国旗的下列行为,处第五级违警罪之罚金:

(1)在公共场所或对公众开放的场所,摧毁、破坏国旗或以贬损的方式使用国旗;

(2)在私人场所实施上述行为的行为人,传播或让人传播有关上述实施行为的录像。

本条规定之违警罪的累犯,按照第 132－11 条和第 132－15 条的规定惩处。

第五编　其他违警罪

第一章　第一级违警罪

（空缺）

第二章　第二级违警罪

（空缺）

第三章　第三级违警罪

单节　非故意侵害动物生命或身体罪

第R653－1条　因笨拙失误、轻率不慎、缺乏注意、疏忽大意或未履行法律或条例要求的安全或谨慎义务，而导致家畜、驯养或捕获的动物死伤的，处第三级违警罪之罚金。

在动物所有人被判刑或者动物所有人不明的情况下，法院可以决定将动物交给经认定或申报具有公益性质的动物保护机构，由其对动物自由处置。

第四章　第四级违警罪

单节　虐待动物罪

第R654－1条　在第511－1条规定之情形外，在非必要的情况下，公开或非公开地故意虐待家畜、驯养或捕获的动物的，处第四级违警罪之罚金。

在动物所有人被判刑或者动物所有人不明的情况下，法院可以决定将动物交给经认定或申报具有公益性质的动物保护机构，由其对动物自由处置。

当以不间断的地方传统这一理由时,本条规定不适用于该地方的斗牛表演。在可以证明当地有不间断的传统之地区,本条规定也不适用于该地区的斗鸡比赛。

第五章　第五级违警罪

单节　故意侵害动物生命罪

第 R655－1 条　在非必要的情况下,公开或非公开地故意杀死家畜、驯养或捕获的动物的,处第五级违警罪之罚金。

本条规定之违警罪的累犯,按照第 132－11 条的规定惩处。

当以不间断的地方传统这一理由时,本条规定不适用于该地方的斗牛表演。在可以证明当地有不间断的传统之地区,本条规定也不适用于该地区的斗鸡比赛。